国家自然科学基金项目(41961035,41361111)及江西省主要学科学术和技术带头人资助计划(20172BCB22011)成果

鄱阳湖地区土地利用变化与生态安全预警研究

何亚芬　谢花林　朱振宏　著

气象出版社
China Meteorological Press

内 容 简 介

本书以鄱阳湖地区为研究对象,以实现区域土地利用生态安全为目标,基于景观生态学理论,利用遥感和地理信息系统技术、空间统计学和元胞自动机模拟模型等方法,分析区域土地利用动态变化,测度研究区土地利用生态风险程度及其时空演变规律,在识别区域关键性生态空间和模拟未来土地利用变化的基础上建立区域土地利用生态安全预警机制。本书构建了一套有利于实现区域土地利用生态安全的理论与方法体系,对指导并实现区域土地利用生态安全具有重要的理论和现实意义。

本书可供土地资源学、地理学、环境管理、生态学以及人口、资源与环境经济学等领域的学生以及政府管理和科研人员参考阅读。

图书在版编目(CIP)数据

鄱阳湖地区土地利用变化与生态安全预警研究 / 何亚芬,谢花林,朱振宏著. -- 北京:气象出版社,2020.12

ISBN 978-7-5029-7360-5

Ⅰ. ①鄱… Ⅱ. ①何… ②谢… ③朱… Ⅲ. ①鄱阳湖–土地利用–研究②鄱阳湖–生态安全–预警系统–研究 Ⅳ. ①F321.1②X171.1

中国版本图书馆 CIP 数据核字(2020)第 257548 号

鄱阳湖地区土地利用变化与生态安全预警研究
Poyanghu Diqu Tudi Liyong Bianhua yu Shengtai Anquan Yujing Yanjiu

何亚芬　谢花林　朱振宏　著

出版发行:气象出版社

地　　址:北京市海淀区中关村南大街 46 号　邮政编码:100081
电　　话:010-68407112(总编室)　010-68408042(发行部)
网　　址:http://www.qxcbs.com　　E-mail:qxcbs@cma.gov.cn
责任编辑:蔺学东　　　　　　　　终　　审:吴晓鹏
责任校对:张硕杰　　　　　　　　责任技编:赵相宁
封面设计:地大彩印设计中心
印　　刷:北京中石油彩色印刷有限责任公司
开　　本:787 mm×1092 mm　1/16　　印　　张:9.25
字　　数:240 千字　　　　　　　　彩　　插:4
版　　次:2020 年 12 月第 1 版　　　印　　次:2020 年 12 月第 1 次印刷
定　　价:70.00 元

前　言

　　世界各国实践表明,不符合生态规律的人类经济活动,如对土地资源的过度开发、陡坡垦荒、大面积森林砍伐、草场过牧、工业污染、城市过度集中拥挤等,都会引发严重的土地生态危机并造成土地生态系统的退化。而这些不合理人类经济活动的本质是通过改变土地利用方式或利用强度来改变生态系统结构,影响生态系统的正常运行,导致生态系统服务功能的降低。换句话说,是不合理的土地利用变化直接引发了土地生态危机。

　　开展土地利用生态安全研究是一项功在当代、利在千秋的公益事业。2012 年,党的十八大报告提出"大力推进生态文明建设,优化国土空间开发格局,构建科学合理的城市化格局、农业发展格局、生态安全格局"。《中共中央关于全面深化改革若干重大问题的决定》重申"要划定生产、生活、生态空间开发管制界限"。党的十九大报告提出,加大生态系统保护力度,优化生态安全屏障体系,构建生态廊道和生物多样性保护网络,提升生态系统质量和稳定性。完成生态保护红线、永久基本农田、城镇开发边界三条控制线划定工作,构建国土空间开发保护制度。2019 年党中央、国务院正式印发的 18 号文件明确提出,建立国土空间规划体系并监督实施,将主体功能区规划、土地利用规划、城乡规划等空间规划融合为统一的国土空间规划,实现"多规合一"。党的十九届四中全会《中共中央关于坚持和完善中国特色社会主义制度、推进国家治理体系和治理能力现代化若干重大问题的决定》中指出,坚持和完善生态文明制度体系,促进人与自然和谐共生,要加快建立、健全国土空间规划和用途统筹协调管控制度,统筹划定落实生态保护红线、永久基本农田、城镇开发边界等空间管控边界。科学有序统筹布局生态、农业、城镇空间,划定生态保护红线、永久基本农田、城镇开发边界等管控边界,优化国土空间结构布局,保护生态屏障,开展生态保护和修复,完善基础设施和公共服务设施,延续历史文脉,突出地域特色。习近平总书记指出,生态环境问题既是经济问题,也是重大社会和政治问题。要建立、健全以生态系统良性循环和环境风险有效防控为重点的生态安全体系,实施主体功能区战略,划定并严守生态保护红线,实施重大生态修复工程,构建科学合理的生态安全格局,筑牢国家生态安全屏障。

　　可见,土地利用生态安全格局构建在维护土地利用生态安全方面的重要程度。但土地生态安全格局的构建仅仅是实现土地生态安全的第一步,因为土地利用行为常常与土地生态安全格局存在突出矛盾,尤其是城市用地的扩张和农业用地的开发。因此,提前预报由未来土地利用变化导致的区域土地生态系统可能面临的风险和危害,进而规范土地利用行为,引导土地利用更加有序,即土地利用生态安全预警,成为维护区域土地生态安全的重要手段。

　　构建生态良好的土地利用安全格局,保障国家生态安全已经上升为国家重要战略之一,为我国土地利用管理的理论研究与区域实践指明了方向。土地利用生态安全预警机制的构建,有利于提前防范不安全的土地利用行为,引导土地有序利用,从而真正实现土地利用生态安全的维护。而土地利用生态安全预警机制构建需要在厘清土地利用对区域生态环境影响机理的基础上,基于人地关系协调理论,从区域土地利用格局、过程和行为进行生态化管理和防控,以维护土地生态系统结构和功能的健康与稳定为目标,从而实现土地资源可持续利用的最终目的。因此,开展土地利用生态安全预警研究,可以有效防止土地退化和改善区域生态环境,同时对于优化国土空间格局,提升区域生态文明建设水平,为人民提供更多生态福祉,也具有十分重大的意义。

鄱阳湖是中国最大的淡水湖,不仅孕育了一方水土和一方人民,还具有消减洪峰和调蓄洪水等重要的生态功能。鄱阳湖地区地处长江中下游,是我国重要的生态功能区。在快速城镇化和工业化的过程中,区内诸如林地、湿地甚至水域等重要生态用地被侵占和开发,破坏了区域土地生态系统完整性。近年来,鄱阳湖地区洪水灾害频频发生,洪、枯水的湖体面积、容积相差极大,区域生态调节能力下降,严重制约了地区经济和社会发展。

本书选择鄱阳湖地区为研究对象,借助景观生态学理论,利用遥感和地理信息系统技术、空间统计学和元胞自动机(CA)建模等方法,在梳理土地利用生态安全领域国内外研究进展的基础上,分析研究区土地利用动态变化,测度土地利用生态风险程度及其时空演变规律,探析重要生态用地——林地变化的驱动因素及森林破碎化程度,识别区域关键性生态空间,建立土地利用变化的元胞自动机模拟模型对区域未来土地利用格局进行模拟,预警区域未来土地利用与关键性生态空间可能存在的冲突区域。

本书共 9 章,各章节的主要内容如下:

第 1 章介绍本书的研究背景与研究意义,并对国内外相关的研究文献进行了系统的梳理与评价,在此基础上阐述了本书的研究目的、研究内容和研究方法。

第 2 章探讨了土地利用生态安全研究的理论基础,具体包括可持续发展理论、土地生态学理论、人地关系理论、景观安全格局理论、生态承载力理论、复合生态系统理论、区域科学与区域分析理论、系统论和反规划理论。

第 3 章对研究区概况进行了介绍。主要从行政区划、自然条件、土地利用情况以及社会经济状况等方面对研究区进行概述。

第 4 章分析了鄱阳湖地区土地利用动态变化特征。具体从景观格局动态度、景观类型转移概率矩阵、景观类型转入/转出贡献率和景观格局指数等四个方面重点分析鄱阳湖地区土地利用景观格局的时空动态变化规律。

第 5 章探讨了基于分形理论的鄱阳湖地区土地利用空间行为特征。在 RS 和 GIS 支持下,以鄱阳湖地区土地利用变化为研究对象,运用景观生态学的理论和研究方法,尤其是分形理论方法,研究鄱阳湖地区土地利用景观格局及其变化,从而对鄱阳湖地区景观格局的演变规律进行实证分析。

第 6 章探讨了鄱阳湖地区土地利用生态风险空间特征,具体在基本判别指标的基础上,构建了干扰度指数和景观脆弱度指数,并通过土地利用格局与生态环境之间的关系,建立景观格局指数与土地利用生态风险的定量化表达,借助空间统计学空间化变量方法探究鄱阳湖地区土地利用的生态风险空间特征。

第 7 章探讨了鄱阳湖地区林地变化的驱动因素及森林破碎化程度。首先研究了鄱阳湖地区的林地利用变化,运用 Logistic 回归模型从社会经济因素、区位因素和气候、土壤、地形等自然因素揭示了研究区林地变化背后的原因,其次从非传统的景观格局角度用森林景观破碎指数分析评价鄱阳湖地区的森林破碎格局及其干扰模式,并基于上述分析提出了一些有针对性的政策建议。

第 8 章基于 GIS 的鄱阳湖地区关键生态空间的识别。主要通过建立一个空间尺度上的综合指数,以评估区域生态空间对维护区域水资源安全、生物多样性保护、防灾减灾和自然游憩的重要性,并建立一个基于 GIS 的确定维持生态安全的关键空间的方法。

第 9 章构建了鄱阳湖地区土地利用生态安全预警机制。在区域关键性生态空间识别的基础上,运用 CA 模型模拟了鄱阳湖地区在自然发展情景下的土地利用格局,通过将模拟预测的土地利用格局与区域关键性生态空间进行叠加分析,预报区域未来发展可能存在的土地利用生态安全警情。

由于土地利用生态安全预警研究本身较为复杂,涉及众多学科的理论和方法,本书所涉及的研究内容仅仅是对土地利用生态安全研究的粗浅探讨。特别是其理论和方法还不成熟,再加上作者能力有限,书中难免存在欠妥之处,恳请读者不吝指正。

本书内容是在课题组承担的国家自然科学基金面上项目"南方丘陵山区耕地撂荒多尺度过程机理及权衡管理研究"(41971243)、国家自然科学基金地区项目"农户异质性视角下耕地利用生态转型的行为机理与调控研究——以江西省为例"(41961035)、国家自然科学基金项目"基于约束性 CA 的红壤丘陵区土地利用安全格局情景模拟研究——以江西兴国县为例"(40801106)、江西省教育厅科学技术研究项目"基于 GIS 和 CA 的鄱阳湖地区土地生态安全空间预警与优化调控研究"(GJJ180285)、江西省主要学科学术和技术带头人资助计划(20172BCB22011)等项目资助下的前期部分研究成果基础上整理而成。土地利用生态安全研究涉及的领域较广,是一项复杂的系统工程,本书引用了大量的相关文献,在此对相关文献的作者们表示诚挚的谢意。

江西财经大学生态文明研究院温家明、施佳颖、许信、成皓等参与了部分工作,同时温宇阳、许信和李哲参与了书稿的校对工作,在此对他们表示衷心的感谢。

作　者

2020 年 8 月

目　录

第1章 绪 论

1.1 研究背景与研究意义

1.1.1 研究背景

2018 年 3 月 26 日,生物多样性和生态系统服务政府间科学-政策平台(The Intergovernmental Science-Policy Platform on Biodiversity and Ecosystem Services,IPBES)发布《土地退化与恢复评估决策者摘要》(以下简称《摘要》)。《摘要》指出,目前地球表面仅有不到 1/4 的区域未受到人类活动的重大影响。到 2050 年,估计这一比例将下降到不足 1/10,这些区域主要集中在不适合人类使用或居住的沙漠、山区、苔原和极地地区。此外,湿地退化特别严重,过去 300 年来全球有 87% 的湿地损失,自 1900 年以来全球有 54% 的湿地损失。

土地退化以及生物多样性和生态系统服务的丧失是最普遍的系统性现象,对世界范围内的人类福祉产生深远的负面影响,包括加剧粮食和水的不安全和气候变化。《摘要》对土地退化给人类社会各个方面可能造成的深远影响进行了总结,包括:①威胁全球至少 32 亿人的生计;②将地球推向第 6 次大规模物种灭绝,土地退化造成的栖息地丧失和栖息地适宜性下降,是造成生物多样性丧失的主要原因;③造成生物多样性和生态系统服务损失,2010 年估计这一损失的经济成本超过全球年度总产值的 10%;④增大埃博拉病毒、猴痘病毒和马尔堡病毒等导致人类疾病的风险,其中一些疾病已经成为全球性健康风险;⑤增加暴露于有害空气、水和土地污染的人数,特别是在发展中国家;⑥增大风暴破坏、洪水和山体滑坡的风险,并带来高昂的社会经济和人力成本;⑦土地退化对脆弱群体的负面影响最大。

土地利用变化及其利用与管理方式是全球土地退化最直接的驱动因素。经济社会,尤其是发达经济体的高消费生活方式推动了不可持续的农业扩张、自然资源和矿物开采以及城市化。过去几百年,农田和牧场迅速扩张,目前农田和牧场占全球陆地面积的 1/3 以上。集约化的土地管理系统大幅度增加世界许多地区作物和牲畜的产量,但如果管理不当,可能导致土地严重退化,包括土壤侵蚀、肥力丧失、地下水和地表水过度开采、盐碱化和水生系统的富营养化。农业扩张、城市化和工业化直接减损了生态用地数量,对土地生态系统造成破坏。

由于土地的自然特性和稀缺性,土地一旦遭到破坏或污染,即使经过长期的修复也难以恢复到最初的状态。我国人均耕地面积已从新中国成立初的 0.26 hm² 降到了 2015 年的 0.08 hm²,高质量耕地尤其是水田被大量占用;2018 年全国水土流失面积已达到 273.69 万 km²;草地退化、沙化和碱化面积每年以 200 万 hm² 的速度增加,退化面积已占全国草原面积的 1/3;全国荒漠化土地总面积达 261.16 万 km²,占国土面积的 27.20%,同时受全球气候变化影响,干旱半干旱地区还将继续扩张。这些问题严重影响了我国经济社会的可持续发展。因此,生态安全不应仅停留在理性层面上,研究土地利用生态安全问题,对土地利用生态安全现状进行剖析,预警土地利用冲突的潜在发生区域,构建生态安全的土地利用格局以实现区域的土地利用可持续是实现区域生态安全的当务之急。

党的十八大以来,以习近平同志为核心的党中央把生态文明建设摆在改革发展和现代化建设全局位置。党的十八大报告中提出,要"大力推进生态文明建设,优化国土空间开发格局,构建科学合理的城市化格局、农业发展格局、生态安全格局"。《中共中央关于全面深化改革若干重大问题的决定》重申"要划定生产、生活、生态空间开发管制界限"。2014年,习近平总书记提出构建总体国家安全观,并将生态安全作为非传统安全纳入国家安全体系。2015年,划定生态保护红线,强化生态风险的预警和防控被写入了《国家安全法》。党的十九大报告中进一步指出,加大生态系统保护力度,优化生态安全屏障体系,构建生态廊道和生物多样性保护网络,提升生态系统质量和稳定性,完成生态保护红线、永久基本农田、城镇开发边界三条控制线划定工作,构建国土空间开发保护制度。党的十九届四中全会通过的《中共中央关于坚持和完善中国特色社会主义制度、推进国家治理体系和治理能力现代化若干重大问题的决定》中,对坚持和完善生态文明制度体系做出系统部署,要加快建立、健全国土空间规划和用途统筹协调管控制度,统筹划定落实生态保护红线、永久基本农田、城镇开发边界等空间管控边界。习近平总书记也多次指出,生态环境问题既是经济问题,也是重大社会和政治问题。要建立、健全以生态系统良性循环和环境风险有效防控为重点的生态安全体系,实施主体功能区战略,划定并严守生态保护红线,实施重大生态修复工程,构建科学合理的生态安全格局,筑牢国家生态安全屏障。

地处长江中下游的鄱阳湖不仅孕育了一方水土和一方人民,还具有削减洪峰和调蓄洪水等重要的生态功能,使得鄱阳湖地区成为我国重要的生态功能区。在快速城镇化和工业化的过程中,区内诸如林地、湿地甚至水域等重要生态用地被侵占或开发,破坏了区域土地生态系统的完整性。近年来,鄱阳湖地区洪水灾害频频发生,洪、枯水的湖体面积、容积相差极大,区域生态调节能力下降。2017年,江西省被国家列为首批生态文明试验区,强调要保护好绿色生态这个江西最大财富,要把鄱阳湖地区作为一个山水林田湖草生命共同体,统筹山江湖开发、保护和治理,建立覆盖全流域的国土空间开发保护制度,探索大湖流域生态、经济、社会协调发展新模式,为全国流域保护与科学开发发挥示范作用。在此背景下,鄱阳湖地区作为鄱阳湖流域最重要的区域,研究鄱阳湖地区的土地利用生态安全问题,评估区域土地生态风险,识别区域关键性生态空间,建立土地生态安全预警机制,探索形成人与自然和谐发展新格局,是对国家生态文明试验区建设的积极响应。

因此,本书从土地利用生态安全角度出发,在可持续发展理论、土地生态学理论、人地关系理论、景观安全格局理论、生态承载力理论、复合生态系统理论、区域科学与区域分析理论、系统论和反规划理论研究的基础上,基于景观格局分析法、空间统计学方法、生态安全评价法、元胞自动机(cellular automata,CA)模型模拟法、多元Logistic回归和情景分析法等研究方法,分析鄱阳湖地区生态景观格局动态变化和土地利用空间行为特征,重点探讨最重要的生态用地——林地变化的驱动机制和森林破碎化模式及其干扰模式;构建景观干扰度指数和景观脆弱度指数,通过解析土地利用格局与生态环境之间的关系,建立景观格局指数与土地利用生态风险的定量化表达,借助空间统计学空间化变量的方法探究鄱阳湖地区土地利用的生态风险空间特征;从区域正面临及可能面临的生态威胁视角,辨识关键性生态空间和生态重要性空间,识别现状土地利用空间冲突;模拟自然发展情况下区域建设用地和耕地的发展变化,在此基础上构建区域土地利用生态安全预警机制,为政府实现土地利用生态安全目标、制定科学合理的土地开发利用和保护政策提供决策依据。

1.1.2 研究意义

土地生态安全问题关乎人类生存与发展,是土地可持续开发的核心和基础,健康的土地生态系统对"山水林田湖草"生命共同体的可持续健康发展至关重要,也是一个国家政治、经济、人民生活乃至国防外交等重大安全问题的有效保障。整合生态安全研究和土地利用/覆被变化研究的成果,开展土地利用生态安全研究,有利于为国家制定生态安全条件下的国土空间规划提供科学依据,对实现区域可持续发展具有重要战略意义。

1.1.2.1 理论意义

(1)系统梳理我国土地利用生态安全研究领域的发展历程、研究热点、研究方向,在就近年来中国土地生态安全研究的几个重要方面进行评述的基础上,提出当前土地利用生态安全研究的一些不足,旨在进一步提高对土地生态安全的认识和关注,为土地利用生态安全的深入研究提供基础。

(2)本书以实现区域土地利用生态安全为目标,突破传统景观指数的限制,采用森林破碎化分析模型,建立林地破碎化地图、森林干扰模式地图传递出破碎化及森林干扰模式的明确空间含义,丰富了景观生态学理论。

(3)通过生态系统服务功能重要性评价和生态敏感性评价方法,以栅格为单元识别区域关键性生态空间,为土地利用生态安全格局的构建提供理论依据。

(4)将区域关键性生态空间识别与未来土地利用变化格局模拟相结合,构建区域土地利用生态安全的预警机制,突破以往只针对单一具体的土地利用进行生态安全预警的研究范式,为区域土地利用生态格局的构建提供新的思路。

1.1.2.2 实践意义

土地利用生态安全已逐渐成为区域可持续发展关注的焦点,研究包括景观生态安全格局构建、关键性生态空间识别、土地利用生态安全预警以及土地利用可持续发展等在内的区域土地利用生态安全问题,对于区域社会经济发展具有以下重要的实践意义。

(1)有利于促进区域土地资源的充分合理利用,保障粮食安全,优化区域农业产业的要素配置和统筹规划。

(2)有利于科学合理地规划和管理土地利用空间,缓解区域建设用地与粮食安全、生态安全及经济增长压力之间的矛盾。

(3)有利于保护区域关键性生态空间,改善生态环境,保障区域重要生态系统服务功能的稳定发挥和土地资源的可持续利用,实现土地利用生态安全目标。

1.2 研究主题文献计量分析

在 CNKI 数据库中以"土地利用"和"生态安全"为主题词进行检索,分析国内土地利用生态安全领域的研究热点。使用 CNKI 数据库,以"土地利用"和"生态安全"为主题词,检索时段为 1999—2020 年,共检索到中文文献 1561 篇。

1.2.1 发文趋势

国内最早涉及"土地利用生态安全"这一主题的文献是王静爱等于 1999 发表在《资源科学》上的《中国北方农牧交错带土地利用与人口负荷研究》。其认为,由人口负荷主导的土地利用结构变化会引发土地退化等威胁生态安全的问题,因此生态脆弱的农牧交错带应调整土地利用结构(王静爱 等,1999)。如图 1-1 所示,在 2000 年以后,国内关于这一主题的文献呈现明显的增长趋势,在 2015 年出现一个小峰值。需要说明的是,图中 2020 年的发文量仅为 2020年 1—10 月的发文量。

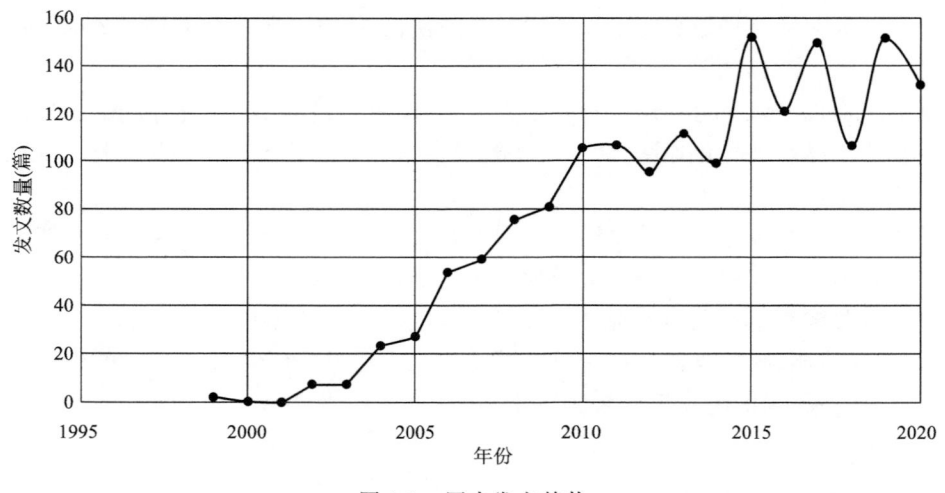

图 1-1 国内发文趋势

1.2.2 主题分布

图 1-2 为"土地利用生态安全"研究领域的主要主题分布,图 1-3 为次要主题分布。从图 1-2 中可以看出,主要主题排在前五位的分别是"生态安全""土地生态安全""土地生态安全评价""土地利用""生态安全评价"。从图 1-3 中可以看出,次要主题排在前五位的分别是"土地利用""生态安全""生态安全评价指标体系""土地利用变化"和"土地生态系统"。通过各主题的发文数,可以反映当前"土地利用生态安全"研究领域的研究主题主要集中在"土地生态安全""土地生态安全评价""土地利用"及"土地利用变化"上。这一方面说明了这些主题得到学者们的广泛关注,另一方面也说明这些主题的研究相对丰富,研究的广度和深度相对较高,也

从侧面反映出一些主题还未得到关注和重视,如"土地利用生态安全预警"相关主题的研究。

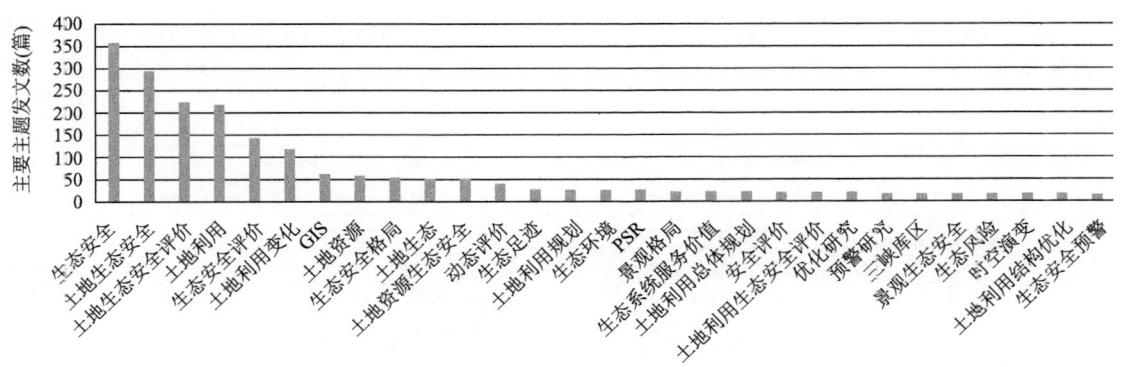

图 1-2　主要主题分布

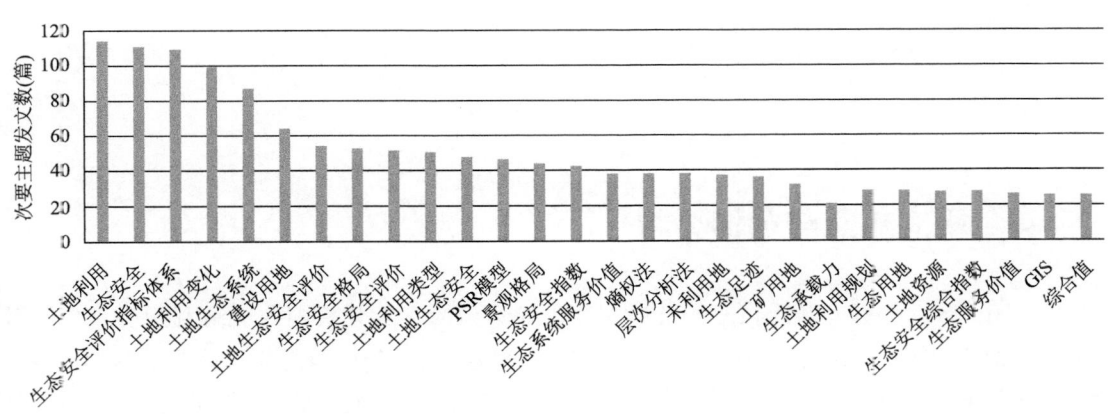

图 1-3　次要主题分布

1.2.3　作者和单位分布

按照作者发文量制作柱状图,如图 1-4 所示。从图 1-4 中可以看出,相关主题发文量最多

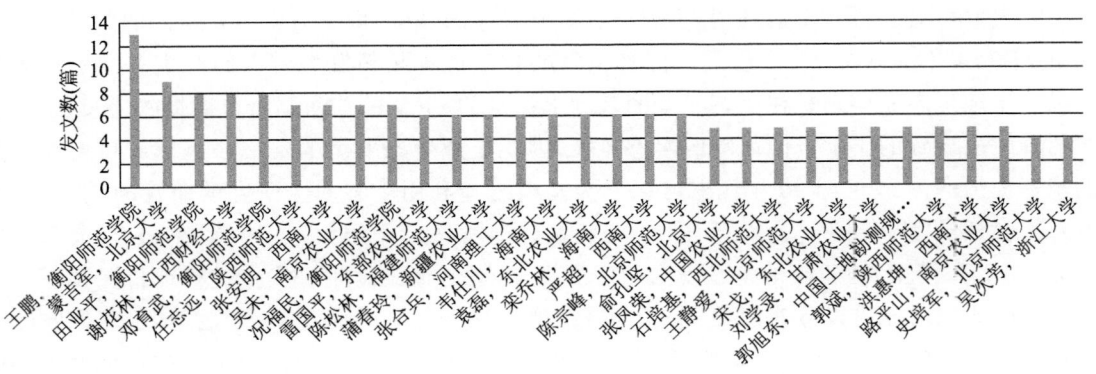

图 1-4　作者分布

的是衡阳师范学院的王鹏,发文13篇;其次是北京大学的蒙吉军,发文9篇;衡阳师范学院的田亚平、江西财经大学的谢花林和衡阳师范学院的邓育武均发表相关主题论文8篇。

　　按照机构发文量制作柱状图,如图1-5所示。从图1-5中可以看出,相关主题发文量最多的是西南大学,发文79篇;其次是东北大学和南京农业大学,发文量分别为56篇和55篇。

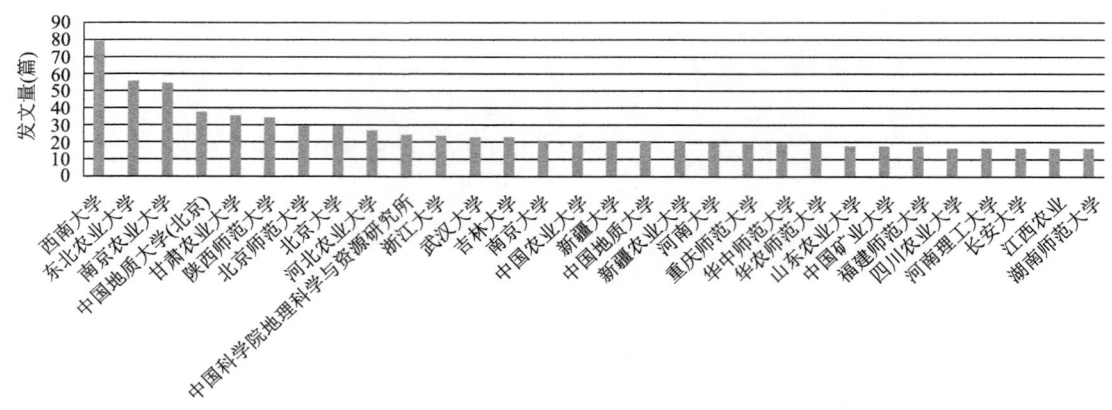

图1-5　机构分布

1.3　研究热点与前沿分析

　　在CiteSpace平台上利用在CNKI数据库已检索到的文献分析国内土地利用生态安全领域的研究热点,通过主题词、关键词以及被引文献等功能选择分析国内关于该领域的热点与前沿。采用该软件对国内土地利用生态安全研究领域进行可视化分析,绘制相应的知识图谱。CiteSpace参数具体设置如下:节点类型:Cite Reference;时段:1999—2020年;时间切割设置:1 a;阈值选择标准:Top50;其他采用默认设置。

　　在CiteSpace中绘制以时间轴为发展方向的热点词变化图,如图1-6所示,通过各热点词的首次出现时间、出现频次、热点词之间的联系来分析"土地利用生态安全"这一研究领域的发展趋势。

　　首先,生态安全是"土地利用生态安全"研究领域的基础,国内对生态安全问题的关注始于20世纪90年代后期,主要是由人为因素引发的自然灾害频频发生后人们对生态问题反思的结果。土地生态安全则是在生态安全的基础上提出的,更多的是强调人口数量的增长、土地资源的稀缺所导致的土地资源面临的生态风险,因此土地生态安全的定义多是基于可持续发展的指标提出的。20世纪90年代末可以称为国内土地利用生态安全研究的萌芽时期,不少学者开始尝试给"土地生态安全"下定义,在此基础上尝试运用压力-状态-响应(PSR)模型及其变形(DPSIR模型)构建土地生态安全的评价指标,对区域土地生态安全进行评价及预警。这一时期的研究对象可以分为两类:①以自然地理景观为主要研究对象,如地理区(北方农牧交错带)、生态区(叶尔羌河平原绿洲、优势物种生境);②以受人类活动影响显著的地区为主要研究对象,如行政区(云南省、湖南省)、经济区(深圳)。此外,"预警"也是这一时期的热点关键

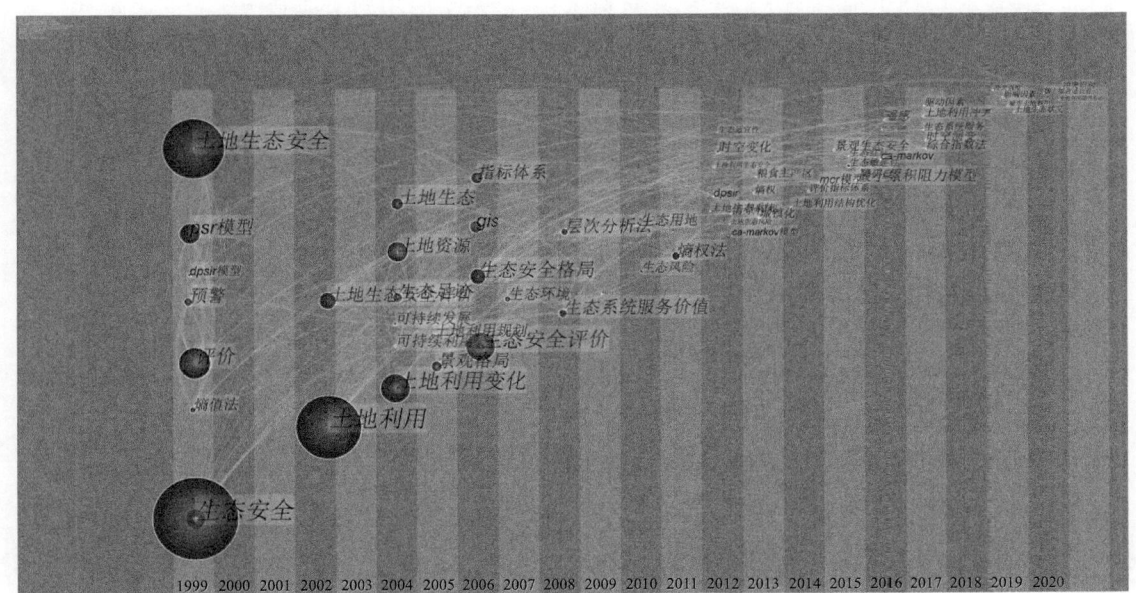

图 1-6　研究热点词发展变化趋势

词,土地生态安全预警研究随着土地生态安全评价研究的深入开展而逐步兴起。

2002—2004 年,"土地利用"成为"土地利用生态安全"研究领域的热点关键词,学者们发现土地生态安全状况与土地利用之间的关系极其紧密。这一时期也正是国内工业化和城镇化蓬勃发展的时期,尤其是工业化,国内大量工业园区兴建。据统计,1998 年以后,全国各地工业园区数量激增,开发区、工业区遍布全国各个层级,最高峰时达到 6866 家,规划面积达 3.86×10^4 km²。工业化、城市化发展的背后,实际是大量耕地和生态用地转为建设用地,由土地利用变化引起的土地生态安全问题引发关注。在这一阶段,"土地利用生态安全"研究主要聚焦在评估土地利用变化带来的土地生态安全状态变化及其时空演变格局,针对具体的土地生态安全问题包括土壤侵蚀、土地荒漠化等,尝试提出保护土地生态安全的土地利用对策,包括多目标规划、土地利用调整等。此外,除土地利用变化外,生态足迹、土地生态、可持续利用、可持续发展等也是这一时期的热点关键词,"可持续"成为土地利用生态安全的重要内涵,相关研究重点从土地可持续利用、土地生态利用和土地资源管理三个方面探讨土地利用生态安全的实现。

然而,要提出有效的保护政策,仅依靠评估土地生态安全状态的变化是远远不够的。景观生态学者们认为,土地作为自然生态系统的重要要素,土地利用变化会引发景观格局的变化,而景观格局的变化会引起生态过程的变化,进而导致生态功能的变化,最终引发生态安全问题。因此,2005 年景观格局和土地利用规划成为这一时期的热点关键词。

2006 年以后是"土地利用生态安全"领域研究方法蓬勃发展的时期,GIS 等 3S(RS,GPS,GIS)技术、主成分分析、元胞自动机、BP 神经网络、CLUE-S 模型、模糊物元、CA-Markov 模型、最小累积阻力模型、TOPSIS 模型、DLS(土地系统动态模拟)模型、障碍度模型等关键词出现的频次越来越高,表明这些技术被应用到土地利用生态安全研究中。这些技术的应用分为两类,一类是应用到土地利用生态安全评价研究中,一类是应用到土地利用生态安全格局构建研究中。

从图 1-6 可以看出,2007 年以后,土地利用生态安全研究领域就没有出现较热的关键词,但近年来凸显的一些小热关键词值得关注,如土地利用冲突,与之关联的关键词有冲突强度、冲突识别等。

基于 CiteSpace 平台的热点词聚类分析以及本书的研究主题,我们从土地利用生态安全概念界定、土地利用生态安全评价、土地利用生态安全格局、土地利用冲突以及土地利用生态安全预警 5 个方面进行相关阐述。

1.4 相关研究进展

1.4.1 土地利用生态安全概念内涵的界定

20 世纪 50 年代以来,随着全球人口数量的激增、工业化的快速发展、全球资源环境状况发生了重大变化,人口-资源-环境-发展(PRED)问题越来越突出。由于全球环境问题直接威胁着人类的生存与发展,因此,生态环境问题越来越受到世界各国的重视,有关全球生态环境安全的问题也越来越引起国际社会的关注。20 世纪 60 年代《寂静的春天》以及 70 年代《增长的极限》《人类环境宣言》的出版,向世人敲响了生态危机的警钟。随之,80 年代联合国世界环境与发展委员会发表的《我们共同的未来》指出,在过去的经济发展模式中,人们关心的是经济发展对生态环境带来的影响。而现在,人类迫切感受到生态压力对经济发展所带来的重大影响与存在的安全问题。20 世纪 90 年代以后,全球性的气候变化、环境污染等诸多问题警示人们更加关注环境问题,90 年代初期召开的联合国人类环境会议发表的《里约热内卢宣言》和《21 世纪议程》报告,将全球性的生态安全、环境安全与可持续发展问题提上了国际社会议事日程。21 世纪最初 10 年,柴静的《穹顶之下》引起了中国人民的强烈关注。至今,致力解决有关生态安全问题已经成为世界各国的广泛共识。

生态安全包含两重含义,一方面是生态系统自身的安全,即在外界因素作用下生态系统是否处于不受或少受损害或威胁的状态,并保持功能健康和结构完整;另一方面是生态系统对于人类的安全,即生态系统提供的服务是否满足人类生存和发展的需要(曲格平,2002)。土地生态安全则是在生态安全的基础上提出的,例如,曹新向等(2004)认为土地生态安全包括两重含义:一是土地生态系统自身是否安全,即其自身结构是否受到破坏,其生态功能是否受到损害。二是土地生态系统对人类的生产和生活是否安全,以及土地生态系统所提供的服务是否满足人类的生存需要。

事实上,围绕土地的"生态安全"研究很多,其概念也相继出现多种,主要包括土地生态安全、土地资源生态安全、区域土地生态环境安全、区域土地生态安全、土地利用生态安全等。

刘勇等(2004)认为土地资源生态安全(the Land Ecological Security,LES)是指人类赖以生存和发展的土地资源所处的生态环境,处于一种不受或少受威胁与破坏的健康、平衡状态。

张虹波等(2006)则认为土地资源生态安全(Land Resource Ecological Security,LRES)是

指一定时空范围内,土地生态系统能够保持其结构与功能不受威胁或少受威胁的健康、平衡的状态,并能够为保障人类社会经济与农业可持续发展提供稳定、均衡、充裕的自然资源,从而维持土地自然、社会、经济复合体长期协调发展。土地资源只有在这种生态安全的状态下,才能维持土地资源与人类的协调发展,实现自然、经济和社会可持续发展。

梁留科等(2005)认为,土地生态安全是指土地生态系统对人类在生产、生活和健康等方面不受生态破坏与环境污染等影响的保障程度。其研究内容主要包括区域土地生态系统的完整性和稳定性,土地生态系统健康诊断,土地生态系统服务功能的可持续性,土地生态平衡期望值的设定及重要阈值的判定,主要土地生态过程演化的连续性、演化状况的监测以及演化的预测和预警,管理和维护的调控对策等。

土地生态安全的概念应区别于土地资源安全,土地生态安全着重于土地生态系统自身安全性及其为人类所提供生态服务的可持续性。而土地资源安全的着眼点是保证土地利用结构合理、数量稳定、质量良好(刘勇 等,2004;张月平 等,2004),能够满足经济持续发展的需要,更强调土地作为资源的本质属性。

赵凤琴(2005)给出了区域土地生态环境安全的定义:是指一定时空范围内在确保土地资源合理开发利用和生态环境良性循环的条件下,土地生态系统既能保障人类社会经济与农业可持续发展,又能保障其结构与功能的状态与变化态势不被损害的状态。

从生态系统结构和功能的稳定性看,生态安全是土地资源持续利用的核心和基础(曹新向 等,2004),保障区域生态环境安全是进行资源开发和利用时所必须遵循的准则,关注区域土地利用过程中出现的生态环境安全问题,研究扰动环境敏感地区土地利用的生态环境效应,加强脆弱类型土地生态环境系统的安全调控,是国内外关于土地利用变化研究的一个重要趋势(林彰平 等,2002)。

袁大鹏等(2019)认为土地利用生态安全是通过优化土地利用结构从而降低对生态环境变化和安全产生的影响,主要方向以通过改变土地自然要素,如土壤、水文等来改善土地生态系统的安全状态(谢花林,2008a;蒙吉军 等,2014)。

综上所述,土地利用生态安全(Land Use Ecological Security,LUES)的概念由生态安全衍生而来,其概念大致可以包括三个方面(李智国 等,2007)。一是强调土地生态系统自身的健康和可持续性,例如,郭凤芝(2004)认为土地资源安全是指一国或地区的土地资源出现威胁、破坏土地资源安全可靠和经济有效供给的各种内外因素和情况时,能够进行有效防御的状态。李小玲(2006)认为,土地资源生态安全一是指土地生态系统的结构和功能在其弹性恢复力限度内处于不受威胁或少受威胁与破坏的动态平衡状态;二是强调土地资源(或土地生态系统)对人类提供稳定的生态服务或保障能力,例如,孟旭光(2002)、谷树忠等(2002)认为土地资源安全是指一个国家或地区的全部土地资源对实现其可持续发展具有稳定的供给状态和良好的保障能力,它体现的是国家或地区的土地资源数量、质量和结构始终处于一种有效供给状态;三是强调人类社会经济系统对土地资源的利用、优化、管理和改造,即认为通过人类对土地资源的合理利用可以维持土地生态系统的健康从而保障人类生产、生活和健康等方面不受生态破坏与环境污染等影响。

笔者认为,土地利用生态安全是一个复合的概念,它强调土地自然生态系统和社会经济系统的协调关系,通过社会经济系统对土地的合理利用,既实现土地自然生态系统的健康和土地资源的安全,又保障社会经济系统通过对土地资源的利用来实现其自身的繁荣和发展,这个过程实际上实现了土地资源的可持续利用。因此,土地利用生态安全的研究内容应包括:土地生态安全现状,即对土地利用现状的生态安全状况进行评估;区域土地利用生态安全底线,即维护区域生态安全的最低限度的景观生态结构,通过最少量土地的保护,保障区域最基本的生态系统服务;以及土地利用冲突、土地利用生态安全预警和土地利用生态安全调控。

1.4.2 土地利用生态安全评价

从前面的热点分析可以看出,土地利用生态安全评价一直是"土地利用生态安全"研究领域的热点,与土地生态安全评价相联系的几个重要概念是土地生态评价、土地持续利用评价和土地承载力。

土地生态评价是指对土地生态系统的结构、功能、价值及其生态环境质量所进行的评价。土地持续利用评价是针对土地利用的持续性而做的评价,广义的土地持续利用评价包括土地质量评价、土地生态潜力评价、土地资产评估和土地利用效果评价、土地使用制度评价、土地投入产出评价、土地管理效益评价等多方面(彭建 等,2003)。谢俊奇(1999)认为,在《持续土地评价纲要》基础上,应从生产力指标、基础功能性指标、安全性指标、保护性指标、经济活力指标、社会可接受指标 6 个目标指标组来分析每种土地利用方式所组成的土地利用系统的可持续性,而生态安全是可持续发展的核心和基础。因此,他认为土地生态安全评价是土地可持续利用评价的核心内容。土地承载力是土地生态安全评价的一个重要内容和方法。张月平(2004)认为,在土地资源安全度评价中,准确计算土地资源承载力是首要的任务。郭凤芝(2004)、黄辉玲(2006)提出的土地资源安全评价体系中,把土地资源承载力作为一个重要方面。土地生态安全评价是指对土地生态系统健康危害或危险状况所做的评价,它是土地利用生态安全研究的基础工作,通过评价形成对区域土地生态安全状况、演变过程和危害程度的基本判断(熊建华,2019)。

通过对土地生态安全评价热点关键词的跟踪和梳理,我们发现,目前土地生态安全评价研究重点主要集中在评价指标体系和评价方法两个方面,这也是进行土地利用生态安全评价研究的难点。

1.4.2.1 土地利用生态安全评价指标体系

评价指标体系的构建是土地利用生态安全评价的关键环节,其指标选取的科学性决定了评价结果的客观性和真实性。不同学者从各自专业的角度对土地生态安全评价指标体系进行了探索。通过多年不断的科学尝试,评价指标体系的构建由最初的 FAO 理论框架,逐渐发展演化出 PSR、DPSIR、EES 等概念模型。熊建华(2019)认为,现有指标体系以概念模型和框架模型为主,可以分为三大类,即压力-状态-响应(PSR)、经济-环境-社会(EES)和混合类(PSR和 EES 等的综合)。

"压力-状态-响应(PSR)"模型最早用于构建土地生态安全的评价指标体系。该模型及其衍生模型(如 DPSR、DPSIR、IDRIS 等)也是目前我国应用最广泛的土地生态安全评价指标体系构建模型。PSR 模型由加拿大研究人员最早提出,世界经合组织(OPEC)和环境规划署对该横型做了发展。它的基本思路是,人类活动对自然资源和生态环境施加"压力",改变了生态环境的"状态"和自然资源的质量与数量;人类社会则通过经济政策和宏观调控对自然反馈的"状态"变化做出"响应",以减缓由于人类活动对生态环境造成的压力,维持系统的可持续性(左伟等,2002)。PSR 模型的突出特点在于它从人地关系的相互作用和影响出发,将无序的土地生态安全评价纳入一个思路清晰的评价框架中,具有非常清晰的因果关系,故备受研究者的青睐。基于"压力-状态-响应(PSR)"框架模型,从土地生态压力、土地生态环境状态、土地生态环境响应三方面进行指标筛选,构建土地资源生态安全评价指标体系(郭斌 等,2010;刘凌冰 等,2014;王雪 等 2014;马红莉 等,2014;孟展 等,2014;范胜龙 等,2016;曹丽萍 等,2017;郭宇伦 等,2017;王鹏 等,2018)。郑华伟等(2015)为弥补已有耕地生态安全诊断中指标体系及评价方法的不足,构建了基于 PSR 模型的评价指标体系并进行实证研究。张凤太等(2016)进一步构建了基于"驱动力-压力-状态-影响-响应(DPSIR)"概念框架的土地生态安全评价指标体系,结果发现该评价模型和指标体系适用性较强,评价结果较为客观,为土地生态安全评价提供了方法上的参考,DPSIR 模型的应用也逐渐扩展(王文萱 等,2020;吕广斌 等,2019;黄烈佳 等,2019)。

EES 模型作为框架模型因其清晰的逻辑结构而被普遍接受并应用于各类评价(熊建华,2019),其衍生模型包括 NES(自然-经济-社会)模型、REES(资源-经济-环境-社会)模型、NEES(自然-经济-环境-社会)模型等。一般来说,该类模型指标体系既包括社会、经济、人口等外在干扰要素,又包括生态系统、环境水平、自然资源等内在要素,同时还反映了外在作用因素与内在要素之间的系统循环、协调程度。例如,李玉平等(2007)基于河北省土地生态特点,从土地生态安全的自然因素、经济因素和社会因素三方面归纳了 22 项土地生态安全评价指标。刘庆等(2010)运用 EES 模型选取了水土协调度、不同用地类型比重等 17 项指标构建了长沙-株洲-湘潭(以下简称长株潭)城市群土地生态安全评价指标体系。王惠勇等(2007)采用 REES 模型选取了人口密度、废水处理率等 25 项指标构建了城镇土地生态安全评价指标体系。李洁等(2018)采用 NEES 模型选取了年降雨量、经济密度等 31 项指标构建土地生态安全评价指标体系。这类指标体系在一定程度上与国家发展战略和规划紧密相关,既能表现出区域土地生态安全的影响因素和问题所在,还能从侧面反映土地生态安全的发展趋势,内外要素结合,具有一定的战略规划作用和区域动态预测功能。

混合模型,即没有构建具体的概念模型或框架模型,综合运用 PSR 模型和 EES 模型,或者不采用任何概念模型而从土地生态安全含义本身出发,选取能够在一定程度上反映土地生态安全状况的指标来构建土地生态安全评价指标体系(熊建华,2019)。如曾乐春等(2011)以广州市为例从土地资源、生态环境和人文社会因素三个方面构建了适合高度城市化大都市土地资源生态安全的评价指标体系;范瑞锭等(2010)从自然因素、经济因素和社会因素出发,在 PSR 模型框架下,应用景观生态、生态足迹、GIS、物元分析模型和支持向量机等多种方法,构建土地利用生态安全评价指标体系对福建省土地利用生态安全进行评价。马瑛(2007)基于 PSR 模型,分别从生态环境质量状态、资源与社会人文压力和社会人文响应三个方面构建了北方农牧交错区土地利用生态安全评价的指标体系,同时,在对评价标准选取方面,综合参考了相关行业标准、科研标准和国内外平均标准,使得研究结果与国家及其他地区具有横、纵向可比性。于海洋(2017)选用压力-状态-响应-自然-社会-经济(PSR-NSE)评价指标体系,利用熵权法对指标重要性进行排序,构建了博州土地生态安全突变评价模型。郭凤芝(2004)从土地资源数量和质量安全、土地资源承载力、土地资源安全保障指数四方面提出建立土地资源安全评价体系的设想和基本框架。王楠君等(2006)从土地资源经济安全、耕地安全、土地生态系统和制度保障四个方面构建城市化进程中土地资源安全评价指标体系。曲衍波等(2006)从经济社会安全、城镇环境安全、辖区农村环境安全和城乡资源利用四个层面对小城镇土地生态安全进行评价。喻锋等(2006)从自然生态环境、人文社会压力和环境污染压力三个方面,在像元水平上对皇甫川流域生态安全进行了综合评价,并重点分析了流域土地利用变化和生态安全的关系。何春燕等(2014)从地形条件状况、土地利用状况、土地质量安全状况和土地承载安全状况四个方面选取指标,建立了土地生态安全评价指标体系。

尽管三类指标体系构建模型都被广泛应用,但也都存在弊端。它们虽然提供了指标选取的思路,但对土地生态安全实际问题的解决作用不大,模型指标层存在相互作用,使得评价结果有多重性和重叠性,导致评价结果可信度不高,难以为土地生态安全维护提供实质性的决策参考。同时,模型限制了指标选取的范围,导致对土地生态系统自身影响因素(如自然灾害、系统结构、演变过程等)关注不足。

确定土地生态安全评价指标是一项探索性很强、很复杂的工作,迄今还没有一个明确的、统一的标准。因为评价指标的选择不仅要考虑区域生态环境状态,还要反映出对生态安全有潜在影响的重要因素以及人类活动的影响,同时也要考虑生态安全指标数据的可得性和方法的可操作性。而区域之间的差异使得很难形成明确统一的评价标准。现有研究能为区域土地生态安全评价指标体系的构建提供思路和借鉴。

1.4.2.2 土地利用生态安全评价的研究方法

目前土地生态安全评价方法研究还处在实践和探索阶段,国内外的学者们借鉴了其他领域的研究方法,相继提出了一些定量与定性的评价方法。综合众多学者的研究,比较常用的方法有综合指数评价法、生态承载力分析法与景观生态学方法等,土地生态安全评价方法众多且相互间差异大,但都运用了相应的数理方法,通过模型求解生态安全的分值,将抽象的土地生态安全定量化,为土地生态安全阈值划分和安全状况判断提供重要的数据基础(熊建华,2018)。

(1)综合指数评价法。综合指数评价法是目前应用较多的一种方法,其优点在于综合指数评价法关注土地生态安全的整体性、综合性,将复杂的生态系统结构简单化,但难以反映系统的实质特征。其步骤为首先筛选因子构建多指标的评价指标体系。指标体系建立以后,应用层次分析法(AHP)、专家打分法(Delphi)等确定指标权重。然后确定评价指标的标准值即判定安全阈值,设定评价等级准则。通过加权系数法得到区域土地利用生态安全的综合指数及安全等级(侯景艳,2007)。范瑞锭等(2010)运用AHP法确定指标权重继而用综合指数法对区域土地利用生态安全做出评价,也为沿海一带的红壤丘陵区土地利用生态安全的评价提供了一些参考。冯异星等(2009)采用遥感和GIS等相结合的手段,通过测算土地利用程度综合指数以及生态安全评价指数来实现流域尺度生态安全定量综合评价,对新疆天山北坡玛纳斯河流域土地资源利用的生态安全进行了评价,并进一步分析了土地利用程度变化与流域生态安全的关系,其研究为确保流域生态安全提供理论借鉴,并为干旱半干旱区提供一定的科学见解。潘竟虎等(2012)基于GIS对干旱内陆河流域的典型区域进行规划前后的生态环境影响评价对比分析,通过构建土地利用规划环境影响评价(LUPEA)的生态安全综合指数及其评价方法,深入研究了生态安全评价法和多源空间数据分析在 LUPEA 中的应用,为县级层面上 LUPEA 的实践研究提供了一定的理论基础。李洁等(2018)以兰州市为例,从影响土地生态安全的因素出发,运用综合评价法,构建土地生态安全综合评价指标体系,并对兰州市整体及各县区的土地生态安全状况进行了定量评估。

由于土地资源生态安全的评价指标具有相对性和发展性,不同时期或者不同国家和地区,其评价标准也会不同,这给土地资源生态安全评价指标安全阈值的确定带来了困难(谢花林,2008b)。基于权重确定的主观性较大可能导致研究成果的不确定性,王枫等(2009)构建了不使用权重的区域土地生态安全突变评价模型,模型比较简捷、实用、科学。同时,近年来灰色关联度法、物元模型、熵值法、系统聚类法、层次分析和 GIS 技术相结合法、Q 型系统聚类和主成分分析法等也应用较广(张凤太 等,2016;郭利刚 等,2020;刘宝涛 等,2019;向文 等,2018)。

(2)土地承载力分析法。目前常用的是传统的土地资源承载力分析法和近年来兴起的生态足迹法(Huang et al.,2007)。其特点在于直观、综合性操作强,但是过于关注人类社会经济对自然环境的影响而忽视其他因素对生态系统的作用。传统的土地资源承载力分析法是将区域土地资源所能持续供养的人口数量,即土地资源人口承载量与现实人口数量相比较,如果承载量大于现实人口数量则判定土地利用处于安全状态,反之则不安全。而近年来兴起的生态足迹分析法是把一定区域内的人口所消耗的所有资源和能源及吸收这些人口所生产的所有废弃物的量都相应地转化为一定的生物生产土地面积,比较土地生态系统所能提供的生态足迹即土地生态承载力和人类对生态足迹的需求,如果土地生态承载力大于人类对生态足迹的需求,则出现生态盈余,判定系统是安全的,如果土地生态承载力小于人类对生态足迹的需求,则出现生态赤字,判定系统是不安全的。黄海等(2013)采用生态足迹法探讨了土地生态安全评价问题,提出了土地生态压力指数概念及计算方法,并以重庆市合川区为例,计算了 2006—2010 年这一区域的生态足迹、土地生态承载力、生态赤字与土地生态压力指数。吕添贵等(2014)利用生态足迹分析理论与方法,对宁波市镇海区 1997—2011 年的土地生态安全状况进行了评价,结果发现,研究期内镇海区的人均生态足迹高于人均生态承载力,出现了巨大的生态赤字,港口地区土地生态系统处于很不安全状态。生态足迹法从一个新的角度阐释了人类及其发展与资源环境的关系,其定量化程度较高,可用较少的因素定量测算生态承载力状况,但因没有考虑生态承载力复杂因素间的作用,同时单纯以人类对自然资源的占用和利用角度分析系统的承载力水平,难免有些缺陷(王根绪 等,2003)。

(3)景观生态学方法强调空间格局与生态过程以及生态功能之间的联系,景观结构、功能和变化是景观生态学关注的最基本的三个特征,景观生态学中的景观生态指数可以定量化描述这三方面特征。景观结构、功能、变化与土地资源利用的关系相当密切,土地资源的退化也必然会导致区域景观结构和功能的失调或退化,斑块-廊道-基质是景观的基本结构,土地利用单元也可以分为斑块、廊道和基质,其结构、功能、稳定性及抗干扰能力等直接影响到土地利用生态安全状态(曲衍波 等,2008;曹爱霞,2008)。结合 3S 技术,运用景观生态学的研究理念,对区域土地生态安全进行评价已经成为主流发展趋势。李闻等(2012)以 GIS 和 RS 技术为平台,从景观生态学角度提出了景观生态指数来反映土地利用/覆被变化(LUCC)带来的生态效应,并构建生态安全评价指数(ESA)研究霍林河流域景观生态安全的时空变化特征。闫玉玉等(2016)以浙江省青田县为例,基于景观安全格局理论和方法构建具有不同安全水平的综合安全格局,探讨土地利用管理中的生态用地保护途径,提出相应的政策建议,以期为中国土地管理中的生态用地保护提供借鉴,并依此展开生态用地保护研究。于婧等(2020)从土地生态系统的景观特征、生境质量的抗干扰能力和社会经济效益三个方面构建土地生态质量综合评价研究模型,以湖北仙桃为例,探究三者的空间演变关系,并在此基础上对其土地生态质量进行综合评价。学者们普遍认为,基于景观生态模型法的区域生态安全评价是一种值得探索的方法,适用于注重宏观空间尺度的生态安全研究。

综上所述,目前中国土地生态安全评价的研究正处于实践和探索阶段,整体上由单要素、静态研究向综合、动态研究发展,从数理评价模型向空间评价模型转变,呈现出以空间尺度为主流、时间尺度为支流、区域生态安全评价为核心、辅以流域安全评价的研究格局。研究区域早期多为西北干旱地区、农牧交错带、城市区域、流域以及其他敏感地区(储佩佩 等,2014),现正向县级、乡级等中观和微观尺度转变。土地利用生态安全评价体系研究还不够完善,评价指标以及安全阈值的确定是研究的难点,且构建的指标多是面向整个区域,有些指标不能体现在像元水平上,评价结果不能较好地为土地生态安全格局服务(谢花林,2008a);研究多侧重于单个研究区时间序列的动态,缺乏典型区域和类似区域的空间和纵向的对比研究,当前的研究层面和视野有待开阔;此外,应注重将评价结果与土地生态安全格局构建和监测预警研究有机地衔接在一起,深入土地生态安全的应用研究(谢花林,2008a;储佩佩 等,2014)。

1.4.2.3 土地利用生态风险评价

一般认为,安全与风险互为反函数,风险是评价对象偏离期望值的受胁迫程度,或事件发生的不确定性,其计算值为概率与可能损失结果的乘积(梁留科 等,2005)。而安全是指评价对象在期望值状态的保障程度,或防止不确定事件发生的可靠性。生态风险是指特定生态系统中所发生的非期望事件的概率和后果,如干扰或灾害对生态系统结构和功能造成的损害,其特点是具有不确定性、危害性与客观性。

生态风险评价是指研究区域在受一个或多个胁迫因素影响后,对不利生态后果出现的可能性进行评估的一种方法(Hunsaker et al.,1990),重点评估人类活动所引起的生态系统的不利改变及效应。随着社会经济的发展、人类活动的加剧,以及评价理论和方法研究的深入,生态风险评价逐渐成为发现和解决环境问题的决策基础。众多研究表明,土地利用变化同生态风险存在密切的相关(安佑志 等,2011;傅丽华 等,2011)。

区域生态风险评价是在区域尺度上描述和评估环境污染、人为活动或自然灾害对生态系统及其组分产生不利作用的可能性和大小的过程(Fu et al.,2001)。作为生态风险评价的重要分支,区域生态风险评价的主要标志是在暴露和危害过程中考虑到景观空间结构,它尤为重视空间要素配置对生态风险过程的影响(殷贺 等,2009)。区域生态风险评价具有时间动态性、空间异质性及评价过程的复杂性等特征(邓飞 等,2011),是当前生态学与风险数学交叉领域的前沿课题和研究难点(石浩朋 等,2013)。在区域生态风险评价研究的发展中,国内外学者在多种空间尺度上,针对不同类型和数量的风险源、风险受体展开了广泛深入的理论与实践探索,尤其是在大尺度的流域水平上对重金属沉积物、水环境和自然灾害以及转基因作物、生物安全等内容的区域。关于生态风险评价基础理论和技术方法,已经有学者进行了大量有益探讨(Victor,2002;Hayes et al.,1997;Purucker et al.,2007;李谢辉 等,2008;彭皓玥,2015;李素珍 等,2019)。随着研究的日趋深入,目前国内区域生态风险评价已逐步转向区域综合生态风险评价的发展,评价范围也扩展至三角洲湿地及省级行政区域等领域(陈辉 等,2006;吴健生 等,2013;刘迪 等,2020)。土地利用是人与自然交互作用的核心环节,土地利用/覆被变化(LUCC)与许多环境和生态问题密切相关,对景观格局变化、区域生态功能等产生深远影响(Lambin et al.,2001;李锐 等,2002;赵米金 等,2005),其变化过程对于维护区域生态安全发挥决定性作用。在城市化进程中,人类的开发活动主要在景观尺度进行(邬建国,2000b;温晓金 等,2013),城市发展以用地为依托,不同土地利用方式和强度下的生态影响呈现出区域性和累积性特征,直观地反映出区域生态系统变化(谢花林,2008a;赵岩洁 等,2013),这种变化首先表现为具有高度空间异质性的景观要素结构、相互作用以及功能的变化和演替(李景刚 等,2008)。范贺娟等(2020)认为探究景观格局的时空演变特征对生态风险研究具有重要意义,并探讨了天山大小莫合流域野果林区滑坡景观格局时空变化特征与演化的驱动因素,从而进行景观生态风险预测。流域是生态压力和风险最大的区域之一(张学斌 等,2014),当前我国学者在景观尺度上基于 LUCC 展开的区域生态风险评价主要集中在流域和小城镇(王娟 等,2008;曾勇,2010),而对快速城市化进程中的大城市,特别是沿海大城市的土地利用生态风险评价相对较少。因此,从区域生态系统的景观结构与组成出发,研究土地利用/覆被变化下的区域生态风险具有重要的理论与实践意义。此外,已开展的相关研究多数集中在描述生态风险空间特征,而缺乏对土地利用动态与生态风险变化二者响应关系的深入研究。

随着生态风险评价的兴起,生态风险研究逐渐被引入土地领域,众多学者也做了大量研究,重点包括不同风险视角选取、风险归因分析、综合风险指数设计、评价模型设计开发、不确定性处理、风险计算及空间制图、风险决策模拟等方面(吴次芳,2004)。土地利用生态风险是指人类对土地利用不合理从而造成的土地生态系统的破坏和功能的退化。从土地生态系统的角度,基于土地利用变化、土壤污染、土地承载力等综合因素分析区域土地生态风险并进行动态评价,目前仍处于起步和探索阶段。当前,国内主要针对城镇和流域尺度,以及矿区和湿地等特殊地类,开展土地利用生态风险评价,常用的评价有如下几种。

(1)相对风险模型(Relative Risk Model,RRM)。风险源多种多样、风险暴露途径复杂、胁迫因子难以量化等是土地利用生态风险评价面临的难题,而相对风险模型为解决这一难题提供了新思路。该模型由 Landis 和 Wiegers 于 1997 提出,采用分级系统对评价单元内的各种风险源及生境进行评定,通过分析风险源、生境和生态受体的相互作用关系,给出区域风险评价综合方法,从而实现区域风险的定量化(Landis et al.,1997;Suter et al.,2003)。例如,刘晓等(2012)以三峡库区重庆开县消落区为研究对象,运用相对风险模型对研究区土地利用过程中所产生的生态风险源、生态受体进行甄选,构建概念模型,并对消落区的暴露和危害进行详细的计算分析,最后利用风险表征模型对所获得的相对风险密度、生境丰度、暴露系数、响应系数等数值进行综合计算分析,确定研究区域的生态风险等级;张晓媛等(2013)以 2007 年和 2010 年两期遥感影像、社会经济统计数据和环境监测数据为基础数据源,采用 PSR 模型构建风险源、风险受体和风险响应评价指标体系,利用综合模糊评价法建立评价模型,对三峡库区屏障带土地利用生态风险进行了综合评估;为有效管控其社会经济发展中产生的生态环境风险,张天华等(2018)通过适合高寒流域特征的相对风险模型的风险评估方法,识别了研究区风险源,选择风险受体计算了各研究单元的风险等级。在应用上,程文仕等(2018)以甘肃省华池县为例,运用相对风险模型(RRM)对15个乡镇的生态风险空间差异进行评价,确定土地整治投入优先序,研究表明,运用相对风险模型(RRM)评价生态风险更符合土地整治工程建设实际,在此基础上确定的土地整治优先序符合西部生态环境脆弱区实际情况,在确定土地整治资金投入顺序中是一种较好的方法。

(2)3S集成技术法。比如,臧淑英等(2005)运用3S集成技术,根据大庆市土地利用结构的变化特征,分析解释出研究区的土地利用生态风险空间分布特征和形成机理;龚文峰等(2012)运用RS和GIS技术以城市化流域——松花江干流哈尔滨段为研究区域,揭示城市化背景下土地利用生态风险的时空分布特征、变化规律及形成机理,引入生态风险指数,建立生态风险评价模型,最大限度地降低城市化过程中的土地利用生态风险水平;马彩虹(2013)以GIS为分析手段,分析了黄土台塬区土地资源开发利用的特征与土地利用生态风险分布情况,根据分析后的结果为研究区域土地资源开发利用提出了合理性建议;韦仕川等(2008)基于RS和GIS技术,以东营市为例,研究出黄河三角洲土地利用变化及结构特征,确定了土地利用生态风险变化系数,并据此分析出研究区土地利用生态风险分布特征。生态风险评价是目前环境科学领域的研究重点,而水土流失问题是造成生态风险的主要因素。常青等(2013)提出了基于GIS的矿业城市土地损毁生态风险定量评价与空间防范的思路和方法,并以吉林省辽源市为案例区开展了实证研究,结果表明,基于空间技术进行生态风险定量评价,能更好地识别矿区土地利用中的关键区域,为进一步减少甚至避免矿业资源开发中的土地损耗与生态破坏提供了空间途径,为矿业城市土地利用、土地复垦及综合整治规划提供了科学依据。舒昶等(2015)基于遥感和地理信息系统技术选择干旱、洪涝、水土流失和污染为生态风险源,对湖北省河流、城市、草地、森林等生态系统展开系统评价和实时监测,通过计算综合风险概率及生态综合损失度得到该区域的生态风险值。李耀明等(2017)以生态风险评估理论研究为基础,将该体系按照生态危险性、生态重要性和生态易损性三部分进行分析,同时结合遥感数据和GIS手段,综合分析北京生态风险等级分布。

我国的3S技术起步相对较晚,但经过40多年的发展,我国的地理信息行业已经初具规模,但面临着和国外同样的问题。另外,在国内的应用研究中还很少将社会、经济指标融入地理信息中,大多研究只是单纯地研究土地资源地类结构的变化,无法定量分析土地利用生态风险的演化规律。

(3)景观指数法。例如,王娟等(2008)将景观生态学原理与分析方法运用到区域生态风险评价中,以云南澜沧江流域为例,在土地利用变化基础上,以景观格局指数作为评价指标,揭示其生态风险时空变化特征;许妍等(2011)从土地利用变化和景观结构角度构建景观生态风险评价模型,定量评估了太湖地区景观生态风险时空动态变化特征;谢花林(2008b,2011b)以典型农牧交错带和红壤丘陵区为案例区,基于景观结构中的景观干扰度指数和脆弱度指数构建土地利用生态风险指数,并借助空间统计学中的空间自相关和半方差分析方法,进行土地利用生态风险的空间分布和梯度变化特征分析。

(4)土地利用生态风险指数法。即通过各土地利用类型的面积比例和各地类的土地利用生态风险强度参数构建土地利用生态风险指数(ERI),并采用网格采样方法进行空间分析。例如,安佑志等(2011)通过对生态风险指数进行半变异函数分析和克里格插值编制生态风险图来对上海市土地利用生态风险进行分析;叶长盛等(2013)以 5 km×5 km 的单元网格进行系统采样,借助空间自相关和半方差分析方法,探讨了珠江三角洲土地利用生态风险空间分布及变化特征;赵岩洁等(2013)以 500 m×500 m 格网作为评价单元,借助 GIS 分析平台,对土地利用生态风险指数进行空间插值生成生态风险分级图,分析了三峡库区小流域土地利用生态风险的时空变化特征;李鑫等(2014)利用 3 个不同时段的 TM 遥感影像,结合社会经济等相关统计数据,建立了土地利用生态风险评价模型,基于 TM 像元定量评估了安徽省升金湖国家自然保护区湿地土地利用生态风险时空演变规律,研究发现,受人类经济活动的影响,保护区土地利用生态风险不断上升,生态风险面积不断扩大;钟莉娜等(2019)基于研究区内各景观类型的面积比例和景观损失度指数计算得到生态风险指数,分析农用地整理对区域景观动态和生态风险的影响,发现农用地整理通过改变景观格局来影响生态风险。

(5)其他探索性方法。例如,傅丽华等(2011)选取了景观及土地利用变化类型、土地利用分级程度、土地利用变化率、不同景观的生态服务价值为主要评价指标,建立生态风险评价模型,对长株潭城市群核心区土地利用进行了生态风险评价;刘勇等(2012)探讨了土地生态风险评价的理论基础,构建了包含土地质量风险、土地结构风险和土地承载力风险的土地生态风险综合评价模型,并提议将土地生态风险压力因子分为物理因子、化学因子和生物因子;常青等(2012)构建了矿区生态风险源、风险受体及作用对象与过程的因果链模型,结合矿区生态环境问题产生过程的独特性,将土地挖损、占用及塌陷等土地破坏作为矿区的直接生态风险源,基于土地破坏类型提出了适宜矿区的区域生态风险评价流程、指标体系与计算方法,并专门在定量化多风险源与多风险受体交互作用上做出探讨,构建了生态系统单元暴露指数和土地破坏累积作用指数来评价矿区土地破坏与生态系统单元的暴露与危害作用关系,为矿区生态风险评价的实证研究提供了理论基础与方法框架;刘迪等(2020)采用"概率-损失"二维风险模型解构陕西省区域生态风险,基于地貌分区视角识别多源风险类型的同时以景观格局与生态系统服务价值为关联要素合成潜在生态损失;王辉等(2019)基于对人类活动影响湿地直接途径和间接途径的区分以及相应部分风险指标的选择完成三江平原湿地区域生态风险评价研究工作。这些研究都为土地生态风险评价提供了新思路。

1.4.3 土地利用生态安全格局

20 世纪 90 年代,生态安全格局(Ecological Security Pattern)被作为维护生态过程安全的关键性格局而提出来,是景观安全格局(Landscape Security Pattern)的一种(俞孔坚,1999)。景观安全格局旨在解决如何在有限的国土面积上,以最高效的景观格局来维护土地上的生态过程、历史文化过程、游憩过程等的健康与安全的问题。它以景观生态学理论为基础,基于景观过程和格局的关系,通过景观过程(包括城市的扩张、物种的空间运动、水和风的流动、灾害过程的扩散等)的分析和模拟,来判别对这些过程的健康与安全具有关键意义的景观元素、空间位置及空间联系(俞孔坚 等,2009)。根据景观格局-过程原理,生态系统服务的维护需要特定的景观格局,这个维护区域生态系统服务的空间格局就是"生态安全格局"(俞孔坚,1999)。

在快速城市化和人地关系高度发展的背景下,生态安全格局强调最低限度的景观生态结构对于生态系统服务的贡献。为此,相关研究强调最低生态安全格局的概念,即通过最少量土地的保护,保障区域最基本的生态系统服务(俞孔坚 等,2010)。

由于土地生态安全格局问题从本质上说是利用景观生态学原理解决土地合理利用的问题,随着景观生态学原理日益渗透到土地合理利用的问题中,格局优化成了土地利用规划的核心内容(Guan et al.,2003),在自然资源统一管理后,可以认为国土生态安全格局是针对国土空间中的生态环境问题,在应对气候变化和人类活动干扰的基础上,能够维持生态系统结构和过程的完整性,实现对生态环境问题有效控制和持续改善的区域性国土空间格局(傅伯杰,2019)。

1.4.3.1 面向生态的土地利用格局研究进展

以土地资源可持续利用为导向的区域土地利用结构优化研究中,生态因素已成为重要的约束条件和优化目标,生态安全的理念也开始在土地利用结构优化中得以体现。

在面向生态的土地利用结构优化方面,Makowski(2000)以欧共体农用土地资源面临的最主要的污染问题为导向,以氮流失量最小为规划目标,建立了欧共体农用土地利用结构优化模型。Herrmann 等(1999)应用系统工程方法,从土壤肥力、地下水质量、地表水、群落生境和景观五方面选取指标作为生态约束条件,进行乡村土地利用结构优化设计。结合土地资源可持续利用研究,我国学者也开始了面向生态的土地利用结构优化方法的探讨。徐学选(2001)应用线性规划模型,以土壤侵蚀量作为生态约束条件,探讨了黄土丘陵区生态建设中农林牧土地结构优化模式。林彰平等(2002)针对生态脆弱的东北农牧交错带的主要生态问题,提出了生态安全条件下土地利用模式优化研究的概念框架,并采用灰色线性规划模型,以生态效益最佳为目标,探讨了以生态安全为目标的优化技术规程、沙区分步优化判定层次标准、对沙区土地利用分类和生态安全评价等,可以对沙区土地高效利用提供技术支持和优化范例。刘艳芳等(2002)对基于"绿当量"的最佳森林覆盖率标准的生态优化方法进行了探讨。对生态标准的量化引入了"绿当量"的概念,在考虑耕地与草地生态服务价值的基础上,引入森林和耕地、草地之间的基于"绿量相当"的面积换算关系,定量测算出该类用地的生态绿当量。针对不同的区域,根据区域降水量、土壤饱和蓄水能力以及土壤自然含水量来计算区域最佳森林覆盖率,并以此作为该地区生态优化的目标,这对于土地利用优化中关于生态标准的量化探讨有着重要的启示意义,但土地利用结构生态标准的衡量指标只选取了森林覆盖率,这种选取还不尽全面,有待进一步完善。王观湧等(2015)引入反映生态指标生态绿当量和土壤有机碳储量,评价研究区土地利用结构在不同发展阶段的生态效益,并且借助 TOPSIS 模型对历年土地利用结构进行生态合理度评价。在此基础上,以经济发展和生态效益并重为目标,构建多目标优化模型,获得注重生态用地保护、生态效益和生态合理度得到提升的土地利用结构优化方案。宁珊等(2019)指出,通过土地利用结构优化能够实现区域生态效益的最大化,并基于单位面积当量因子法估算了新疆玛纳斯河流域 1990—2015 年各项生态系统服务价值及其变化,并借助灰色线性规划模型(GLP)进行土地结构优化,探讨了最大化生态效益目标下优化前后研究区生态服务价值的比对及变动。在国土空间规划背景下,土地利用结构优化对实现中国土地资源高效利用具有十分重要的推动作用。唐丽静等(2019)以山东省沂源县为例,以生态优先、生态经济协调发展为原则,借鉴生态足迹理论,依据国民经济核算规则,测算国民经济发展目标生态足迹需求,结合土地利用现状及"多规"土地利用计划,以生态平衡为底线优化"多规合一"背景下的土地利用结构。

综上所述,早期我国的土地利用结构优化研究多关注土地利用数量结构的生态优化(如林地覆盖率、坡耕地比例等),却忽视了土地利用空间格局对诸多生态过程的影响,如地表水的径流、侵蚀,物种的多样性,以及干扰的传播或边缘效应等。

1.4.3.2 土地生态安全格局构建方法

结构和功能、格局与过程之间的联系与反馈是景观生态学的基本命题(Turner,1989;Lenz et al.,1995;Vuilleumier et al.,2002)。景观生态学的一个最基本假设是空间格局对过程(物流、能流和信息流)具有重要影响,而过程也会创造、改变和维持空间格局(Wu et al.,2002;Wu et al.,2004)。景观生态学中的最优景观格局原理和生态安全格局原理为土地利用结构优化提供了重要的途径(Yu,1996;Seppelt et al.,2002;张虹波 等,2006)。

但是,传统的来自于景观格局优化的土地生态安全格局构建方法,如线性规划、灰色系统规划、层次分析法、系统动力学模型等,缺乏定量的空间处理功能,难以刻画景观要素空间上水平方向的相互作用(张惠远 等,2000;秦向东 等,2007)。为了体现景观生态学对格局优化的要求,人们越来越求助于空间直观模型。国外比较成功的案例有 Seppelt 等(2002,2003)对农业土地利用格局优化的研究,其中的优化模型建立了不同管理措施下的养分平衡,通过计算优化不同土地利用方式和施肥措施下的最大产出值作为判别标准,建立了一个空间显性的动态生态系统模型进行数量模拟,利用基于随机过程的蒙特卡洛方法来检测优化结果的可信度。从城市土地生态安全格局来看,构建山水型城市高、中、低3种水平生态安全格局,可有效协调该类城市空间扩展与生态要素限制之间的矛盾。储金龙等(2016)以安庆市为例,运用高分辨率遥感影像识别生物多样性保护、水资源安全、地质灾害规避3类生态用地,采用 GIS 空间分析技术并基于多因子综合评价,将生态用地划分为极重要、较重要、一般重要3个级别,将极重要生态用地与相关法规、标准及政策所规定的禁建区作为源,利用最小累积阻力模型,获得安庆市综合生态安全格局,最后,在生态安全格局基础上,并提出建设用地开发策略。杨彦昆等(2020)以三峡库区重庆段为例,通过生态重要性和敏感性综合识别源地,构建连通度指数修正阻力面,利用最小累积阻力模型提取生态廊道,从而构建三峡库区重庆段生态安全格局,提出生态安全格局构建旨在识别研究区的重要生态区域并保持他们之间连通,是实现区域协调发展的重要途径,生态阻力面的科学构建和修正则是生态安全格局建立的技术难点。

土地生态安全格局的构建方法经历了由定性分析评估到定量计算、由静态优化到动态模拟、由固定条件下的孤立寻优到可变条件下的趋势分析、由数量配置为主到预测空间变化的过程,定量、可变、动态的空间模拟将是土地生态安全格局未来研究的主要方式。土地利用格局变化与生态过程改变互为因果,了解局部演变时空规律及其演变驱动机制是结合生态过程进行土地利用格局分析和优化的前提与基础。但现阶段对土地利用格局、过程和功能相互作用的研究还不够成熟,还不能满足对土地生态安全格局设计的理论指导要求。

将土地利用格局变化与生态过程改变结合起来看,一方面土地生态安全格局对动态的空间模拟提出了越来越高的要求,另一方面空间模拟迟迟得不到景观尺度上定量化规律的有力支持,使得传统"自上而下"的优化思路难以依靠模型实现自动化;要在目前景观生态学的基础研究水平上解决这个矛盾,似乎只有采纳复杂性科学所倡导的复杂性研究方法——"自下而上"的建模方法,针对特定的生态过程,将生态过程结合到格局分析中。

在这方面,元胞自动机(CA)具有天然优势。基于元胞自动机的空间直观模型不关心景观尺度上定量化的规律,而是直接在较低的尺度上,从景观组成单元入手,模拟它们的状态和局部相互作用,即能在总体上表现土地利用格局的演变过程。这也是基于元胞自动机的空间直观模型在模拟土地利用空间格局与过程相互作用的研究中被广泛应用的主要原因(邬建国,2000b)。目前国外已有一些学者基于 CA 进行土地利用规划的研究。例如,Strange 等(2002)发展了一种基于 CA 的进化优化算法,它能有效解决造林规划的空间决策问题。Mathey 等(2007)通过设计一种基于 CA 的进化算法整合了时间和空间目标,探索了一种协同演化的元胞自动机模型,用于空间显现自然动态过程的森林规划。Stevens 等(2007)探讨了基于 GIS 和 CA 的城市规划决策模型。

近年来,国内也有部分学者开始尝试运用 CA 探讨土地利用格局的优化问题。Chen(2008)在综合使用"自上而下"的灰色线性规划(GLP)方法和"自下而上"的元胞自动机(CA)方法的基础上,建立了土地利用格局优化模拟模型,进行了中国北方农牧交错带生态安全条件下的土地利用格局优化模拟研究。刘小平等(2007)提出了基于"生态位"的元胞自动机的新模型,并探讨了如何通过"生态位"元胞自动机和 GIS 的结合进行城市土地可持续利用的规划。该模型可方便地探索不同土地利用政策下的城市土地利用发展前景,能够为城市规划提供有用的决策支持。杨小雄等(2007)探讨了元胞自动机模型在政策及相关规划约束、邻域耦合、适应性约束、继承性约束及土地利用规划指标约束下的土地利用规划布局的元胞自动机模型,并以广西东兴市为例进行了模型的仿真研究。赵冠伟等(2009)利用 CA 理论进行了城市边缘区多地类变化模拟研究的尝试。杨娟(2010)提出了基于多类支持向量机的元胞自动机模型(MSVM-CA),使元胞自动机不仅能模拟从非城市用地到城市用地的转变,还可以应用于模拟多种土地利用类型之间的演变。苏凯等(2019)对东北森林带 2000—2015 年景观格局变化进行生态系统结构、生态系统转换方向、景观指数变化分析,运用 MCE-CA-Markov 模型,模拟2020 年东北森林带景观格局变化趋势。成超男等(2020)以山西省晋中主城区为例,从生物多样性保护、自然灾害预警和人为活动干扰三方面出发,判定其城市环境的生态敏感度,采用CA-Markov 模型分析和模拟土地类型的演变趋势,合理划分城市生态分区,在此基础上为优化晋中主城区的生态空间布局和保障其生态安全提供参考。

值得注意的是,目前一些研究探索在利用 CA 模型进行土地利用动态模拟时与 MAS 相结合,以弥补 CA 模型未考虑人类决策行为对土地利用变化影响的缺陷。例如,Ligtenberg(2001)结合 MAS 和 CA 模型,建立了多智能体共同进行空间决策的土地利用情景模拟模型;Torrens(2002)在分析 CA 模型缺陷的基础上,建议利用 CA-MAS 耦合模型进行土地利用动态模拟;Valbuena 等(2010)基于多智能体系统在区域尺度上进行了土地利用变化与规划的模拟研究;Ligtenberg(2010)进一步论述了基于多智能体模型进行空间规划的验证问题。国内学者则主要应用于城市土地扩张模拟,例如,刘小平等(2006)提出了结合 MAS 与 CA 的微观规划模型,模拟了广州市海珠区 1995—2010 年的城市土地扩张,并讨论了在不同规划情景下城市土地资源的利用效率及合理性;杨青生等(2007)运用 MAS 与 CA 相结合的方法来模拟城市土地扩张过程;聂云峰等(2009)通过集成 MAS、GIS 和 CA,建立了城市发展模型,以 Repast 和 ArcGIS 为基础设计并实现了城市土地利用动态模拟系统,并以广州市番禺区为例进行了仿真实验;Zhao 等(2012)建立了 CA-MAS 耦合模型,将土地利用变化模拟结果应用于交通用地的需求模拟与分析中;全泉等(2011)利用 CA 模型和 MAS 模型相结合的方法,在 GIS 技术手段的支持下开展了上海城市扩张动态模型研究;杨俊等(2016)基于 BDI 决策 MAS-CA 模型对大连金石滩 2020 年和 2030 年城镇区域面积进行模拟,Kappa 系数达到 0.635,研究结果表明 BDI 决策补充了 MAS-CA 模型决策的不足,使得模型整体框架迈一步完善,模拟结果具体准确,精度达到 89.1%,滨海地区的生态环境容易被破坏,政府应该采取措施寻找土地利用与生态环境保护的完美平衡点;马欢等(2017)利用 GIS 空间分析和重心迁移模型分析沙漠化景观时空变化趋势,并以 2010 年沙漠化分类数据为基期年数据,利用 Logistic 元胞自动机模型并引入多智能体系统 MAS 模型修正转移规则,模拟 2015 年沙漠化分类情况及其空间分布格局,结果精度较好。

综上所述,传统的土地生态安全格局设计方法大多停留在指标相互作用关系的静态设计上,且难以定量地考虑格局的空间优化。以空间显性模型为核心的格局模式,真正触及了土地利用格局的形成机制,并体现了景观生态学强调水平方向生态学过程的特征。因此,通过模拟格局演化来进行设计的客观性和自动性程度较高,而且模拟演化过程本身就验证了生态安全方案的效果和可实现性。

1.4.4 土地利用冲突研究

从研究主题热点演变分析结果看,"土地利用冲突"在 2017 年首次成为"土地利用生态安全"研究领域的热点关键词,此后,"冲突强度""冲突识别"等关键词也相继成为热点。从土地利用生态安全的角度,土地利用与区域生态用地表现出竞争关系可以理解为存在土地利用空间冲突,例如,在生态文明建设的大背景下,城镇化和工业化导致土地资源的高强度开发与激烈竞争成为社会经济发展过程的显著特征,引发一系列土地利用冲突问题(于伯华,2006;杨永芳,2012)。

1.4.4.1 土地利用冲突的概念与内涵

冲突(Conflict)的概念最早源于社会学,是指两个或两个以上的社会单元在目标上互不相容或互相排斥,从而产生心理或行为上的矛盾。经济学认为冲突伴随着人类社会发展的各个阶段,土地利用冲突亦不例外(胡雁娟,2013)。20 世纪 60 年代以来,土地利用冲突概念与内涵探讨相继出现在国内外相关研究成果。国外学者一般用"land use conflict"表示土地利用冲突,对于其概念尚没有明确而统一的定义,大多根据土地利用冲突的实际应用给予一定解释。其中比较具代表性的有:①土地利用方式对稀缺资源的竞争,如 Campbell 等(2000)基于放牧、农业耕作与野生动植物保护之间的关系对肯尼亚卡贾多区土地利用状况进行研究,指出土地利用冲突是各种土地利用方式对稀缺水土资源的竞争;②对土地权利的不同利益诉求产生的矛盾对抗,或农民为改变不平等的土地社会关系所做的抗争(Upreti,2004)。Simmons(2004)在剖析亚马孙流域土地利用冲突诱因时指出,土地利用冲突是无地农民与大农场主之间的对峙。Upreti(2004)认为,土地利用冲突是农民为改变不公平的土地社会关系而进行的抗争。Duke(2004)探讨了土地利用冲突的概念,分析了土地利用冲突的危害、过程和转变,指出土地利用冲突是人们由于遵循不同的土地利用方式和结果所产生的矛盾对抗。Tudor 等(2014)认为土地利用冲突是多种参与群体带来难以解决的环境和社会问题的复杂对抗过程。

近年来,随着工业化、城镇化进程的快速推进,土地利用问题层出不穷,引起国内学者对土地利用冲突的关注,基于不同的视角,土地利用冲突存在各种不同的理解。部分学者从社会冲突理论出发,基于征地造成的社会冲突现象,将土地利用冲突定义为单位或个人围绕土地发生的过激行为(谭术魁,2008)。阮松涛等(2013)认为土地利用冲突是围绕土地客体产生的各种社会矛盾的综合。孙月蓉等(2012)经过对农村土地利用冲突的考察,将土地利用冲突解释为不同社会主体在争夺土地资源权益时发生的对抗性互动过程。另有部分学者引入人地关系理论与博弈论对土地利用冲突的概念进行阐述,所强调的要点包括:①人地关系失调导致的土地利用与环境关系之间不可调和的矛盾,于伯华、吕昌河、杨永芳等的研究成果是该类研究的典型代表。其中,于伯华等(2006)引入利益相关者的概念,将土地利用冲突概括为土地资源利用中各利益相关者对土地利用的方式、数量等方面的不一致、不和谐,以及各种土地利用方式与环境方面的矛盾状态;杨永芳等(2012)认为土地利用冲突是人地关系不和谐的表现。②利益相关者相互博弈产生的冲突,相关研究成果不断涌现。例如,李红波等(2006)指出土地利用冲突是指不同土地利益主体在争取土地权益的过程中由于彼此之间的矛盾激化所产生的冲突;喻琳(2014)认为土地利用冲突是利益驱动下不同参与者之间的矛盾。

综合相关学者的研究,普遍认为土地利用冲突是指在土地资源利用中各利益相关者对土地利用的方式、数量等方面的不一致、不和谐,以及各种土地利用方式与环境方面的矛盾状态(于伯华 等,2006)。

1.4.4.2 土地利用冲突识别与分类

科学评价与识别土地利用冲突的潜在发生区域,是因地制宜有效预防和破解土地利用冲突的基础。土地利用冲突识别方法分为定性和定量两大类,在定性分析中,国内外学者主要通过参与式调查法来开展研究。Henderson(2005)将澳大利亚作为研究区,针对其城市发展问题,通过结合实地调查法与访谈的方法来探究城市发展用地和农业用地之间的冲突;Milline(2005)采用问卷调查法,分析了潘加尼的水冲突和土地利用冲突的问题;杨磊等(2014)通过田野调查,同时结合案例研究法,基于城镇化进程探讨了湖北省两个地区土地冲突的演化过程并构建了相关治理机制;刘琼等(2014)在问卷调查的同时,结合深度访谈,研究了土地利用总体规划与城市规划之间的冲突。

在定量分析中,国内外学者主要采用数理模型法、多目标适宜等级排列组合法。Duraiappah 等(2000)通过构建 PASIR 模型,对土地的权属、土地的利用情况与利用方式以及土地利用冲突方彼此之间的具体关系进行了研究,结果表明,土地利用冲突的强度与否与地区土地面积的减少、权属不清以及社会福利待遇降低等因素有关;杨永芳等(2012)采用 PSR 模型,主要着眼于社会经济因素和人类活动对耕地利用变化的影响来选取评价指标,诊断了鄢陵县的土地利用冲突强度。此外,考虑生态环境效应,将 GIS 空间分析技术与数理模型结合的土地利用冲突识别方法应用广泛。冯宇等(2016)将空间冲突测度模型与 GIS 技术相结合,分析了山西省亳清河流域土地利用空间冲突程度;刘慧芳等(2017)借助 GIS 空间分析技术和相关数学模型,将水、煤炭和土地作为三个彼此影响的对象,研究分析了长河流域"地-矿"土地水资源利用的冲突问题。运用多目标适宜等级排列组合法的研究中,Carr 等(2005)、David(2008)、

Faucett(2008)运用基于不同用地方式适宜性级别的 LUCIS 模型对研究区域进行土地利用冲突判别,并将判别成果应用在新增建设用地选址、未来城市生态用地、城镇建设及农用地规划上;陈威(2015)基于耕地的耕作适宜性与建设适宜性,利用 GIS 空间分析技术,构建区域土地利用冲突矩阵,将 9 种情况组合成耕作优势区、建设优势区、潜在冲突区三类;闵婕(2018)考虑山区地形局限性带来的农用地与建设用地适宜性重叠的现象,以重庆市綦江区作为研究对象构建农用地和建设用地适宜性评价体系,通过适宜性等级组合识别出土地利用潜在冲突的空间格局和强烈程度。

土地利用冲突分类是土地利用冲突研究的重要内容,也是深入研究、解决和规避土地利用冲突的前提。土地利用冲突涉及自然、经济、社会、生态、政治等多个领域,根据研究目的和研究视角不同,土地利用冲突分类体系不同(Babette,2006)。有的学者从冲突范围角度出发,将土地利用冲突类型划分为微观与宏观内部的冲突、微观与宏观之间的冲突和微-宏观冲突 3 大类 19 小类(Warner et al.,1998;Warner,2000)。也有学者从土地权利制度、社会层面等角度考察土地利用冲突分类体系,例如,Gómez-Vàzquez(2009)基于社会层面角度,根据冲突的表现形式将其划分为社会内部社会经济冲突、社会与其他社区的社会经济冲突、社区与政府组织的社会经济冲突、社区与企业的经济冲突、社会与非政府部门的社会经济冲突及环境冲突、社会与政府和企业的环境冲突等类型。

国内对于土地利用冲突的分类,除了参考借鉴国外的分类方法外,还根据中国的具体情况做了具体总结。其中孙磊等(2009)按照土地利用目的将其划分为经济利益冲突、经济效益与社会效益的冲突、经济效益与生态效益的冲突;同时又指出可按照利益相关者进行类型划分,主要分析了农民之间,农民与村委会、政府、企业之间四种类型,并以江西省为例对各种类型的数量和比例做了统计。杨永芳等(2012)认为依据土地利用系统组成要素的不同,可以把土地利用冲突形式分为要素性冲突和功能性冲突,并进一步细分为四种类型。此外还有学者根据土地利用冲突是否显现,将其分为潜在和当前土地利用冲突两种类型。除此之外,还有学者提出城市土地利用冲突与农村土地利用冲突的概念。

1.4.4.3 土地利用冲突产生的原因

厘清土地利用冲突产生的原因与机制是土地利用冲突研究的重要内容。国外学者认为,土地制度、土地资源的稀缺性、土地资源利用的多宜性和土地竞争是导致土地利用冲突的主要原因(周德 等,2015)。梳理既有国外相关文献发现,有的学者认为土地制度是土地利用冲突的主要原因,指出土地所有权分配不均是南非、萨尔瓦多、巴西、津巴布韦、危地马拉等国家土地利用冲突的主要起因(Pondy,1967;Moore et al.,1995;De Oliveira,2008)。有的学者指出,土地资源的稀缺性是土地利用冲突发生的客观原因(Brockett,1988;Campbell et al.,2000;Andrew,2003;Mungai et al.,2004),在利益相关者和利益集团的利益驱动下,土地利用冲突也有可能发生在资源富裕地区(Ross,1999;Billon,2001)。Mungai 等(2004)认为冲突在于不同利益相关者从各自的利益和兴趣出发,竞相利用有限土地资源的各种价值,从而导致冲突的产生。

国内学术界对土地利用冲突研究起步较晚,学者结合国情,围绕土地利用冲突的成因和作用机制展开大量研究。土地利用冲突是历史过程中土地本身的属性、政策因素、土地利用主体等因素共同作用的结果。其中,土地本身的属性是诱发土地利用冲突的主要原因。既有研究表明,土地资源的有限性、用途的多宜性和空间位置固定性导致土地资源竞争,引发土地利用冲突,人口数量快速增长进一步刺激了土地利用冲突的发生(李占军 等,2009;孙月蓉 等,2012;阮松涛 等,2013)。此外,由于土地用途的多宜性,各土地利用群体对土地资源的利益诉求不同造成的土地竞争是引发土地利用冲突的重要原因(吕蕊,2011)。具体的案例研究中,于伯华等(2006)提出不同的土地利用相关者为实现各自的利益诉求引发土地利用冲突;杨永芳(2012)、阮松涛等(2014)基于博弈视角,指出人类土地利用结果在满足自身经济利益时对环境和生态产生影响;冷静(2013)指出各级政府规划理念的不统一也是导致土地利用冲突的原因;陈群弟等(2013)以广州市为案例,基于地理学视角进行研究,发现城市扩张、城乡土地利用结构不合理和土地污染对影响城市土地利用冲突起重要作用。

总体而言,土地利用冲突产生的原因具有多样性,土地利用冲突主要源于土地资源的稀缺性及其功能的外溢性(肖华斌 等,2013),而土地资源利用的多宜性、空间位置固定性以及土地利用主体效益的重叠和土地利用竞争是导致土地利用冲突的主要原因。

1.4.4.4 土地利用冲突的管理

随着土地利用冲突问题形势日趋严峻,土地利用冲突管理研究逐渐引起国内外学者的广泛关注。基于土地利用规划视角的土地利用冲突管理研究是国外学界土地利用冲突管理研究的主流,许多学者利用土地利用规划或规划模型来协调各类冲突。Grimble 等(1997)认为利益相关者分析是冲突管理不可或缺的内容,要界定利益相关者,并进行相关性分析考虑并列举了利益相关者可能起到的 6 种作用。利用土地利用规划来协调土地利用利益相关方的冲突是国外运用较多的一种较为有效的制度安排。George(2002)认为利用规划模型能够推动最优土地利用,有助于降低养殖业对环境、经济、健康和社会的消极影响。Lu 等(2004)认为土地利用冲突的协调是一个多目标问题,应考虑土地利用系统的生态、经济和社会功能,而多目标规划方法可以权衡不同目标,寻求实现农业、经济和环境目标的妥协方案。在土地利用规划制度安排上,通过实施公众参与式土地利用规划(邹利林 等,2020)、开展土地利用管制(秦明周,2004)、建立协调机构和监督机制(吴次芳 等,2008)来管理土地利用冲突。

国内学者结合土地利用冲突产生的原因及表现,从多视角、多方面对冲突管控进行了研究。李坤(2007)运用 F-H 模型论证了土地利用冲突的发展,从政策层面上给出禁止型与激励型两种防控方案。陈晓芳(2008)针对土地利用冲突提出了由土地冲突预警机制、土地冲突控制机制、土地冲突政府应急机制、土地冲突处理机制四部分组成的土地冲突管理机制。马学广等(2010)从社会空间辩证统一视角提出土地利用冲突治理方法,认为实现冲突治理目标各行为主体应通过协商谈判建立资源共享、互惠合作机制。李红娟(2014)通过数据分析与法理研究,认为协调农村土地权利冲突可从土地发展权视角解决收益制度不完善、社会公平机制缺失引发的土地利用矛盾。同时,研究多关注各利益相关者之间的博弈关系与效益权衡分析(于伯华等,2006;杨永芳 等,2012)。王爱民等(2010)认为土地利用冲突调控是多种效益权衡的问题,通过社会行动者协商和谈判构建社会网络治理土地利用冲突。阮松涛等(2013)通过土地价值博弈模型,以公益为导向构建新型土地利用秩序,寻求土地价值博弈均衡的最优解,缓解土地利用冲突。

综上所述:①相关研究对冲突形成的原因、机制和解决途径的研究还有待深入,更没有形成土地利用冲突研究的方法体系,也缺乏对冲突管理成效的评价体系;②在土地利用冲突评价方面,既有研究对土地利用冲突的内涵解读仍显不足,评价内容各有侧重,选取的指标体系大相径庭,缺乏一个规范化的评价指标体系,致使评价结果的科学性和实用性受限;常用的指标拟合方法较为单一,土地利用冲突评价方法有待进一步完善。

未来研究仍需要从以下几方面进一步加强:①加强土地利用冲突理论研究,构建较为系统的理论体系;②完善评价指标体系及定量模型研究;③丰富情景模拟研究;④结合全球化发展、乡村振兴等现实背景展开土地利用冲突研究,以提出更有针对性的政策建议。

1.4.5 土地利用生态安全预警研究

生态安全预警可以追溯到 20 世纪 70 年代,伴随着土地生态安全问题的产生,土地生态安全预警也随之产生,国内外学者对于土地生态安全预警开展了大量研究。

首先,关于土地生态安全预警的概念,毛子龙(2007)认为土地生态安全预警是指在土地生态安全评价的基础上对土地利用变化活动趋势的把握和应对各种警戒信息及相应的调控措施;吴冠岑等(2008)认为土地生态安全预警即是对土地生态安全状况进行测度、分析和评价,并预报范围和危害程度及提出防范和调控措施;徐美(2013)认为土地生态安全预警是对土地生态系统所处现状及未来发展趋势和状况的评价、预测和警报;高奇(2015)认为土地生态安全预警就是探讨土地生态安全警情演变规律、构建情景指标体系、划分警情标准、分析和预测警情演变趋势、预报警情时空范围和危害程度等一系列活动;熊建华(2018)综合以上概念,提出土地生态安全预警是指在对土地生态安全内涵把握的基础上,通过土地生态安全评价,对土地生态安全警情变化趋势做出预判和预测,预报其未来可能面临或潜在的风险或者危害等级,在此基础上确定土地生态安全调控模式和方向,并制定相应的调控对策,促进土地生态安全的维护和改善。

除土地生态安全预警概念的界定外,国内相关研究主要集中在预警指标体系的选取、预警方法的探索和预警信息系统的建设等方面。

1.4.5.1 土地生态安全预警指标体系的选取

马世五等(2017)基于 PSR(压力-状态-响应)模型框架构建了空间评价指标体系,运用空间统计方法和熵值法对三峡地区的土地生态安全预警进行研究,结果发现,随着年份的增加,土地生态安全预警指数逐步增大,并且非结构因素(随机因素)对土地生态安全的影响程度不断加大。余敦等(2012)通过 PSR 模型构建了土地生态安全预警指标体系,并运用物元模型对鄱阳湖 2001—2008 年的土地生态安全警情进行评价,发现运用物元模型具有计算简便、意义明确、评价精度高等优点。张秋霞等(2017)通过 PSR 和生态-环境-经济-社会(EEES)模型框架构建土地生态安全评价指标体系,并以障碍度模型分析新郑市耕地生态安全障碍因子,发现地均化肥施用强度、耕地复种指数、人均粮食产量等是其主要障碍因子和耕地生态安全的改善重点。张祥义等(2013)采用 PSR 模型构建了河北省的土地生态安全评价体系,并运用熵值法和综合指数法对河南省各市区土地生态安全进行评价分析,在此基础上对各市区现有土地生态安全状况的改善提出相应的政策建议。冯文斌等(2013)选取了 18 个指标构建土地生态安全评价指标体系,并且运用层次分析法对各指标进行加权计算记忆处理,得到江苏省的土地生态安全综合指数,研究结果表明江苏省的土地生态安全等级和水平达到了良好级。很多学者也运用3S技术对土地生态安全预警评价进行研究。孙芬等(2012)充分利用遥感数据、数字高程地图,在GIS软件的技术支持下,对丰都县沿江地区的土地生态安全进行警情分析,发现长江南岸土地生态状态良好,而长江北岸主要以轻警为主,土地生态功能退化较为严重。曲衍波等(2008)运用数字高程模型(DEM)、遥感数据对栖霞市的土地生态安全进行预警研究,并将警情划分为四个等级。彭文君等(2017)在RS和GIS的技术支持下建立土地利用空间动态分析模型,对石漠化山区土地生态环境进行测度,结果发现,耕地、草地等农用地和未利用地发生了剧烈转换,城市化进程的加快对土地生态安全构成了严重的威胁。王娟等(2015)在GIS技术的支持之下,对合水县进行土地利用生态安全状况的空间分析,研究结果表明,土地生态安全状况较好的地区多分布在城镇较少的区域,林地分布较多的区域却往往对应良好的生态安全状况。西藏是我国重要的生态安全屏障,资源承载力长效监测预警机制的建立有助于明晰资源开发利用现状,科学利用区域自然资源,促进地区生态保护和可持续发展,刘玉洁等(2020)基于西藏"一江两河"地区县级统计数据,定量计算水、土和生态等资源承载力,并根据定量评价结果构建资源承载力监测体系并应用于"一江两河"地区。

1.4.5.2 土地生态安全预警方法的探索

在土地生态安全预警评价方面不同学者运用了许多不同的方法,诸如灰色$GM(1,1)$模型、能值分析、BP神经网络、可拓分析以及情景分析等。其中,人工神经网络分析方法的原理是大量简单的基本单元——神经元相互连接构成神经网络,通过模拟人的大脑神经处理信息的方式,进行信息并行处理和非线性转换的复杂网络系统。该方法对解决非线性问题有着独特的优势,它可以避开复杂的参数估计过程,同时又可以灵活、方便地对多成因的复杂未知系统进行高精度建模,因此在评价类的研究中得到广泛应用,例如,曾浩等(2011)选取了21个指标构建土地生态安全指标体系,运用BP神经网络分析方法对武汉市的土地生态安全进行评价,发现武汉市的土地生态安全指数有提高的趋势。主成分分析法的优点是将多个具有相关性的要素转化成几个不相关的综合指标的分析与统计,综合指标有可能包含众多相互重复的信息,主成分分析在保证信息最少丢失原则下,对原来指标进行降维处理,把一些不相关的指标省去,将原来较多的指标转换成能反映研究现象的较少的综合指标,这样能够简化复杂的研究,在保证研究精确度的前提下提高研究效率。王鹏等(2015)通过主成分分析法对衡阳市的土地生态安全进行评价,在SPSS软件的支持下选取8个指标,结果发现,产业结构是影响衡阳市土地生态安全的主要影响因素。孙奇奇等(2012)通过主成分分析方法,运用SPSS技术分别从社会、经济和自然因素中选取21个指标对哈尔滨市2001—2008年的土地生态安全进行评价,结果发现近些年来哈尔滨市的土地生态安全度有上升的趋势,但仍然存在不足。

压力-状态-响应(PSR)模型的优点在于使用了"原因-效应-响应"这一思维逻辑,体现了人类与环境之间的相互作用关系。人类通过各种活动从自然环境中获取其生存与发展所必需的资源,同时又向环境排放废弃物,从而改变了自然资源储量与环境质量,而自然和环境状态的变化又反过来影响人类的社会经济活动和福利,进而社会通过环境政策和经济政策的发布,以及通过宣传达到影响意识和行为来对这些变化做出反应。如此循环往复,构成了人类与环境之间的压力-状态-响应关系。陈美婷等(2015)通过 PSR 模型构建土地生态安全评价体系,并且通过熵权法和径向基函数(RBF)模型对广东省 2000—2016 年的土地生态安全进行评价,发现广东省近年来土地生态安全预警度有降低趋势。韩晨霞等(2010)通过 PSR 模型,并且结合 EXCEL 程序构建 FE(生态安全状态评价预警)模型,对石家庄 1999—2020 年进行定量评估以及动态预测,研究发现石家庄的生态安全预警状态由中警逐渐过渡到轻警,生态安全综合指数逐步提高。陈勇等(2016)通过 PSR 模型构建生态安全评价体系以及运用模糊综合评价指标法对地下铁矿山土地生态安全进行评估,发现山东省的土地生态安全状况虽然有不断上升的趋势,但是仍然不容乐观,并据此提出了相关的政策与建议。然而,在指标选取上,已有的 PSR 概念模型不能把握系统的结构和决策过程,人类活动对环境的影响只能通过环境状态指标间接地反映出来,有关本质与安全机理研究也不足。欧洲环境署基于此对 PSR 模型修正后提出的"驱动力(Driving Force)-压力(Pressure)-状态(State)-影响(Impact)-响应(Response)"(DPRIS)概念模型从系统角度看待人和环境的相互关系,具有系统性、综合性等特点,能够监测各指标之间的连续反馈机制,有利于反映土地生态安全的系统过程。黄海等(2016)通过 DPSIR 概念框架模型构建土地生态安全指标体系,并且通过 TOPSIS 模型对山东省 2006—2013 年的土地生态安全状况进行评测。徐美等(2012)通过 DPRIS 模型分别从驱动力、压力、状态、影响和响应 5 个方面构建土地生态安全预警评价模型,对 2001—2010 年湖南省的土地生态安全进行评价,发现湖南省的安全系统和状态系统呈现逐渐上升的趋势,而压力状况则呈现下降的趋势。

灰色预测(GM(1,1))是指对系统行为特征值的发展变化进行预测,对既含有已知信息又含有不确定信息的系统进行预测,也就是对在一定范围内变化的、与时间序列有关的灰色过程进行预测。其优点在于尽管灰色过程中所显示的现象是随机的、杂乱无章的,但其本质是有序的、有界的,因此可以通过对原始数据进行生成处理来寻找系统变动的规律,生成有较强规律性的数据序列,然后建立相应的微分方程模型,从而预测事物未来发展趋势的状况。李玲等(2014)通过灰色系统模型分析河南省未来 9 年的土地生态安全态势,发现土地生态服务系统遭到一定的破坏,需要对其进行安全规划记忆管理。上述综述表明,可用于生态安全预警的方法较多,如何结合区域特征和研究目标选择合适的研究方法非常关键。严超等(2015)通过压力-状态-响应评价框架,以及 GM(1,1)模型对池州市 2001—2010 年的土地演变趋势进行考量,发现池州市的土地演变的生态趋势在转好,并且影响土地生态安全的主要因素有人口密度、自然增长率等,这些均是今后调控的重点。

土地生态安全是一个随着时间动态演进的过程,伴随着人们对于生态环境的重视,土地利用生态安全的预警可能会从中警到重警逐步过渡。当然,随着人们对于环境和土地的掠夺式或者粗放式的使用,同样也会致使土地生态安全状况的逐年恶化,所以对于土地生态安全的研究应当放在一个时间的尺度上进行考量。荣联伟等(2015)通过 PSR 模型构建土地生态安全评价体系,且通过 GM(1,1)模型对黄土高原山区 2001—2010 年晋城市土地生态安全状况进行动态评测,发现晋城市的土地生态安全值有上升的趋势,而土地生态安全的"敏感"度有下降的趋势。刘庆等(2010)通过选取自然、经济和社会方面的指标构建土地生态安全评价体系,对 1999—2007 年长株潭城市群进行动态评价,发现该地域的土地生态安全综合指数呈现下降的趋势。许月卿等(2015)通过土地自然基础状况、土地利用状况、土地污染和退化状况等 6 个方面构建土地生态安全评价体系,再运用综合指数法对生态脆弱区张家口 2000 年和 2010 年的土地生态安全状况进行动态监测,结果发现,由于退耕还林和其他生态工程建设,土地的生态安全综合指数逐步上升。熊勇等(2014)通过 SPSS 软件和 GM(1,1)模型对贵阳市近 20 年的土地资源生态安全进行相应的动态分析,研究发现,土地生态环境良性循环潜力大,但是生态脆弱性依然存在。城市生态系统是一个人口高度集中的复合生态系统,它的生态安全性更加脆弱,柯小玲等(2020)采用系统动力学理论与方法进行城市生态安全预警研究,应用 PSR 概念模型建立城市生态安全预警指标体系,然后基于系统动力学构建城市生态系统安全仿真模型,并以武汉市为样本,通过系统流图、方程及其仿真揭示该市 2004—2020 年的生态安全演化趋势,进行预警分析。

上述学者的研究表明,不同的研究区域所研究的土地生态安全动态过程存在空间上的不同,即存在空间的异质性。因此,及时对土地利用的生态安全进行预警显得尤为重要。张利等(2015)在遥感数据和 GIS 技术的支持之下,以栅格作为评价单元,并且以分类树法对滨海快速城镇化地区的预警状态进行分类,发现该地区不安全预警、亚安全预警、快速退化预警占土地利用总面积的比重较大。吴冠岑等(2010)运用权变理论、层次分析法和预警指标的动态发展趋势构建土地生态安全预警的惩罚型变权模型,对淮安市 1996—2005 年的土地生态安全进行评测,发现淮安市处于轻警区间并有逐步提高的趋势。黎德川等(2009)通过灰色关联预测模型,以及预警的原理和过程,通过明确警义、寻找警源、分析警情、预报警度和排除警患五个步骤对乐山市的土地生态安全预警进行评测并提出相关的政策与建议。庄伟等(2014)通过 PSR 模型和 GM(1,1,)模型等一系列预测模型对 2004—2014 年长生桥镇构建土地生态安全预警系统基本模型,发现该地区的生态安全指数有上升的趋势。邰红娟等(2013)通过能值分析法,对贵州省 2000—2010 年的耕地利用投入产出能值进行分析发现,10 年间贵州省的耕地利用生态安全指数有所下降,且生态安全预警状况由轻警状态恶化到中警状态。谭敏等(2010)运用 ArcGIS 空间分析方法、因子加权法及数理统计方法。运用地形地貌、水文和地质灾害等预警因子构建土地生态利用预警评价体系,发现房山区的预警级别由低到高的面积呈现逐步下降的趋势。王耕等(2008)通过将状态和隐患结合起来,以淮河流域为例构建预警指数测算方法,对区域土地利用生态安全未来的演变趋势进行相应的判断和状态的预警。胡和兵等(2011)将人工神经网络分析模型和生态足迹分析方法应用于池州市 1996—2004 年生态安全敏感地区预警设计,发现池州市对生态安全的利用超过了该地区的生态足迹,预警状态为不安全。张强等(2010)通过可拓综合分析方法以及"状态-胁迫-免疫"模型对陕西省 1997—2007 年的生态安全进行预警评估,发现 10 年间陕西省的生态环境从"不安全"到"较安全"和"安全"的状况逐步过渡,生态安全综合指数增高。高宇等(2015)通过多元线性回归模型,对榆林市 2012—2021 年的生态安全构建四种情景模型,发现榆林市的安全指数向不安全级别靠近且生态安全问题的全面改善是一个较为漫长的过程。马志昂等(2014)基于 BP 人工神经网络分析方法构建土地生态安全评价模型,并以 15 个指标体系构建土地生态安全评价指标体系,对 1998—2012 年的土地生态安全综合指数进行评价,研究发现,安徽省的土地生态预警指标由 1998—2002 年的"非常不安全"逐步过渡到 2008—2012 年的"较不安全",土地生态安全综合指数逐年增高。

1.4.5.3　生态安全预警机制建设

土地利用的生态安全预警表明,我国各地区的生态安全预警状态普遍不高,存在改善的空间,至此许多学者认为应当建立相应的生态安全预警机制,使得土地利用的生态安全状态有自发提高的动力。马晓钰等(2012)将人口承载力预警模型和最少人口规划界限相结合,针对新疆"脆弱生态和人口"安全问题构建预警机制,对于人口减少、环境的破坏和经济的停滞做到提前的预警。王瑾等(2011)对生态安全预警进行了简要的分析,并且提出了将生态预警机制作为政府考核机制,积极呼吁学术界对生态安全预警的重视,为政府部门在预防生态危机和减少人员财产损失等方面提出相应的政策建议。王军等(2007)基于农业生态学原理、环境库兹涅茨曲线与生态安全耦合性研究,针对河南省农业状况的日益变差等问题,建立了生态安全预警机制。定量化、可视化、自动化的评价和预测土地生态安全状况并进行实时预警具有重要意义。张成等(2020)基于PSR模型构建了土地生态安全评价指标体系,采用投影寻踪模型对土地生态安全状况进行评价,采用主成分分析法诊断土地生态安全的主要影响因子,采用空间差异系数模型分析了土地生态安全的时空格局,采用马尔科夫预测模型对二地生态安全水平进行预测,通过划分土地生态安全预警等级建立了预警机制,并利用Matlab的图形用户界面(GUI)开发了土地生态安全预警系统。城市化导致区域土地利用格局发生巨大变化,并威胁到区域生态安全,Xie等(2020)以2010年为基准年,使用Markov模型预测了鄱阳湖生态经济区在2015年和2030年的新增建设用地需求。在此基础上,建立了逻辑CA模型,预测了与建设用地扩张和耕地占补平衡有关的土地利用分布,将现有的区域关键生态空间与预测的土地利用变化格局相叠加,得出潜在的生态安全警情,土地利用生态安全预警机制可以有效预警土地利用带来的生态威胁,帮助决策者提前防范风险。

尽管国内外学者对于土地利用生态安全预警进行了大量的学术与实践研究,但是事实上仍然存在一定的缺陷以及不足。首先,目前的土地生态安全预警往往从县(区)和流域为研究单元,而忽视了对县(区)内部的空间异质性和更大空间的研究。其次,土地生态安全预警指标体系的数据选取过多依赖于统计年鉴资料,往往缺乏实地调研数据,从而对于土地生态系统的自然属性的研究还远远不够。最后,忽视了土地生态安全预警系统在空间上的聚集规律和关联模式等空间演变的特征和过程。

1.5　研究目的与研究内容

1.5.1　研究目的

(1)通过系统地探讨区域土地利用生态安全预警的理论体系和主要分析方法,为开展区域土地利用生态安全预警提供理论和技术支持。

(2)通过对案例区的实证研究,分析区域土地利用变化及其驱动因素,探讨区域生态景观结构和动态特征的演变规律,准确识别区域关键性生态空间,掌握区域土地利用生态风险空间特征,在此基础上构建土地利用生态安全预警机制,为区域土地利用的生态化管控提供决策参考。

(3)为区域土地利用生态安全预警机制设计和调控对策的科学制定提供理论依据,促进区域人类-社会-经济-生态环境的协调发展。

1.5.2　研究内容

本书选择江西省鄱阳湖地区为研究对象,借助景观生态学理论,利用遥感和地理信息系统手段及空间统计学等方法,对鄱阳湖地区土地利用景观格局变化进行分析,揭示鄱阳湖地区生态景观结构和动态特征的演变规律。在此基础上,进一步深入探究鄱阳湖地区最重要的生态用地——林地的破碎化模式及其演变趋势。

引入景观干扰度指数和景观脆弱度指数构建生态风险指数,通过土地利用格局与生态环境之间的关系建立景观格局指数与土地利用生态风险之间的定量化表达,借助探索性空间数据分析和地统计学的方法,探究鄱阳湖地区土地利用的生态风险时空变化特征。

从水资源安全、生物多样性保护和水土流失等方面,基于景观过程的分析和模拟,借助 RS 和 GIS 技术,识别了鄱阳湖地区的关键性生态空间;利用土地利用格局演化元胞自动机(CA)模型模拟了鄱阳湖地区自然发展情景下的土地利用安全格局;在此基础上,通过与关键性生态空间进行叠加,预警了潜在的土地利用冲突。

最后对土地利用生态安全研究进行了展望。

1.6　研究方法

结合土地科学、地理学和生态学理论的最新研究成果和发展动态,力求站在土地利用/覆被变化研究理论和实践的前沿,探讨区域土地利用生态安全的问题。依据上述思路,本研究采用了比较严谨的科学方法,主要如下。

(1)系统分析法

系统分析(system analysis)是把研究对象视为系统的一种研究和解决问题的方法。根据系统分析的一般原理,土地利用系统的目标应是多目标的综合,是经济效益、社会效益、生态效益三者之间矛盾的统一。同时,区域生态用地演变与预警技术方法研究面对的问题非常复杂,既需要面对土地利用及其规划的问题,也要面对水环境、生物多样性、自然灾害等环境问题;既需要熟悉土地利用规划的理论方法,又需要地理学、可持续发展理论、景观生态学、地球信息科学等基础知识。在研究的过程中,针对区域生态用地演变与预警的技术方法问题,基本上做到了充分吸收相关学科的研究成果,并对其进行细致的分析和综合。

(2)景观指数分析法

土地利用格局及其变化是自然和人为的多种因素相互作用所产生的一定区域生态环境体系的综合反映,其特征具有显著的时间性和空间性,景观的类型、形状、大小、数量和空间综合既是各种干扰因素互相作用的结果,又影响着该区域的生态过程和边缘效应。本书根据景观生态学中不同景观指数的含义,运用景观生态学中的格局指数分析法,揭示区域生态景观格局的变化特征。

(3)森林破碎化分析方法

应用森林破碎化分析模型建立森林破碎化地图、森林干扰模式地图,突破传统景观指数的限制,传递出破碎化及森林干扰模式的明确空间含义。

(4)多元 Logistic 回归统计分析法

从土地利用变化格局中人们能够更好地理解生态利用变化是怎样发生以及为什么是这样发生。因此,本书运用多元统计分析中的 Logistic 回归原理,探讨区域生态用地空间演变的驱动因素。

(5)模型模拟法

作为具有时空特征的离散动力学模型,元胞自动机(CA)不仅可以用来模拟和分析一般的复杂系统,而且对于具有空间特征的土地利用复杂系统更具有优势。本书利用约束性元胞自动机模型的基本框架,构建区域土地利用变化的元胞自动机模型,根据需要将现有模型进行改进,并应用数学手段进行参数敏感性分析、模型和数据的不确定分析。

第 2 章　土地利用生态安全相关的理论

2.1　可持续发展理论

可持续发展理论(sustainable development theory)的概念于 1987 年世界环境与发展委员会(world commission on environment and development,WCED)发布的《我们共同的未来》报告中被提出。可持续发展理论主要包括两层含义:一方面是发展既满足当代人的需要,又不对后代人满足其需要的能力构成危害;既满足本区域发展的需要,又不对其他区域的发展构成危害,使人类能够持续、健康地发展下去;另一方面是发展要"讲后劲",可持续发展理论确保发展能够持续下去,要在保持资源永续利用的前提下实现经济和社会的发展。可持续发展理念的内涵是人类与自然和谐共处,强调生态、经济和社会三大系统的协调发展。其中生态可持续是可持续发展的物质基础,经济可持续是可持续发展的核心动力和物质基础,而社会可持续则是可持续发展的终极目标,三者之间存在着严格的逻辑关系。

可持续发展理论以公平性、持续性、共同性为三大基本原则。公平性原则是指可持续发展要满足当代所有人的基本需求,给他们机会以满足其要求过美好生活的愿望。可持续发展不仅要实现当代人之间的公平,而且也要实现当代人与未来各代人之间的公平,因为人类赖以生存与发展的自然资源是有限的;持续性是指生态系统受到某种干扰时能保持其生产力的能力。资源环境是人类生存与发展的基础和条件,资源的持续利用和生态系统的可持续性是保持人类社会可持续发展的首要条件。其意思就是,人类需要在生态可能的范围内确定自己的消耗标准,合理开发和利用自然资源,使再生性资源能保持其再生产能力,非再生性资源不至过度消耗并能得到替代资源的补充,环境自净能力能得到维持。共同性原则是指由于地球整体性和相互依存性,要实现可持续发展的总目标,必须争取全世界的共同配合,人类要共同促进自身之间、自身与自然之间的协调,这是人类共同的道义和责任。

其基本内涵主要包括三个方面:发展的持续性、发展的协调性、发展的公平性。发展的持续性就是要实现经济、社会、环境的长期发展,这是可持续发展的三个重要维度;不能只关注当前的、短期的发展目标,不能"竭泽而渔",更应注重发展的持久性和发展能力的提升;不能单纯追求数量的重复累积,更应该注重质量提升和结构调整。发展的协调性就是要倡导在经济发展的同时,加强生态环境的保护,不能顾此失彼,要注重发展的均衡化,实现区域生态、经济、社会等各个层面的协调发展。发展的公平性,就是既要满足当代人的发展需要,又不能危及后代人的发展机会;在满足本地区发展需求的同时,不会对其他地区的发展能力造成损害。

随着社会的发展,土地的需求不断增加,不合理的土地利用造成各种生态安全问题。将可持续发展理念引入土地利用生态安全研究中,基于生态、经济和社会三个维度协调生态安全和社会经济发展,以土地可持续利用作为主要目标,最终实现社会发展。在土地利用过程中考虑生态安全因素会约束社会经济的发展速度,但同时又对发展起到引导和调控的作用,以科学合理的生态安全标准,创造稳定的生态环境对经济发展具有加速作用。

土地利用生态安全对土地可持续利用具有保障作用。土地的开发利用如果在适度的范围内,人类不仅可以从土地生态系统获取物质和资料,还可以通过改进技术和增加资金投入,使其抵御外界干扰的能力增强,实现土地系统的自我修复;而如果对土地过度开发和利用,将会破坏土地生态系统的平衡,造成土地沙化、土壤污染、水土流失等土地生态问题,造成难以弥补的严重后果,进一步制约人类社会可持续发展的实现。人们对土地利用的方式与社会经济发展息息相关。在经济发达阶段,人们拥有充足的财富条件,使得人们有条件去更加关注生态安全,在这种背景下经济发展与生态安全的矛盾相对弱化;但在发展的初级阶段,尤其在经济远远落后的情况下,人们面临的发展压力很大,在这种背景下人们特别容易忽视生态安全,发展会变得盲目、粗放,造成生态环境恶化,阻碍生态和经济持续增长,甚至有可能危及人类的生存。因而,如果不能够保证生态安全,那么发展最终会偏离可持续的方向,类似"南辕北辙"的道理,速度越快,经济崩溃发生得越早。如果没有生态系统的可持续性,没有环境及生态安全的保障,土地的可持续利用就会成为一句空话。因此,土地利用生态安全是土地可持续利用的基础。开展土地利用生态安全研究,应以可持续发展理论为指导,认识到当前人类社会的发展不能只顾眼前利益,而不顾长远发展,更不能以破坏生态环境为代价实现社会的发展,要走一条可持续的发展道路。在可持续发展理论指导下,科学评判土地利用生态系统的安全状况,有助于及时发现并预测可能发生的生态风险,并采取合理措施加以调控,维护土地生态自然、经济、社会子系统的协调关系,实现土地生态系统的持续发展,推动人类社会的可持续发展。

2.2　土地生态经济理论

土地生态经济理论在土地利用中的运用较为广泛和深入,在土地开发评价中建立了生态-社会-经济系统的观点。土地资源既是劳动的对象,又是基本的生产资料,因而,对土地的评价及其开发,必须立足于生产系统,运用土地生态经济学原理,把生态中的自然生态、社会经济及技术等因素融为一体,进行综合性研究。土地生态社会经济系统中的生产过程是自然、社会和技术的综合。在这个系统中,土地生态系统再生产和经济系统的再生产相互交织,它们之间存在着物质和能量的交换。土地生态系统通过自然再生产过程使物质和能量发生转化后,将各种再生产品输入经济系统再生产,成为经济系统的输入,而经济系统则输出劳动、技术和物质产品等,成为土地生态系统的输入,如此循环往复,形成的最终社会产品又作为物质与能量输入,进入社会进步系统。三个系统相互依存,彼此制约,互有反馈。

经济发展与自然资源利用、环境保护和社会进步之间存在着辩证关系。物质资料的生产是人类社会存在和发展的基础,生产活动是人类最基本的实践活动,没有生产及其相应的经济活动,就没有人类社会的进步。人们通过生产劳动实现对自然界的作用,引起自然界的变化,改变自然界的面貌,进行经济再生产和自然再生产。人类正是通过对自然资源的开发来获取各种人类所需的物质资料,以满足自身的需要,推动社会发展。可以说自然资源是经济发展的物质基础,自然资源的状况影响着经济发展的速度,离开了自然资源,人类要进行物质资料的生产及从事与其相联系的其他一系列活动都是不可想象的。但是自然资源的丰富并不等于社会财富的丰富,要将自然资源转化为社会财富还有赖于社会经济系统的有效运行。这些是建立在经济的发展和技术水平提高的基础上的,因此,经济的发展是自然资源的认识、开发、利用和保护的社会前提。经济发展与环境保护的关系是相辅相成的。经济的发展有赖于社会生产,而社会生产又与环境的开发利用和周围的生态环境有着不可分割的联系。环境也是一种资源,环境资源的好坏直接关系到经济发展的前景。良好的环境资源状况可以为经济发展提供良好的条件;反之,环境资源如果遭到污染和破坏,势必阻碍生产的发展。环境问题主要是在经济发展过程中产生的,如不发达国家的环境问题是由于环境生态意识薄弱、技术和管理落后、交通能源基础工业薄弱、资源利用率低下造成的,因此,要解决生态环境问题,就必须发展经济。在经济活动中,由于环境污染和生态破坏影响社会稳定和经济发展的事例屡见不鲜,环境问题在许多方面已成为经济发展的一个不容忽视的制约因素。土地生态经济理论认为:土地生态环境问题必须与社会经济问题一起考虑,并在经济发展中求得解决,必须采取措施实行环境保护和经济发展相协调的发展战略。

2.3　人地关系理论

人地关系理论(theory of man-land relationship)是人地关系、人文系统与自然环境系统动态关系的简称。人类和自然环境在生态系统中是相互依存、相互制约的两大要素。自然环境为人类提供生存条件,人类活动反过来影响自然,甚至局部改造自然。人地关系是自人类起源以来就客观存在的关系,人类的生存和活动,都要受到一定的地理环境的影响。人类社会向前发展的过程中,人类为了生存的需要,不断地扩大和加深改造地理环境,增强适应地理环境的能力,改变地理环境的面貌,同时地理环境影响人类活动,产生地域特征和地域差异。从系统的角度来看,人地关系是由人类活动和地理环境这两个各不相同但又相互联系、彼此渗透的子系统构成的复杂系统,既包含了人类活动对地理环境的适应、利用和改造,也包括地理环境对人类社会的影响和反馈。在这个系统中,"人"并不是指单个自然状态下的人,而是社会性的人,是多层次的人类活动主体;"地"则是由自然要素和人文要素按照一定规律,有机结合构成的多功能地理环境整体。

人地关系具有丰富的内涵,不仅涉及人与土地综合体的关系,人与人、人与社会等多个层次的关系也被纳入其中,它们共同组成了人地关系地域系统。在这一系统中,人与土地综合体的关系是最基本的一层关系,其他关系都是在此基础上进行的延伸和发展(王爱民 等,1999)。各种生态环境问题层出不穷的原因,很大程度上就在于没有处理好人与土地综合体这一基本的人地关系,当人类活动的强度超出了土地承载力和生态环境的容纳能力时,土地生态系统就无法提供稳定的服务,人类的生存和发展受到威胁,人地关系处于失调状态。反过来,只有当人地关系处于协调状态时,土地生态系统才能为人类的生存和发展提供充裕的保障。研究城镇化与土地生态安全之间的互动关系,离不开人地关系理论的科学指导,城镇化与土地生态环境这两个系统之间存在物质、能量、信息的交换,其相互作用的实质内容就是人地关系。

人地关系从生态学角度上看是人与土地生态环境之间关系的简称。人地关系属人与自然关系的范畴,是指人类活动与自然环境之间的相互作用关系,即自然环境对人类生活的影响与作用以及人类对自然现象的认识与把握。伴随着人类社会的发展和进步,人类社会活动与地理环境之间的相互关系始终处于变化之中,人地关系理论的含义也随着人们对土地需求程度不同,以及人们认识和改造自然能力的提高,不断向广度和纵深上扩展(杨青山,2002)。在早期的人地关系中,由于生产力水平低下,人类对土地的需求仅仅是为了获取食物,因此,早期的研究主要将向土地索取食物作为人地关系的平衡点。随着科技发展和社会进步,人类对土地的需求日益多样化,不再单纯地依赖土地供给服务,并且人类也有能力利用和改造自然以满足日益增多的需求,之后的人地关系研究重视人地关系中人与自然及人口经济问题,最终将人地关系的内涵扩展到“人口-资源-粮食-能源-环境”的总体框架和多元结构与联系上。人地关系优化,即人类社会经济发展与土地利用生态安全之间的总体协调和平衡。因此,人地关系理论对土地利用生态安全研究具有重要的指导作用。

总结人地理论的历史发展进程,其研究内容共分为两个层面。首先,也是最基本的层面,是人类的生存问题。尽管人类对土地的需求随着社会进步而变得多样化,但土地作为人类生存的物质基础和活动空间的角色始终未变,人类进行各种社会活动离不开土地的支持。另外土地是有限的,因而其承载力也是有限的,只能容纳一定数量和质量的人类及一定形式的人类社会活动。第二个层面是人类社会与自然环境之间的协调发展问题(王爱民 等,1999)。人地关系的协调与否取决于人,但这并不意味着人类可以完全地、随意地支配地理环境,人类利用和改造地理环境的过程中,需要主动并自觉地遵循自然规律,以此约束人类活动,达到人地和谐共处、持续发展的目的(图 2-1)。

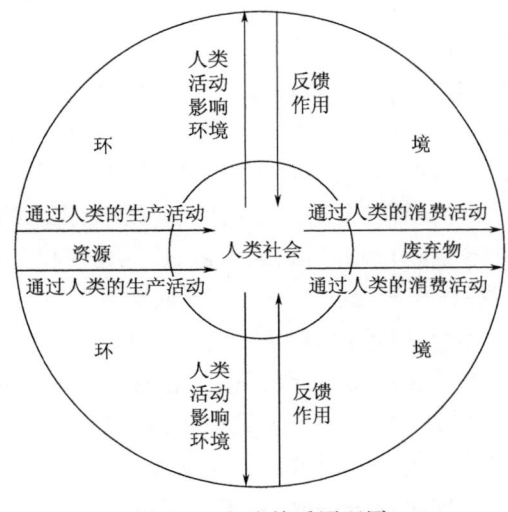

图 2-1　人地关系原理图

2.4　生态安全格局理论

生态安全格局理论(ecological security pattern)也可称为生态安全框架或景观生态安全

格局,生态安全格局构建过程与景观生态学理论之间存在密切联系。生态安全格局的理念最早源于城市规划、生态规划和景观规划,俞孔坚基于美国学者 Forman 的景观生态规划理论与方法于 1995 年提出了景观生态安全理论(Yu,1995),指出典型的生态安全格局包括源、缓冲区、源间链接、辐射道和战略点五个部分。生态安全格局理论是指景观中某些关键景观元素、其所处方位和空间联系共同构成的某种潜在的生态系统空间格局,包括连续完整的山水格局、湿地系统、河流水系的自然形态、绿道体系,以及中国过去已经建立的防护林体系等,它是一个多层次的、连续完整的网络,包括宏观的国土生态安全格局、区域的生态安全格局和城市及乡村的微观生态安全格局。宏观对应的是全国尺度,生态安全格局被视为水源涵养、洪水调蓄、生物栖息地网络等维护自然生态过程的永久性地域景观,用来保护城市和家园的生态安全,定义城市空间发展格局和城市形态。通过控制和调控这些关键组分即可达到保护和修复生物多样性,维护生态系统结构、过程和功能的完整,进而调控区域生态安全和生态环境问题的目的。

研究生态安全格局的最重要的生态学理论支持是景观生态学,生态安全格局的研究离不开景观生态学的学术成果。而将现代景观生态学理论创造性地与现代城市规划、城市设计理论与实践相结合,正是生态安全格局的难点,也是生态规划的要点所在。长期以来传统的生态学缺乏把空间格局、生态学过程和尺度结合起来进行研究的思路和内容,而这一点正为景观生态学所擅长。欧洲的景观生态学理论强调土地和景观规划、管理等诸多内容,而北美的生态学理论则强调空间格局、过程与尺度的研究,它们的结合形成了现代景观生态学鲜明的可应用价值,从而为我国的生态规划提供了重要理论与实践依据。

生态安全格局对维护或控制特定地段的某种生态过程有着重要的意义。不同区域具有不同特征的生态安全格局,对它的研究与设计依赖于对其空间结构的分析结果。相关研究主要从土地利用优化、生态基础设施建设、生态红线划定、生态风险评估、生态适宜性/敏感性分析等角度对生态安全格局进行深入研究(游巍斌 等,2014;杨姗姗 等,2016;潘竟虎 等,2016),主要研究对象聚焦于城市、饮用水源地、自然栖息地等。生态安全格局构建研究从最初的定性规划、静态格局优化等方面逐步发展到定量数据演算、动态格局模拟、状态趋势分析等方面(徐德琳 等,2015)。生态安全格局构建研究方法主要包括 3S 技术、生态约束单要素叠加、景观格局指数、综合指标评价、情景模拟、整合"取极值、条件函数、线性加权与矩阵分析"的"多要素分布式算法-情景矩阵"评估、格局-过程构建、"源地-廊道"识别等,其中"源地-廊道"识别已逐步发展为生态安全格局构建的基本模式(苏泳娴 等,2013;喻忠磊 等,2016;陈昕 等,2017)。

"生态安全格局"的理论在我国应用广泛,利用生态安全格局理论指导了一系列的生态文明实践工作,例如,北京的生态安全构建指导了城市土地利用总体规划的编制,四川遂宁的生态安全格局规划指导了遂宁现代生态田园城市的建设等。随着"生态安全格局构建"在中国共产党第十八次全国代表大会被明确提出,人们对生态安全的意识更加明确。建设生态文明应增强生态系统稳定性,明显改善人居环境,土地利用生态安全成为构建生态安全格局的主要途径,具体包括:保护生物多样性、增强防洪排涝抗旱能力、加强防灾避险体系建设等。并且,特别强调了生态保护应该"给自然留下更多修复空间""顺应自然"。生态安全格局的最终成果将成为保障国土、区域和城市生态安全的永久性格局,引导和限制无序的城市扩张和人类活动,成为我国划定生态用地、完善和落实生态功能区划、主体功能区划等区域调控政策的有效工具,在国家、省(区、市)、市(县、区)等各个尺度上达成一致,成为生态保护的关键性格局。

2.5　生态承载力理论

"承载力"是从土木建设领域转借过来的概念,其本意是指地基的强度对建筑物负重的能力,而现已成为描述发展限制程度的最常用的概念。最早将此概念引入生态领域的是 1921 年美国学者 Park 和 Burgess,他们在人类生态学领域中首次应用了生态承载力(ecological carry-ing capacity)的概念,即在某一特定条件下(主要指生存空间、营养物质、阳光等生态因子的组合),生态系统的自我调节功能不被破坏的前提下,生态系统为人类活动和生物生存所能持续提供的最大生态服务能力,特别是资源与环境的最大供容能力。生态承载力的提出对于承载力理论的研究是一个很大的进步,和单因素承载力相比,生态承载力更多地关注生态系统的整合性、持续性和协调性,生态承载力的提出为实现由单纯支撑人类的社会进步变成促进整个生态系统和谐发展的进步奠定了基础。

生态承载力是生态系统整体水平的表征。随着社会经济的发展、资源环境问题的日益突出以及人们对生态环境问题认识的逐渐深入,人口承载力、资源承载力、环境承载力等概念应运而生,生态承载力的内涵日益丰富,概括而言,它包括两层基本含义:第一层含义是指生态系统的自我维持与自我调节能力,以及资源供给和环境容纳能力,即生态承载力的支持部分;第二层含义是指生态系统内社会经济子系统的发展能力,即生态承载力的压力部分(顾康康,2012)。当支持部分大于压力部分,意味着生态承载力在承受范围之内,生态系统处于稳定、有序状态;反之,则意味着生态承载力超出了承受范围,生态系统处于失衡、无序状态。生态系统的自我维持与自我调节能力是指生态系统的弹性大小,资源与环境子系统的供容能力则分别指资源和环境的承载能力大小;而社会经济子系统的发展能力指生态系统可维持的社会经济规模和具有一定生活水平的人口数量。

生态承载力的概念与土地利用生态有着紧密的关系,社会经济发展与人类生存所需的资源不能超出土地的生态承载力之外。将生态承载力理论引入土地利用生态安全研究,即土地资源是有限的,土地承载能力也是有限的,应该科学合理确定土地生态承载阈值,即土地生态安全预警的警限,科学刻画现状土地生态状况与警限的关系。同时,加强人类行为和土地生态系统的调控和管理,减轻承载压力,提高支持能力,确保人类活动和社会经济发展不超过土地资源的供容和承载范围,避免土地生态系统的退化和变质。

土地生态系统承载能力的有限性不仅表现为土地资源、水资源等各种资源和能源的有限性,还表现为容纳环境污染能力的有限性。因此,人类不能无节制地向土地生态系统索取资源和服务,人类活动的强度不能超过土地生态系统的承受范围,即承载阈值,否则,将造成土地生态系统的结构失衡和功能退化,引发严重的土地生态问题,最终甚至可能危及人类生存。只有合理控制人类活动强度,把人类对生态环境的压力控制在土地生态系统的承载力范围内,才能更好地维系土地生态系统安全,实现区域的可持续发展。

在对生态承载力进行定量研究的过程中,国内外提出了许多直观的、较易操作的定量评价方法。包括生态足迹法、自然植被净第一生产力测算法、供需平衡法、状态空间法和模型预测法。其中生态足迹法是近年来提出并应用于生态承载力的一种新方法,得到众多学者的肯定和采用。生态足迹(ecological footprint,EF)亦称生态空间占用。1992 年加拿大生态经济学家 Willam Rees(1992)提出了一种度量可持续发展程度的生物物理方法,即基于土地面积的量化指标。关于生态足迹的概念,Willam 将其形象地比喻为"一只负载着人类与人类所创造的城市、工厂……的巨脚踏在地球上留下的脚印"。生态足迹的定义为能够持续地提供资源或消纳废物的、具有生物生产力的地域空间,意思是要维持一个人、地区、国家的生存所需要的或者指能够容纳人类所排放废物的、具有生物生产力的地域面积(图 2-2)。

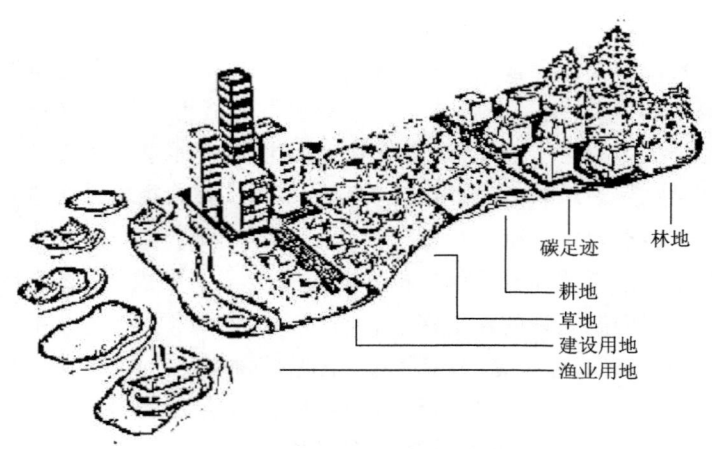

图 2-2　生态足迹概念图

2.6　复合生态系统理论

复合生态系统理论(social-economic-natural complex ecosystem)由我国著名生态学家和环境科学家马世俊提出。面对人口、粮食、资源、能源、环境等重大生态和经济问题,马世骏多次提出复合生态系统的概念,在 20 世纪 70 年代提出了将自然系统、经济系统和社会系统复合到一起的构思。他认为,从任何单一学科和单方面的角度都不能透彻地分析上述问题,当然也就更不能有效地解决这些问题。并从复合生态系统的角度提出了可持续发展的思想,同时指出生态工程是实现复合生态系统可持续发展的一个途径(马世骏 等,1984)。马世骏指出,复合生态系统包括复杂的能量代谢及地球化学循环系统,而生态工程是应用生态系统中的物种共生与物质循环再生的原理,结合系统工程的最优化思想所设计的分层多级利用物质的生产工艺系统,它直接联系着资源的持续利用和复合生态系统的可持续发展(赵景柱,1999)。

当前人类赖以生存的社会、经济、自然是一个复合大系统,社会是经济的上层建筑;经济则是社会的基础,又是社会联系自然的中介;自然是整个社会、经济的基础,是整个复合生态系统的基础。复合生态系统由三大部分组成:自然生态系统、经济生态系统、社会生态系统,三大系统有机复合,形成一个整体的复合体(彭天杰,1990)。三大系统间通过生态流、生态场在一定时空尺度上耦合,形成一定的生态格局和生态秩序(王如松,2000)。以人为主体的社会、经济系统和自然生态系统在特定区域内通过协同作用而形成的复合系统(图 2-3),即社会-经济-自然复合生态系统(马世骏和王如松,1984)。复合生态系统是人与自然相互依存、共生的复合体系。复合生态系统具有复杂的经济属性、社会属性和自然属性,其中最活跃的建设因素是人,最强烈的破坏因素也是人。一方面,人类是社会经济活动的主体,以其特有的文明和智慧驱使大自然为自己服务,使其物质文化生活水平以正反馈为特征持续上升;另一方面,人类的活动都不能违背自然生态系统的基本规律,都要受到自然条件负反馈的约束和调节。这两种力量此消彼长,促进了人类生态系统螺旋式演进。

将复合生态系统理论的理念引入土地利用生态安全研究中,即土地生态系统是一个复合系统,既是大自然提供的自然资源和生态环境要素,也是人类的劳动对象。土地类型多样,涉及耕地、园地、林地、草地、建设用地、水域、未利用地等,随着经济社会的发展,土地利用日益多样化,从向土地获取食物逐渐扩展到农业用地、居住用地、工业用地、交通用地、观光休闲等多种用途。在土地利用中需要考虑自然、经济、社会等多方面因素的综合管制,尤其要注重在不违背土地生态系统运行基本规律的基础上减轻人类活动对土地生态系统的负面影响,推动土地生态系统的良性循环,保证土地利用生态安全。

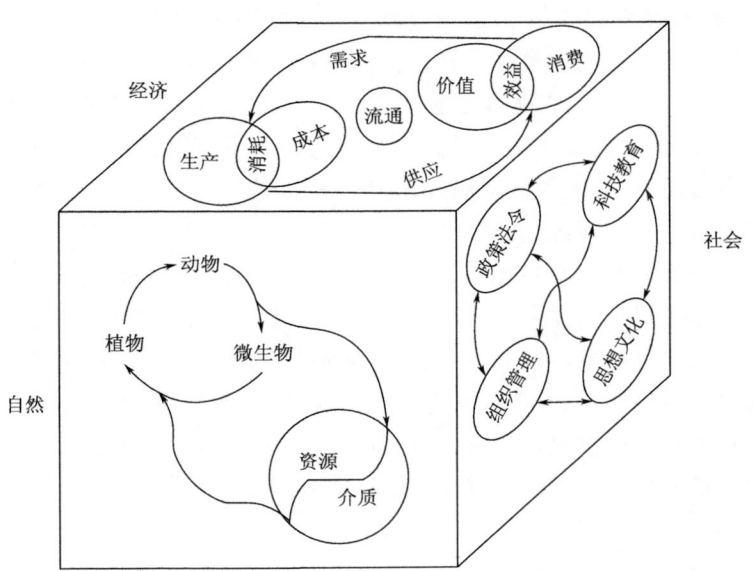

图 2-3　社会-经济-自然复合生态系统示意(王如松,2000)

2.7　区域科学与区域分析理论

区域作为人类聚居的场所,或者经济社会活动的载体,都是人类为了自身发展和社会进步而进行开发、利用、改造的对象。地理学作为研究人类活动与地表自然环境的关系,即人地关系的学科,其中心或集中点即是研究反映各种人地关系的地域系统,或称区域系统。因此,区域研究历来就是地理学一个传统的、基本的研究领域。“区域”是一个普遍的概念,地理学把“区域”作为地球表面的一个自然地理单元,经济学把“区域”理解成一个在经济上相对完整的经济单元,其他科学领域对"区域"的理解和定义也各不相同。但就区域的本质而言,它是地球表面的一个范围,是地球表面各种空间范围的泛称或抽象,具有一定的范围和界限、一定的体系结构形式(多级性、层次性)。区域是客观存在的,人们对其定义的差别是人们按照不同的要求、对象加以划分的,是主观对客观的反映。总体来说,区域是具有均质区域、节点区域和区域系统表象的依赖于空间的经济体。这个经济体是具有资源-环境结构、人口经济结构、城镇体系、空间结构、地缘结构的地理单元抽象。

区域科学也称为空间科学,是以区域为研究对象,将区域作为一个有机整体(自然、社会、经济综合体)进行研究,揭示区域矛盾和区域分异规律(自然、社会、经济以及综合方面),为区域的社会、经济发展提供科学依据的学科。区域科学的主要研究包括:①人类活动与地理环境的关系;②区域差异的研究是区域科学的核心问题;③区域社会、经济生产综合体。区域研究是一个具体、复杂、多样的系统工程。系统分析和综合平衡是其基本理论基础。现代区域科学作为一门新兴的学科,涉及地理学、经济学、社会学、环境学、规划学和系统工程学等主要学科,其中地理学和经济学又是其最主要的支柱学科。地理学的区域研究包括景观、生态和区位研究;经济学的区域研究包括区域经济学、发展经济学和区位研究。区域研究的框架为区域发展理论-最佳区位选择-区域发展战略-区域发展模式,最终提出区域发展对策。

区域分析是对区域发展的自然条件和社会经济背景特征及其对区域社会经济发展的影响进行分析,探讨区域内部各自然及人文要素间和区域间相互联系的规律。区域分析涉及地理学、经济学、社会学、政治学以及生物学等许多学科,并不是一门独立学科,而是作为一种科学方法论形成和发展起来的,为有关学科研究区域问题和进行区域规划提供理论基础和研究方法。区域分析是随着区位论和区域科学的发展而发展的。在区位论产生以前,无论是地理学还是经济学对区域的研究都停留在观察、记录和统计描述上,区位论的产生及其发展,使区域分析开始运用数学方法对区域要素进行统计、归纳、演绎乃至模拟。早期的区位论和区域科学对区域问题的分析研究虽然也涉及社会学、地理学等其他学科的理论方法,但还是以运用经济学的理论方法为主,研究内容以经济问题为重点。20世纪80年代以来,人口、资源、环境及区域发展问题越来越受到人们重视,这使得区域分析的内容更加广泛和综合,也使得以研究区域资源与环境问题见长的地理学者对区域问题的研究有了更多的参与机会和更多的研究领域。

2.8 系统论

系统的思想经历了漫长的发展历程,公认的系统论是由美籍奥地利生物学家贝塔朗菲(L. V. Bertalanffy)提出的。贝塔朗菲在1932年发表"抗体系统论",提出了系统论的思想。1937年提出了一般系统论原理,奠定了这门科学的理论基础。1945年他的论文《关于一般系统论》发表,而确立这门科学学术地位的是1968年贝塔朗菲发表的专著《一般系统理论基础、发展和应用》(*General System Theory*:*Foundations*,*Development*,*Applications*),该书被公认为是这门学科的代表作。系统论的核心思想是系统的整体观念,即把所研究和处理的对象作为一个系统,研究系统、要素、环境三者之间相互联系、相互作用的共同本质和内在规律。该理论还认为:任何复杂的大系统都由众多子系统构成,子系统与子系统、子系统与大系统之间相互协调、相互配合,共同确保大系统的有机存在。系统论强调整体与局部、局部与局部、系统本身与外部环境之间互为依存、相互影响和制约的关系。

系统论是研究系统的结构和功能演化规律的科学,其核心思想是把研究对象作为一个系统,从整体的角度揭示各系统、要素之间的相互关系和内在规律。系统具有整体性、相关性、动态性、目的性和层次性五个基本特征。①整体性是指系统的整体功能大于系统各要素功能的总和。系统是若干事物的集合,系统所具有的整体性是在一定组织结构基础上的整体性,要素以一定方式相互联系、相互作用而形成一定的结构,才具备系统的整体性,整体性概念是一般系统论的核心。②相关性是指系统要素之间相互联系、相互制约。系统内某一要素的变化会对其他要素甚至整个系统产生影响,所以在观察和分析问题时,不能只看问题的一方面,应从全局上考虑问题。③动态性是指系统会随时间的变化而变化,系统的运动、发展和变化都是动态性的具体反映。系统本身及其外部环境无时无刻不处于动态变化之中,系统的动态性要求人们以发展的眼光看问题,不能只停留在问题的眼前,应着眼于事物的长远发展。④目的性是指任何系统都有特定的目的。一个系统的发展方向不仅取决于偶然的实际状态,还取决于它自身所具有的、必然的方向性,这就是系统的目的性。他强调系统的这种性质的普遍性,认为无论在机械系统或其他任何类型系统中它都普遍存在。⑤层次性是指每个系统都是一个具有复杂层次的有机体。系统由各个子系统组成,子系统又由各要素组成,而要素又由次一级子系统构成,依此类推,形成了不同质态、不同等级的多个分系统,根据时间、空间、数量的不同,可划分为多个类型的层次和结构。

从系统论的角度来分析土地利用生态安全问题,土地生态系统是一个由自然、经济、社会等各要素耦合而成的复合系统,是多层次结构与多样性功能的复合体,各要素、结构、功能之间形成一个相对完整的因果链,具有整体性、相关性、动态性、目的性和层次性五个系统的一般特征(图 2-4)。土地生态系统各要素之间只有相互协调、相互配合,才能维持土地生态系统的平衡、稳定运转,推动土地生态系统的健康、持续、协同发展。土地利用生态安全研究要以系统论为引导和支撑,要从系统的角度探析土地生态系统发展变化的内在规律,从系统的整体出发,全面分析和把握土地利用生态安全问题及其解决途径,确保土地生态系统能够持续、稳定地为人类发展提供服务和保障。

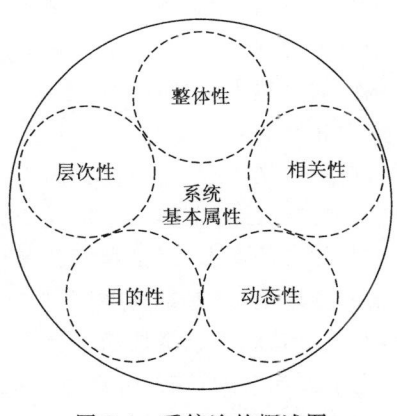

图 2-4　系统论的概述图

2.9　反规划理论

"反规划"(anti-planning)一词最早是由北京大学景观设计学院俞孔坚教授于 2002 年在其《论反规划与城市生态基础设施建设》一文中提出。土地是一个生命系统,是有结构的,不同的空间结构和格局有不同的生态功能。"反规划"理论从景观生态学的角度出发,专门针对传统城市规划建设过程中对自然系统缺乏认识和尊重,以牺牲自然过程和格局的安全、健康为代价的城市化途径。"反规划"作为一种景观规划途径,不能简单地认为是"绿地优先",更不是反对传统的规划,总体来讲就是通过优先进行非建设用地区域的控制以实现城市空间规划的方法(俞孔坚 等,2002)。"反规划"是一种逆向思维,是对传统规划的校正,规划的思维是辨证的思维,是反思的思维,是可逆的思维。与传统的城市规划相比,"反规划"理论从目的、次序、功能和形式等方面均有不同之处,而且"反规划"理论遵循可持续发展原则、生态平衡原则、生态先进原则、景观安全原则等,城市历史文化遗产、城市视觉、城市休憩环境等亦是"反规划"理论体系的内容(张荣群 等,2018)。从中国传统文化角度来讲,"反规划"理论是一种追求人与自然和谐发展、统筹山水林田湖草等生态文明观的体现(迟磊,2018)。

伴随着我国快速城市化和城市无序扩张,城市出现生态环境恶化、居住适宜度下降以及众多生态功能显著下降的问题。这些现象反映了传统的"人口-性质-布局"的规划方法存在缺陷,城市规划理念需要进一步更新。"反规划"是城市规划与设计的一种新的工作方法,它主张城市生态系统保护的理念,强调城市规划和设计应该首先从城市生态基础设施入手,再规划建设用地。即先将城市生态基础设施保护、控制起来,构建出景观生态安全格局。在构建的景观生态安全格局的基础上进一步划分出规划控制范围,保证以后的景观安全活动在此控制范围以外,这样就保证了城市的自然人文景观和生态系统不遭受城市发展扩展的破坏。规划和设计城市生态基础设施的过程,就是建立景观安全格局的过程,它是城市生态环境安全的保障。用"反规划"理念对城市进行规划之后,城市的自然人文景观及生态系统和城市特色都被充分保护起来,再在此基础上进行城市规划就不会造成景观和生态系统的破坏。"反规划"理论应用于城市规划,将城市历史文化遗产、城市视觉、城市休憩环境等纳入规划体系内,可以保证广大城市的自然人文景观和生态系统得到很好的保护,有利于可持续发展和生态城市的构造,建立健康和谐的城市形态。

在城市规划中,"反规划"侧重于建设用地开发前先规划城市基础设施,城市生态基础设施包括:维护和强化整体山水格局的连续性、保护和建立多样化的乡土生态系统、维护和恢复河流水系的自然形态、保护和恢复湿地系统等。根据景观生态学原理,完善和优化景观生态格局的主要方法是:疏通景观廊道,增强景观生态元的节点功能,建立充分的景观生态元与廊道系统,使城市景观生态格局趋于合理(陈小亮,2007)。"反规划"理论倡导"生态型建筑"理念,所谓"生态型建筑"指在充分尊重和维护自然生态环境持续发展能力的前提下,合理利用自然资源,创造健康舒适室内环境的建筑。"反规划"理论指导下的生态建筑设计反映了生态优先原则和低碳规划原则,符合当下城市生态的发展趋势,通过建筑技术的创新发展,引领城市建筑向低碳节能型建筑发展。在传统的规划体系下,当城市建设、城市扩张与原有防护林发生矛盾冲突时,做出让步的往往都是原有防护林,这些让步导致原有防护林的破坏,而在"反规划"体系下优先将原有防护林网保留并纳入城市绿地系统之中,可以保护原有防护林不被城市扩张损害(魏婷婷 等,2012)。

"反规划"研究对推进我国城市景观生态规划意义非凡,加强"反规划"理论在土地利用生态安全格局构建中的应用可为现代城市规划理论提供更大的应用空间(图 2-5)。①维护城市自然空间格局。每个城市独特的地貌特征构成了城市的自然空间格局,"反规划"理论认为在城市开发建设和景观规划中必须依托原有的自然空间格局,顺应自然趋势进行规划,避免对原有自然格局做过大的改动而导致自然生态过程受到破坏(董君 等,2016)。②保护城市建设前的自然植被。单一的植物种类和人工的绿化方式无法完全发挥自然生态系统的生态服务功能,"反规划"理论认为保留城市建设前的自然植被可以提升景观的异质性,对维护城市的可持续发展及国土的生态安全具有重要意义(李明阳等,2015)。③维护城市建设前的山水生态系统。在城市的兴建及随后的发展过程中都必须时刻注意对自然山水格局的保护。污染、干旱断流和洪水是目前中国城市河流水系所面临的三大严重问题,而尤以污染最难解决,"反规划"理论支持避免大规模的水利工程建设来治理城市水系,通过城市河流廊道的近自然修复,从城市湿地生态系统的稳定性维持机理出发,尽最大能力维护城市建设前的山水生态系统(俞孔坚 等,2002)。

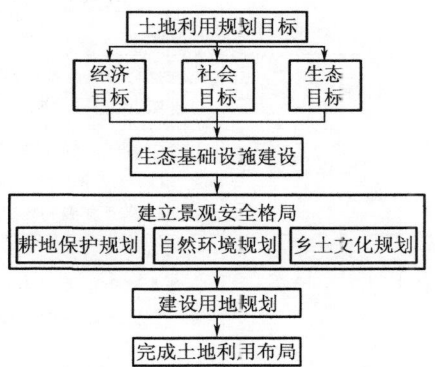

图 2-5　"反规划"理论下的土地利用规划流程

2.10　小结

可持续发展理论:可持续的土地利用方式要避免过度开发,在适度的范围内利用土地,通过改进技术和增加资金投入,提高土地抵御外界干扰的能力,实现土地系统的自我修复。研究土地利用生态安全对可持续发展具有保障作用,是进行可持续发展的基础。

土地生态经济理论:土地是人类发展经济和社会的基础,土地利用生态安全不仅不会阻碍经济发展,反而会起到促进作用。

人地关系理论:随着人口增多和科技发展,人类对土地的需求不再只是食物,不能单纯地依赖土地的自然供给,而是利用和改造自然以满足日益增多的需求,改良人类活动与地理环境的关系,实现人与自然之间的总体协调和平衡。

生态安全格局理论:构建生态安全格局,使其成为保障国土、区域和城市生态安全的永久性格局,划定生态用地,引导和限制无序的城市扩张和人类活动。

生态承载力理论:土地生态系统的承载能力是有限的,人类不能无节制地向土地生态系统索取资源和服务,人类活动的强度不能超过土地生态系统的承受范围。

复合生态系统理论:土地生态系统是一个复杂的生态系统,分析土地利用生态安全从单一学科和单方面的角度不能透彻地分析问题,应该将自然系统、经济系统和社会系统复合到一起。

区域科学与区域分析理论:土地利用生态安全研究将区域作为一个自然、经济、社会的有机整体进行研究,可揭示土地利用在区域内的矛盾和区域分异规律。

系统理论:土地生态系统是一个由自然、社会、经济等多方面要素耦合而成的复杂系统。

反规划理论:优先进行非建设用地区域的控制,在构建的景观生态安全格局的基础上进一步划分出规划控制范围,保证以后的景观安全活动在此控制范围以外,这样就保证了城市的自然人文景观和生态系统不遭受城市发展扩展的破坏。

关于上述理论的核心思想以及与本书的关联可详见表2-1。

表 2-1 土地利用生态安全相关理论列表

序号	理论	核心思想	与主题的关联
1	可持续发展理论	强调社会、经济、环境的协调发展,追求人与自然、人与人之间的和谐	土地利用生态安全对可持续发展具有保障作用,是可持续发展的基础
2	土地生态经济理论	土地生态环境问题必须与社会经济问题一起考虑,在经济发展中得到解决,采取环境保护和经济发展相协调的发展战略	对土地的评价及其开发,必须立足于生态系统,建立土地生态-社会-经济系统的评价观点,对土地的三个系统进行综合性研究
3	人地关系理论	研究人类活动与土地生态环境的关系,探讨人与自然之间的总体协调和平衡	随着人口增多和科技发展,人类对土地的需求不再只是食物,不能单纯地依赖土地的自然供给,而是利用和改造自然以满足日益增多的需求
4	生态安全格局理论	景观中存在由某些关键景观元素、空间位置及其联系构成的潜在的生态系统空间格局,通过控制和调控这些关键组分可以达到保护区域生态安全和生态环境的目的	国内外学者从土地利用优化角度对生态安全格局进行深入研究,划定生态用地,引导和限制无序的城市扩张和人类活动
5	生态承载力理论	一定条件下生态系统为人类活动和生物生存所能持续提供的最大生态服务能力,特别是资源与环境的最大供容能力	土地承载能力是有限的,应该科学合理确定土地生态承载阈值,确保土地利用方式不会超过土地资源的供容和承载范围,避免土地生态系统的退化和变质
6	复合生态系统理论	复合生态系统由三大部分组成:自然生态系统、经济生态系统、社会生态系统,三大系统有机复合,形成一个整体的复合	土地生态系统是一个复杂的生态系统,在利用中需要考虑自然、经济、社会等多方面因素综合管制
7	区域科学与区域分析理论	对区域发展的自然条件和社会经济背景特征及其对区域社会经济发展的影响进行分析,探讨区域内部各生态系统和人文要素间相互联系的规律及其产生的区域特征	为土地利用生态安全研究区域问题和进行区域规划提供了理论基础和研究方法
8	系统理论	把所研究和处理的对象作为一个系统,研究系统、要素、环境三者之间相互联系、相互作用的共同本质和内在规律	土地生态系统是一个由自然、社会、经济等多方面要素耦合而成的复杂系统
9	反规划理论	在城市规划中,优先对非建设用地进行控制和规划	"反规划"的工作方法保证了城市的自然人文景观和生态系统不遭受城市发展扩展的破坏

第3章　研究区概况

鄱阳湖,古称彭蠡,位于江西省北部、长江中下游南岸,地处九江、南昌、上饶三市,被江西人民称为"母亲湖"。鄱阳湖南北长约170 km,东西宽约74 km,整体呈南宽北窄,犹如一只巨大的"宝葫芦"。北面有一条瓶颈般的狭窄水道与长江相通。湖域烟波浩渺、水域辽阔,湖水面积达4629.51 km²,是我国最大的淡水湖,也是我国第二大湖,仅次于青海湖。鄱阳湖承纳赣江、抚河、信江、饶河、修河五河之水,下接长江,是长江中下游主要支流之一。鄱阳湖的湖水经调蓄后由湖口注入长江,是一个过水性、吞吐型、季节性强的湖泊。

本书所指的鄱阳湖地区主要包括南昌市3个县(市、区)、九江市8个县(市、区)及上饶市2个县,共13个县(市、区)(图3-1)。鄱阳湖地区是具有湿地、森林和水域等多种生态系统复合的区域,是我国重要的生态功能保护区,也是世界自然基金会划定的全球重要生态区。鄱阳湖地区具有调节长江水位、调节气候、降解污染和维护周围地区生态平衡等多种生态功能,对生态保护和可持续发展意义重大。

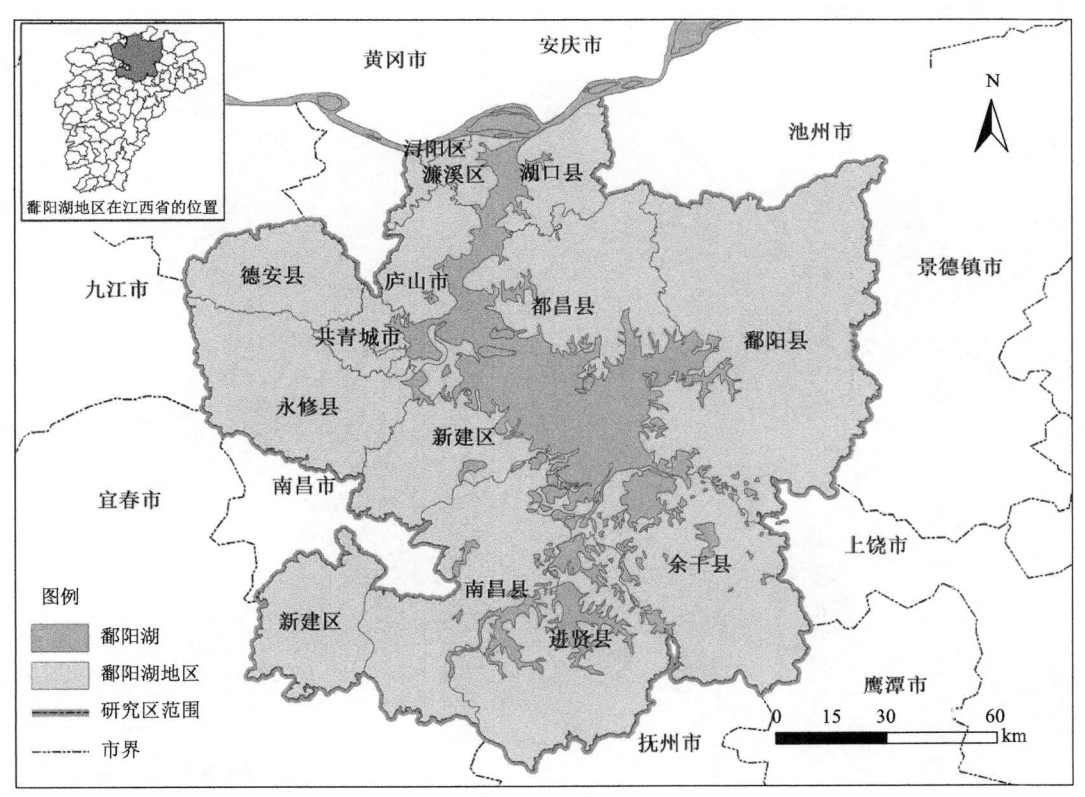

图 3-1　研究区行政区划

3.1 地理位置

鄱阳湖地区位于江西省北部,地处东经 115°47′～116°45′,北纬 28°22′～29°45′之间,长江中下游南岸。鄱阳湖地区多种地貌类型呈环状分布,自山地至丘陵到平原逐渐向鄱阳湖倾斜。鄱阳湖湖体区域以松门山为界,分为南北两部分,北面为入江水道,长 40 km,宽 3～5 km,最窄处约 2.8 km;南面为主湖体,长 133 km,最宽处达 74 km。鄱阳湖地区地跨江西省 3 个市,以县域为单位大体包括南昌市 3 个县(市、区)、九江市 8 个县(市、区)以及上饶市的鄱阳县和余干县,共 13 个县(市、区)。

3.2 自然环境概况

鄱阳湖湖区地貌由水道、洲滩、岛屿、内湖、港汊组成。鄱阳湖南宽北窄,形似葫芦,湖岸线总长约 1200 km,在北面有一条瓶颈般的狭窄水道与长江相通。以松门山为界,湖域分为南、北两个部分,南部宽广,为主湖区,北部狭长,为入江水道区(图 3-2,见文后彩插)。湖盆自东向西、由南向北倾斜。湖底平坦,主湖区滩地高程多在 12～17 m,湖底最深处约 10 m。全湖共

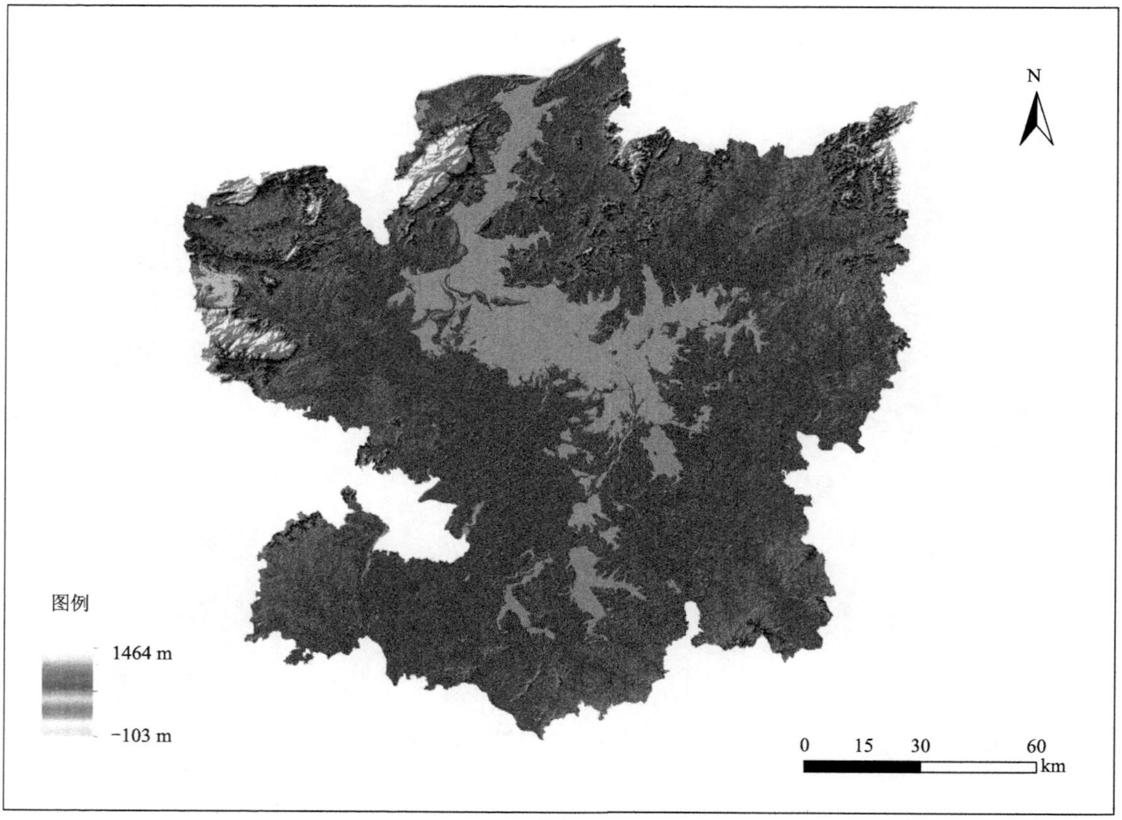

图例

1464 m

-103 m

0　15　30　　60
km

图 3-2　鄱阳湖地区地形图

有岛屿 41 个,岛屿率为 3.5%,湖区主要港汊约有 20 处。

(1)水资源概况

鄱阳湖地区湖域面积 4629.51 km²,具有丰富的流域水资源。鄱阳湖是长江的重要调蓄湖泊,年均入江水量约占长江径流量的 15.6%。鄱阳湖地区来水时具有明显的江、河、湖关系特征,长江干流主汛期为 7—9 月,五河主汛期为 4—6 月,长江干流来水对鄱阳湖出流有很强的顶托作用。鄱阳湖地区多年平均年降水量为 1574.6 mm,年径流深 719.0 mm,年蒸发量 1080 mm。鄱阳湖地区还具有丰富的地下水资源,地下水资源年总量 47.0 亿 m³ 占本区地表径流量的 16.9%。但由于地下水位分布不均,可供开采的地下水资源仅占总量的一半。鄱阳湖水位受五河及长江来水的双重影响,高水位维持时间长。每当洪水季节,水位升高,湖水漫滩,湖面宽阔,碧波荡漾,茫茫一片;枯水季节,水位下降,湖水落槽,湖滩显露,湖面变小,蜿蜒一线。洪、枯水的湖体面积、容积相差极大,呈现出"高水是湖,低水似河""洪水一片,枯水一线"的景观。

(2)气候条件概况

鄱阳湖地区属中亚热带湿润季风气候区,气候温和,雨量丰沛,日照充足,无霜期较长。四季分明,年均气温 16.5~17.8 ℃,春季多雨,夏、秋季受副热带高压控制晴热少雨,冬季寒冷少雨,偶有台风侵袭。多年平均降水量为 1570 mm,降水时空分布不均,具有明显的季节性和地域性。一般 3—8 月为汛期,降水量约占全年总量的 74.4%,最大降水量在 4—6 月,月均降水量达 225 mm。

(3)土壤条件概况

根据第二次土壤普查资料,鄱阳湖地区土壤类型有红壤、黄棕壤、紫色土、石灰(岩)土、石质土和粗骨土、潮土、黏磐黄褐土、水稻土。水稻土依据生成母岩、形成特点及肥力特性,又分为黄泥田、潮沙泥田、鳝泥田、紫褐泥田、石灰泥田、马肝泥田和红沙泥田 7 个土属。

(4)动、植物概况

鄱阳湖是我国重要的淡水湿地,其独特的地理条件和气候特征为生物提供了空间巨大、类型多样、功能齐全的湿地生境。生活在这里的动植物不仅可以获得生存所需的足量食物,还有良好的庇护场所。鄱阳湖丰富的湿地资源养育了丰富多样的生物,具有较高的物种多样性。已记录的植物约 1692 种,其中浮游植物 154 种、湿地高等植物 600 余种;动物包括浮游生物 207 种,鱼类 122 种,低级动物和虾、蟹类 24 种,贝类动物 87 种,鸟类 300 多种。

3.3　社会经济概况

鄱阳湖地区包括 13 个县(市、区),具体为南昌市的南昌县、新建区、进贤县,九江市的湖口县、浔阳区、濂溪区、庐山市、共青城市、都昌县、德安县和永修县,还有上饶市的鄱阳县和余干县。13 个县(市、区)的总面积为 19585 km²,占江西省总面积的 11.73%。截至 2018 年底,鄱阳湖地区 13 县(市、区)总人口为 838.60 万,耕地面积 8611.57 km²,人口、耕地面积分别占全省的 16.68%、43.97%;地区生产总值 3589.71 亿元,占江西省的 16.33%。鄱阳湖是中国最大的淡水湖,是中国淡水渔业主要基地之一。江西省为保证鄱阳湖地区的生态经济发展,设立鄱阳湖生态经济区,成为江西省第一个国家级经济开发区。鄱阳湖生态经济区的发展战略是以鄱阳湖为核心,以鄱阳湖城市圈为依托,以保护生态、发展经济为主要目标的经济特区。

鄱阳湖地区境内社会经济发展极不平衡,在工业化、城市化快速发展的同时,传统农业、渔业发展缓慢,三农问题突出。由于人口、经济、资源的多重压力,目前鄱阳湖地区面临水土流失、土壤退化、水旱灾害频繁、生物多样性锐减等一系列生态环境问题,必须采取各种有效措施确保鄱阳湖可持续发展。鄱阳湖地区人多地少,使得围湖造田成为利用湖泊资源的主要形式。虽然围湖造田曾为鄱阳湖区的居民创造了丰富的物质财富,对该地区的经济发展和社会进步起到了很大的促进作用。但是随着围湖造田面积的不断加大,湖泊面积锐减,湖泊的调蓄能力严重衰退,导致洪水水位明显上升,水情恶化,洪涝灾害加重,常常给鄱阳湖地区带来严重的负面影响。

3.4 土地利用概况

鄱阳湖地区土地总面积为 19585 km²。如图 3-3(见文后彩插)所示,2018 年鄱阳湖地区耕地面积为 8611.57 km²,占总面积的 43.97%;林地面积为 4773.25 km²,占总面积的

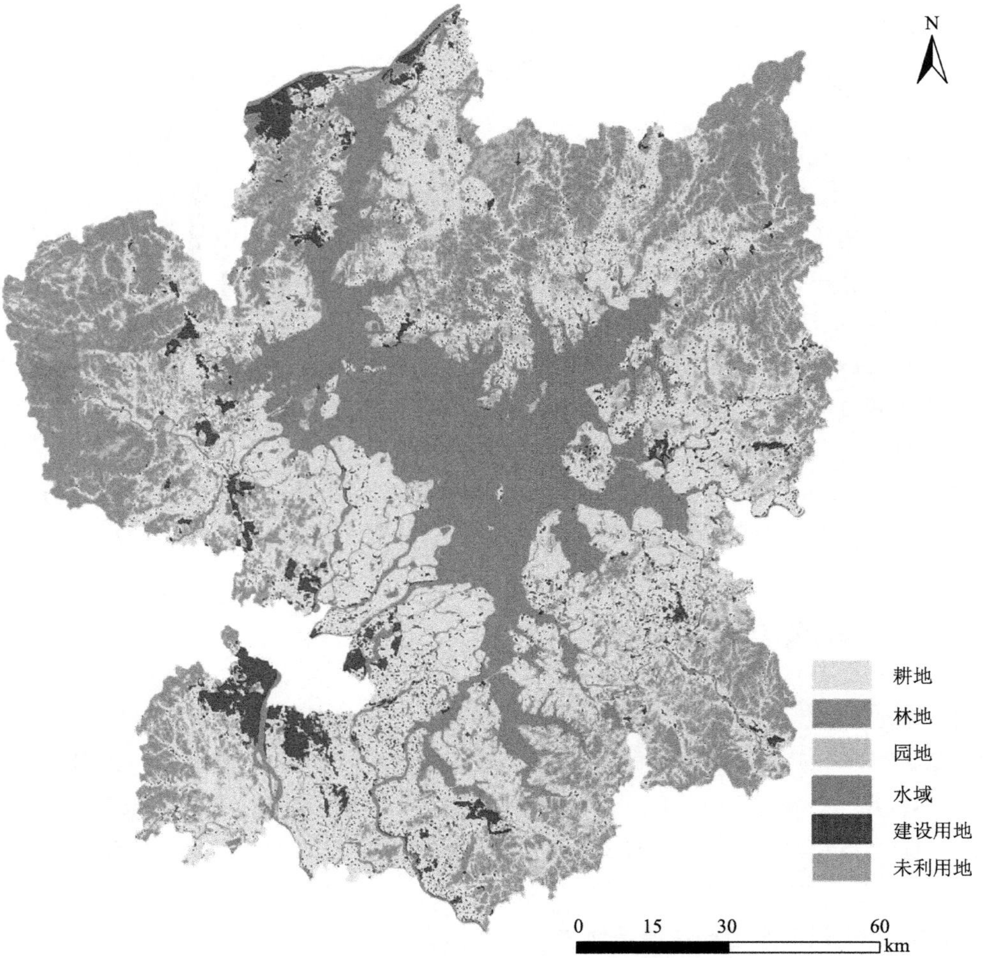

| 耕地 |
| 林地 |
| 园地 |
| 水域 |
| 建设用地 |
| 未利用地 |

0　15　30　60
km

图 3-3　2018 年鄱阳湖地区土地利用类型分布

24.37%;水域面积为 4629.55 km²,占总面积的 23.64%;园地面积为 610.53 km²,占总面积的 3.12%;建设用地面积为 959.52 km²,占总面积的 4.90%;未利用地面积为 0.58 km²,占总面积的 0.003%(数据来源于中国科学院资源环境科学数据中心)。可以看出,鄱阳湖地区的主要土地利用类型为耕地、林地和水域,占到研究区总面积的 80% 以上。因此,要重点保护耕地、林地和水域资源不被破坏,充分挖掘其功能潜力,发挥耕地在增加粮食作物和经济作物产出,保证粮食安全的优势,发挥林地在涵养水源、保持水土、净化空气和截流降水以及生物多样性方面的优势,发挥鄱阳湖水域调洪蓄水、调节气候的作用。

第4章 土地利用动态变化特征分析

4.1 引言

  土地利用/覆被变化(LUCC)研究在全球气候变化、粮食安全、土壤退化和生物多样性等关键问题研究中发挥着越来越重要的作用(李秀彬,1996),也是全球变化与可持续发展研究的重要组成部分(张宇硕 等,2020)。在国际地圈生物圈计划(IGBP)和国际人文因素计划(IHDP)共同制定土地利用/覆被变化科学研究计划后,国内外对LUCC的研究达到了新的高度,遥感技术的革新和进步也使得LUCC的研究进入了崭新的技术时代。土地利用/覆被变化对景观格局有巨大的影响,景观是以类似方式重复出现的、相互作用的若干生态系统的聚合所组成的异质性土地地域(Forman et al.,1986)。景观本身是人类经济活动的资源和开发利用的对象,人类的经济开发活动主要是在景观层面上进行的,因而景观成为研究人类活动对环境影响的适宜尺度(彭建 等,2004;谢花林,2008b)。景观格局是景观异质性的具体体现,又是各种生态过程在不同尺度上长期作用的结果(邬建国,2000b)。景观格局影响生态学过程(种群动态、动物行为、生物多样性、生态生理和生态系统过程等)(Risser et al.,1984;Pickett et al.,1995;Turner et al.,1989;邬建国,2000b),景观格局及其变化是自然和人为等多种因素相互作用的结果,影响着区域的生态过程和边缘效应(陈利顶 等,1996;邬建国,2000b;许慧 等,1993)。土地利用和土地覆被变化可以发生在任意空间尺度,而景观格局变化是LUCC最直观的标志,认识土地利用变化与景观格局之间的相互作用机制对区域土地资源可持续利用和受损生态系统的恢复与重建具有重要理论和现实意义(冯异星 等,2009)。而景观指数具有高度浓缩景观格局信息的功能,因此被广泛应用于景观格局分析(朱东国 等,2017)。常用的景观指数包括三个水平层次:斑块水平指数、类型水平指数及景观水平指数,运用不同层次的指数能够定量地描述不同水平的景观格局,从而对其组成、结构、特征以及功能的差异进行探究(Li et al.,2004)。

  土地利用景观格局在空间上表现为不同土地利用类型斑块的镶嵌,反映了土地利用生态过程的作用结果(吴波 等,2001)。探讨土地利用景观格局特征及演化,是深刻理解人类活动与自然环境相互关系的重要途径,是解决当前人地矛盾、促进人地和谐、实现可持续发展的重要突破口(彭保发 等,2013)。土地利用景观格局相关研究已经成为LUCC的核心研究内容之一,也成为全球变化研究的前沿和热点领域(Pijanowski et al.,2011;Bajocco et al.,2012)。2005年,全球土地计划(global land project,GLP)将"人地耦合系统"作为研究目标,将土地利用变化的驱动机制和生态环境后果作为重点研究内容(王祺 等,2014),尤其重视不同地理尺度人类活动最为频繁的城市地域土地景观的研究(胡学东 等,2020;田雨 等,2019)以及典型区域与热点地区土地利用景观格局演变的研究,已涵盖水域(樊凯 等,2018;程舒鹏 等,2020)、湿地(井云清 等,2017)、平原(刘吉平 等,2014)、三角洲(年雁云 等,2015)、盆地(任志远 等,2016)等,国产高分影像也成为相关研究的重要数据来源(袁静文 等,2020),研究结果也更多地被应用于生态红线划定等实际需求上来(燕守广 等,2020)。

本书采用景观格局指数分析鄱阳湖地区土地利用变化及其景观空间格局的动态特征,有助于探讨景观格局和土地利用变化的相互关系,解释土地利用及其景观格局变化的规律和机制,可为人类定向影响生态环境并使之向良性方向演化提供依据。

4.2　数据来源和研究方法

4.2.1　数据来源

本书中鄱阳湖地区 1990 年、2000 年、2010 年和 2018 年的土地利用数据来源于中国科学院资源与环境科学数据中心,数据格式为栅格格式,格网单位为 100 m×100 m。土地利用类型主要包括耕地、林地、园地、水域、建设用地和未利用地 6 个一级类和 16 个二级类。

4.2.2　研究方法

(1)景观格局动态度分析

土地利用景观空间格局的动态变化主要可以利用景观空间格局的动态度以及景观类型的转移矩阵来分析。景观空间格局的动态度主要利用研究末期与研究初期的景观类型的面积之差与研究时段的比来分析某段时间内的景观类型变化状况。景观空间格局转移矩阵主要用于分析各景观类型的变化程度,包括某一景观类型转出与转入状况。从而直接地刻画出各景观类型的变化方向与特征。计算公式如下:

$$Z = \frac{W_b - W_a}{W_a} \times \frac{1}{T} \times 100\% \tag{4-1}$$

式中:Z 代表的是研究时段内某一景观类型的动态度,W_b 表示的是研究末期该类景观类型的面积,W_a 表示的是研究初期该类景观类型的面积,T 代表的是时间跨度,当 T 的时段设定为年时,Z 的值就是该地区的某一景观类型的年平均变化率。

(2)景观类型转移概率矩阵

在景观类型转移矩阵的基础上,建立景观类型转移概率矩阵描述景观类型的变化剧烈程度,公式为:

$$Q_{ij} = \sum_{ij}^{n} \left[\frac{dE_{i\text{-}j}}{E_i} \right] \times 100\% \tag{4-2}$$

式中:E_i 为研究初期第 i 类景观类型总面积,$dE_{i\text{-}j}$ 为研究时段内第 i 类景观类型转化为第 j 类景观类型的面积总和,n 为研究区发生变化的景观类型数量,Q_{ij} 为研究时段内第 i 类景观类型转化为第 j 类景观类型的转移概率。

(3)景观类型转入/转出贡献率

转移矩阵的方法描述了不同景观类型自身变化的情况,为了充分体现出景观格局中不同类型景观的地位和作用信息,对比分析各景观类型转入和转出的空间格局和数量特征,本书采用景观类型转入/转出贡献率。

① 景观类型转入贡献率

$$L_{ii} = \sum_{j=1}^{n} S_{ji} / S_t \tag{4-3}$$

式中:L_{ii} 为除第 i 类外的其他景观类型向第 i 类景观类型转入面积占景观总转移发生的比例,S_{ji} 为第 j 种景观类型向第 i 种景观类型转移的面积,S_t 为景观类型转移的总面积,n 为景观类型的数量(下同)。L_{ii} 可以用于比较不同景观类型在景观动态变化的转入过程中面积增量分配的差异。

② 景观类型转出贡献率

$$L_{0i} = \sum_{j=1}^{n} S_{ij} / S_t \tag{4-4}$$

式中:L_{0i} 为第 i 类景观向除第 i 类外的其他景观类型转移的面积占景观总转移发生量的比例,S_{ij} 为第 i 种景观类型向第 j 种景观类型转移的面积。L_{0i} 可用于比较不同景观类型在景观动态变化的转出过程中面积减量分配的差异。

(4)景观格局指数分析

景观空间格局的指数主要由斑块、斑块类型和景观三个角度进行衡量。而后两者主要是从中观和宏观的角度对景观格局进行分析。本章的研究重点主要从后两者进行分析。并在FRAGSTATS 4.2 软件的技术支持之下,参照操作手册在相应的"Analysis Parameters"下的"No sampling"选择相应斑块类型和景观的各指标类型进行分析,从而得到指标的数值。至此在斑块类型级别中主要选取的是斑块数量(NP)、斑块密度(PD)、最大斑块指数(LPI)、边缘密度(ED)、周长-面积分维度数(PAFRAC)、散布与分列指数(IJI)、斑块结合度指数(COHESION)、分离度(SPLIT)、聚集度(AI)9 个指标。而景观指标则主要从斑块数量(NP)、斑块密度(PD)、最大斑块指数(LPI)、边缘密度(ED)、周长-面积分维数(PAFRAC)、蔓延度指数(CONTAG)、分离度(SPLIT)、聚集度(AI)、散布与分列指数(IJI)9 个指标进行选取,各指标的含义见表 4-1。

表 4-1　景观指数

景观指数	公式	含义
斑块数量	$NP = N$	NP 越高,则代表破碎程度越高,反之则破碎程度越低
斑块密度	$PD = \dfrac{N}{A}$	PD 值越大,其代表斑块的破碎程度越高;PD 值越小,代表破碎程度则越低
最大斑块指数	$LPI = \dfrac{\max(a_1, \cdots, a_n)}{A}$	反映的是最大斑块对整个景观的影响程度。LPI 值越小,表示某种景观类型所代表的最大斑块面积越小
边缘密度	$ED = \dfrac{\sum\limits_{k=1}^{m} z_{ik}}{A}$	ED 值表示的是斑块的边界数量,可以反映出景观类型的复杂程度
周长-面积分维数	$\ln(P/4) = k\ln(A) + C, FD = 2k$	分维数越大,代表其受人类的干扰程度越大。反之,则越小

景观指数	公式	含义
散布与并列指数	$$IJI = \frac{-\sum\limits_{k=1}^{m}\left[\left(\dfrac{e_{ik}}{\sum\limits_{k=1}^{m}e_{ik}}\right)\ln\left(\dfrac{e_{ik}}{\sum\limits_{k=1}^{m}e_{ik}}\right)\right]}{\ln(m-1)}$$	IJI 越大,与周围各类型的斑块邻接程度越好,反之则代表仅与少数的几种类型相接
斑块结合度	$$\text{COHESION}=\left[1-\frac{\sum\limits_{j=1}^{m}P_{ij}}{\sum\limits_{j=1}^{m}P_{ij}\sqrt{a_{ij}}}\right]\left[1-\frac{1}{\sqrt{A}}\right]^{-1}(100)$$	COHESION 值越大,代表斑块之间的结合程度越高。反之则越小
分离度	$$\text{SPLIT}=\frac{A^{2}}{\sum\limits_{j=1}^{m}a_{ij}^{2}}$$	SPLIT 代表分散程度,其值越大,表示分散程度越大,反之则越小
聚集度	$$AI=\left[\frac{g_{ii}}{\max\to g_{ii}}\right](100)$$	AI 值表示的是斑块间的聚集程度。AI 值越大,表示斑块间的聚集程度越大,反之越小
蔓延度指数	$$\text{CONTAG}=1+\frac{\sum\limits_{i=1}^{m}\sum\limits_{k=1}^{m}\left[\left(P_{i}\right)\left(\dfrac{g_{ik}}{\sum\limits_{k=1}^{m}g_{ik}}\right)\right]\left[\ln\left(P_{i}\right)\left(\dfrac{g_{ik}}{\sum\limits_{k=1}^{m}g_{ik}}\right)\right]}{2\ln(m)}$$	CONTAG 反映了不同类型斑块之间的聚集程度。值越高,表示各类型之间连接程度好

4.3　结果分析

4.3.1　各土地利用类型动态变化特征分析

利用 ArcGIS 10.2 对 1990 年、2000 年、2010 年和 2018 年四个时期的数据进行相互掩膜叠加分析,可以得出 28 年间的土地利用动态变化情况,并通过不同类型土地利用的转入及转出数量进行分析,可以得到相应的土地利用类型转移矩阵,以及不同土地利用类型分别在四个时期所占面积及构成比例。

(1)耕地变化

鄱阳湖地区耕地面积呈现较为稳定、逐年下降的态势,耕地面积由 1990 年的 8834.16 km² 减少到 2000 年的 8794.72 km² 和 2010 年的 8772.39 km²,2018 年耕地面积为 8611.57 km²,所构成比例由 1990 年的 45.11% 下降到 2000 年的 44.91% 和 2010 年的 44.79%,2018 年耕地占比变为 43.97%,如表 4-2 所示。而从表 4-8 的动态度变化来看,1990—2018 年耕地面积年均减少 0.09%,且 2000—2018 年减少的速度比前 10 年有所加快。从土地利用转移矩阵可以看出(表 4-3～表 4-6),转出方面,耕地的主要转出类型为建设用地,但耕地在不同时期的主要转出类型有所不同。前 10 年耕地的转出类型主要为林地,有 186.01 km² 的耕地转为林地,而后 18 年耕地的主要转出类型为建设用地,经统计,这期间共有 445.29 km² 的耕地转为建设用地。转入方面,林地和水域是耕地的主要转入来源,28 年间,261.25 km² 的林地和 288.68 km² 的水域转为耕地。从耕地面积 28 年间变化来看,耕地转出最多的为林地和建设用地,转入最多的为林地和水域,这说明城市扩张和鄱阳湖地区实施退耕还林还草等生态建设导致鄱阳湖地区的耕地面积减少,但耕地占补平衡政策为了实现耕地总量平衡,大量林地被开发为耕地,鄱阳湖周边地区出现大规模的围湖造田,另外,较多耕地转变为林地也说明当地的耕地存在撂荒等边际化现象。从表4-7的耕地转入转出贡献率来看,耕地的转入转出贡献率均为所有土地类型的最大值,1990—2000 年、2000—2010 年、2010—2018 年耕地都有接近 50% 的转出贡献率,可见耕地是鄱阳湖地区 28 年间变化最剧烈的土地类型。2010—2018 年的转入转出贡献率相差最大,转出贡献率大幅度超过转入贡献率,转出贡献率为 46.46%,转入贡献率则为 35.58%,转入转出差别达到 10.89%。1990—2000 年和 2000—2010 年两个时期转出贡献率都大于转入贡献率,转入转出贡献率差别分别为 4.69% 和 4.08%,较为稳定。

表 4-2　1990—2018 年的土地利用类型面积及构成比例

用地类型	1990 年		2000 年		2010 年		2018 年	
	面积（km²）	构成比例（%）	面积（km²）	构成比例（%）	面积（km²）	构成比例（%）	面积（km²）	构成比例（%）
耕地	8834.16	45.11	8794.72	44.91	8772.39	44.79	8611.57	43.97
林地	4889.10	24.96	4886.46	24.95	4894.41	24.99	4773.25	24.37
园地	690.80	3.53	684.24	3.49	651.44	3.33	610.53	3.12
水域	4749.56	24.25	4766.58	24.34	4679.30	23.89	4629.55	23.64
建设用地	418.54	2.14	450.62	2.30	585.23	2.99	959.52	4.90
未利用地	2.83	0.01	2.38	0.01	2.23	0.01	0.58	0.00
总计	19585.00	100	19585.00	100	19585.00	100	19585.00	100

表 4-3　1990—2000 年的土地利用转移矩阵

1990 年	2000 年						
	耕地	林地	园地	水域	建设用地	未利用地	总计
耕地（km²）	8450.80	186.01	18.44	111.76	66.99	0.16	8834.16
百分比（%）	95.66	2.11	0.21	1.27	0.76	0.00	100
林地（km²）	185.30	4660.65	19.57	13.03	10.47	0.09	4889.10
百分比（%）	3.79	95.33	0.40	0.27	0.21	0.00	100
园地（km²）	18.80	21.34	638.68	10.20	1.77	0.00	690.80
百分比（%）	2.72	3.09	92.46	1.48	0.26	0.00	100
水域（km²）	95.39	15.15	6.89	4626.10	6.04	0.00	4749.56
百分比（%）	2.01	0.32	0.15	97.40	0.13	0.00	100
建设用地（km²）	44.27	2.83	0.63	5.48	365.33	0.00	418.54
百分比（%）	10.58	0.68	0.15	1.31	87.29	0.00	100
未利用地（km²）	0.15	0.49	0.03	0.01	0.02	2.13	2.83
百分比（%）	5.24	17.31	0.96	0.47	0.80	75.21	100
总计	8794.72	4886.46	684.24	4766.58	450.62	2.38	19585

表 4-4　2000—2010 年的土地利用转移矩阵

2000 年	2010 年						
	耕地	林地	园地	水域	建设用地	未利用地	总计
耕地(km²)	8559.50	21.12	1.65	96.34	116.10	0.00	8794.72
百分比(%)	97.33	0.24	0.02	1.10	1.32	0.00	100
林地(km²)	28.70	4835.13	2.32	4.31	16.01	0.00	4886.46
百分比(%)	0.59	98.95	0.05	0.09	0.33	0.00	100
园地(km²)	8.95	31.54	632.51	9.26	1.98	0.00	684.24
百分比(%)	1.31	4.61	92.44	1.35	0.29	0.00	100
水域(km²)	170.84	6.37	14.88	4565.87	8.63	0.00	4766.58
百分比(%)	3.58	0.13	0.31	95.79	0.18	0.00	100
建设用地(km²)	4.40	0.25	0.08	3.52	442.36	0.00	450.62
百分比(%)	0.98	0.06	0.02	0.78	98.17	0.00	100
未利用地(km²)	0.00	0.00	0.00	0.00	0.16	2.23	2.38
百分比(%)	0.02	0.00	0.00	0.00	6.57	93.42	100
总计	8772.39	4894.41	651.44	4679.30	585.23	2.23	19585

表 4-5　2010—2018 年的土地利用转移矩阵

2010 年	2018 年						
	耕地	林地	园地	水域	建设用地	未利用地	总计
耕地(km²)	8086.06	213.22	21.12	122.76	329.19	0.05	8772.39
百分比(%)	92.18	2.43	0.24	1.40	3.75	0.00	100
林地(km²)	247.45	4512.90	28.40	22.22	83.41	0.03	4894.41
百分比(%)	5.06	92.21	0.58	0.45	1.70	0.00	100
园地(km²)	57.42	20.55	554.42	11.45	7.58	0.02	651.44
百分比(%)	8.82	3.15	85.11	1.76	1.16	0.00	100
水域(km²)	159.66	22.18	5.82	4453.75	37.90	0.00	4679.30
百分比(%)	3.41	0.47	0.12	95.18	0.81	0.00	100
建设用地(km²)	60.90	4.05	0.78	19.27	500.23	0.00	585.23
百分比(%)	10.41	0.69	0.13	3.29	85.48	0.00	100
未利用地(km²)	0.08	0.36	0.00	0.11	1.21	0.48	2.23
百分比(%)	3.41	15.99	0.15	4.88	54.14	21.44	100
总计	8611.57	4773.25	610.53	4629.55	959.52	0.58	19585

表 4-6　1990—2018 年的土地利用转移矩阵

1990 年	2018 年						
	耕地	林地	园地	水域	建设用地	未利用地	总计
耕地（km²）	7948.93	224.62	21.15	186.42	452.95	0.08	8834.16
百分比（%）	89.98	2.54	0.24	2.11	5.13	0.00	100
林地（km²）	261.25	4464.48	31.72	23.31	108.33	0.03	4889.10
百分比（%）	5.34	91.31	0.65	0.48	2.22	0.00	100
园地（km²）	59.32	53.88	548.76	17.83	11.00	0.00	690.80
百分比（%）	8.59	7.80	79.44	2.58	1.59	0.00	100
水域（km²）	288.68	26.78	8.35	4383.57	42.18	0.00	4749.56
百分比（%）	6.08	0.56	0.18	92.29	0.89	0.00	100
建设用地（km²）	53.27	2.74	0.53	18.30	343.69	0.00	418.54
百分比（%）	12.73	0.66	0.13	4.37	82.12	0.00	100
未利用地（km²）	0.12	0.74	0.01	0.13	1.36	0.47	2.83
百分比（%）	4.25	26.14	0.52	4.44	48.11	16.54	100
总计	8611.57	4773.25	610.53	4629.55	959.52	0.58	19585

表 4-7　1990—2018 年的转出-转入贡献率

	1990—2000 年				2000—2010 年				2010—2018 年			
	转入面积（km²）	转入贡献率（%）	转出面积（km²）	转出贡献率（%）	转入面积（km²）	转入贡献率（%）	转出面积（km²）	转出贡献率（%）	转入面积（km²）	转入贡献率（%）	转出面积（km²）	转出贡献率（%）
耕地	343.91	40.88	383.35	45.57	212.89	38.89	235.21	42.97	525.51	35.58	686.33	46.46
林地	225.81	26.84	228.46	27.15	59.28	10.83	51.33	9.38	260.35	17.62	381.51	25.83
园地	45.56	5.42	52.12	6.19	18.92	3.46	51.73	9.45	56.11	3.80	97.02	6.57
水域	140.48	16.70	123.46	14.68	113.43	20.72	200.71	36.67	175.81	11.90	225.55	15.27
建设用地	85.29	10.14	53.21	6.33	142.87	26.10	8.26	1.51	459.29	31.09	85.00	5.75
未利用地	0.25	0.03	0.70	0.08	0.01	0.00	0.16	0.03	0.10	0.01	1.76	0.12
总计	841.31	100	841.31	100	547.39	100	547.39	100	1477.17	100	1477.17	100

（2）林地变化

林地构成比例在 1990 年、2000 年、2010 年和 2018 年分别为 24.96％、24.95％、24.99％ 和 24.37％，28 年间，鄱阳湖地区林地占比变化不大，仅仅 2010—2018 年间出现较大的面积减少，由 2010 年的 4894.41 km² 减少至 4773.25 km²。由土地利用类型转移矩阵可以看出，耕地和林地为鄱阳湖地区土地利用类型转移变化的优势类型。1990—2018 年林地向耕地转移面积 261.25 km²，耕地向林地转移面积 224.62 km²，总体来看是林地减少了。分时段来看，前3 个时期林地的面积基本保持动态平衡，2010—2018 年林地面积减少比较明显，林地面积减少了 121.20 km²，各个时段主要转入数量和转出数量均是耕地。林地是鄱阳湖地区土地利用类型中面积占比较大的类型，除鄱阳湖地区自然本底优势和自然条件适合于林木增长之外，还有与江西省作为国家级生态文明试验区，一直重视生态环境保护，"山江湖工程"等生态保护工程的实施需要大量森林资源的支持。虽然林地景观一直为鄱阳湖地区的优势景观，但随着经济社会的不断发展，将不可避免地会面临林地面积减少的风险。首先，耕地面积的扩张会使得大量自然条件优越的林地被开垦为耕地；其次，伴随着城镇化率的提高，城镇周边的林地也会在一定程度上遭受破坏。最后，鄱阳湖地区的林地大多为单一的林业树种，结构不合理，其生态脆弱度较高。可见地方政府仍须重视林地的保护。

（3）园地变化

园地是鄱阳湖地区各土地利用类型中所占面积较小的一种土地利用类型。其面积在各土地利用类型面积的构成比例在 1990 年、2000 年、2010 年、2018 年四个时期分别为 3.53%、3.49%、3.33%、3.12%，且根据土地利用动态度变化（表 4-8）可以看出，园地的减少速率较快，在 1990—2000 年、2000—2010 年和 2010—2018 年三个时间段，园地平均变化率分别为 −0.94%、−4.81% 和 −6.28%，园地减少的速率逐年增大。由土地利用转移矩阵可以看出，园地主要被耕地和林地所占用。在 28 年间的转移面积主要为耕地 59.32 km² 和林地 53.88 km²。而 2000—2010 年园地向耕地和林地转移的面积为 57.42 km² 和 20.55 km²。由转入-转出贡献率（表 4-7）可知，1990—2000 年转入转出贡献率差值较为平衡，但 2000—2018 年转出贡献率都明显大于转入贡献率，园地面积逐年下降，可见园地面积一直在萎缩。园地为畜牧业发展提供了丰富的物质基础，是涵养水源、减少水土流失和江河泥沙淤积、维护生态平衡的重要生态屏障。近年来，很多园地被开发成旅游资源，导致园地面积减少；同时，处在村镇周边的园地也容易被开垦为耕地，从事经济作物生产；耕地、林地多被列入保护范围，利用报批难度大、成本高，因此在建设占用时和耕地开发时往往优先考虑园地。园地面积的大量减少或园地的过度利用导致园地植被退化、地表裸露等现象出现，对区域的生态安全的影响不容忽视。

（4）水域变化

鄱阳湖是中国第一大淡水湖，并在中国长江流域中发挥着涵养水源、调节气候和保护生物多样性等重要生态功能，在控制长江水位、调蓄洪水、改善当地气候和维护周围地区生态平衡等方面发挥着巨大作用。鄱阳湖地区的水域面积在 1990—2018 年十分稳定，1990 年、2000 年、2010 年和 2018 年四个时期的水域面积依次为 4749.56 km²、4766.58 km²、4679.30 km² 和 4529.55 km²（表 4-2）。从转移动态度来看（表 4-8），鄱阳湖地区水域面积 28 年间平均变化率仅为 0.09%。根据土地利用转移矩阵可知，水域主要转变为耕地，占用现象主要发生在 2000—2010 年，耕地占用面积达 288.68 km²。转入类型同样也主要为耕地。从转入-转出贡献率表（表 4-7）中可见，1990 年的转入贡献率为 16.70%，转出贡献率为 14.68%；2000—2010 年转入贡献率为 20.72%，转出贡献率为 36.67%。鄱阳湖地区水域面积基本没有被建设用地所占用，也从侧面反映出当地生态环境状况良好。

（5）建设用地变化

随着经济社会的不断发展，建设用地面积不可避免地呈现逐渐增长的态势，1990 年、2000 年、2010 年和 2018 年四个时期的建设用地面积分别为 418.54 km²、450.62 km²、585.23 km²

和 959.52 km²。28 年间建设用地增加面积为 540.98 km²。从土地利用动态度表(表 4-8)可以看出,建设用地是唯一正增长的用地类型,1990—2000 年的年平均变化率为 0.77%,2000—2010 年的平均变化率为 2.99%,2010—2018 年建设用地年均变化率已达到 7.99%,28 年的年平均变化率为 4.62%,增长速度呈指数型增长,最大的面积增长发生在 2010—2018 年,可见这一时期鄱阳湖地区的城市化进程加快。根据土地利用转移矩阵(表 4-3~表 4-6)可知,耕地为建设用地的优势转化类,1990—2018 年耕地转化为建设用地的面积为 452.95 km²。由转入-转出贡献率表(表 4-7)来看,建设用地 28 年间的转入贡献率一直大于转出贡献率。经济的快速发展使得我国的产业结构逐渐转化为第二、第三产业为主而第一产业为辅的产业结构类型。由于种粮的经济效益低下,使得越来越多的农户向城市流动,大量的闲置土地被建设用地所占有,人地矛盾凸显。在国家提出的"中部崛起"战略和振兴中央苏区上升为国家重大战略的背景下,江西省提出了"为实现江西在中部地区崛起"而奋斗的战略目标,此后江西省的发展速度加快,高速公路、铁路、道路等公共设施用地全面展开,这加快了鄱阳湖地区土地利用景观空间格局类型间的转变。

(6)未利用地变化

未利用地面积相对于其他土地利用类型面积较小,且变化不明显。1990 年、2000 年、2010 年和 2018 年的未利用地面积分别为 2.83 km²、2.38 km²、2.23 km² 和 0.58 km²,仅在 2010—2018 年向建设用地净转出 1.76 km²。鄱阳湖地区未利用地面积较少,说明可供未来开发的后备土地资源严重不足。

表 4-8　土地用地类型的转移动态度　　　　　　　　　　单位:%

用地类型	1990—2000 年	2000—2010 年	2010—2018 年	1990—2018 年
耕地	−0.05	−0.02	−0.23	−0.09
林地	0.00	0.02	−0.31	−0.08
园地	−0.09	−0.48	−0.78	−0.42
水域	0.04	−0.18	−0.13	−0.09
建设用地	0.77	2.99	7.99	4.62
未利用地	−1.54	−0.70	−9.27	−2.85

4.3.2　土地利用景观格局的动态变化分析

(1)景观水平上的景观格局动态变化分析

由表 4-9 可以看出,鄱阳湖地区的斑块数量(NP)和斑块密度(PD)均呈现波动上升趋势,斑块数量一开始出现下降,由 1990 年的 13952 减少为 2000 年的 13907,随后增加至 2010 年的 15153,在 2018 年仅出现小幅下降,斑块数量的总体趋势是在增加。斑块密度则一开始由 1990 年的 0.7121 减少至 2000 年的 0.7098,随后 2010 年大幅上升至 0.7734,2018 年斑块密度变为 0.718,回到了 1990 年的水平,整体的变化也是上升的趋势。斑块密度和斑块数量反映的是整个空间的异质性和景观的破碎化程度,斑块数量和斑块密度的增加说明鄱阳湖地区的生态环境在近 28 年来受到人类活动的影响随着时间的推移在不断加剧,人类活动对景观的干扰程度也在加大,从而导致景观的空间分化和破碎化程度提高。

ED 值在 1990—2018 年每年都有小幅上升,最终从 1990 年的 24.6168 上升至 2018 年的 24.8824。ED 值表示的是某斑块与其相邻异质斑块之间的边缘长度,可以反映出景观类型的复杂程度,异质性斑块之间会进行物质、信息与能量的相互交流和影响。所以 ED 值越高,表示鄱阳湖地区的景观类型越复杂,斑块之间的交流也会越多。周长-面积分维数(PAFRAC)的值处于 1~2,数值越大代表斑块形状的复杂性上升。而鄱阳湖地区的 PAFRAC 值在 1990 年、2010 年和 2018 年近乎相同,为 1.4634,只在 2000 年出现过小幅下降。鄱阳湖地区分维数值变化不明显且数值大,说明鄱阳湖的斑块形状的复杂性较高,随着时间的推移,斑块复杂性也没有进一步提高。结合 ED 和 PARAC 可以看出,鄱阳湖地区的景观类型复杂程度提高,斑块形状的复杂性也很高,这有助于异质性斑块之间的信息、能量交流。

最大斑块指数(LPI)在 1990—2018 年呈现下降趋势,由 1990 年的 20.4307 下降至 2018 年的 19.9568。LPI 值下降说明各种土地利用类型的最大斑块面积在变小,意味着优势景观的生态特征下降,从侧面说明景观破碎化在 2018 年趋于严重。快速城市化过程对其他类型土地的冲击导致土地利用类型的剧烈变化,使得斑块趋于细碎。CONTAG 值则在 1990—2018 年呈现出下降趋势,由 1990 年的 51.7469 下降至 2018 年的 50.0773。蔓延度指数反映的是不同斑块之间的团聚程度或延展趋势,该值越大说明斑块之间具有良好的连接性,团聚程度越高,该值越小,则说明斑块之间有向空间分散的趋势,斑块连通性降低,不利于物质和能量的转移。SPLIT 值在均值中波动,1990 年、2000 年、2010 年和 2018 年的 SPLIT 值分别为 14.7439、13.3648、13.4399 和 13.6633。AI 值在 1990—2018 年不断下降,最后降至 2018 年的 87.4633,AI 值仍然较高,说明斑块的集聚性有所下降,但依然保持较高的连通性。

表 4-9　1990—2018 年鄱阳湖地区景观格局指数

年份	NP	PD	LPI	ED	PAFRAC	IJI	CONTAG	SPLIT	AI
1990	13952	0.7121	20.4307	24.6168	1.4634	57.0593	51.7469	14.7439	87.5930
2000	13907	0.7098	20.4733	24.6641	1.4633	57.1032	51.1896	13.3648	87.5696
2010	15153	0.7734	20.4285	24.7208	1.4396	57.5007	51.5996	13.4399	87.5422
2018	14067	0.7180	19.9568	24.8824	1.4634	58.376	50.0773	13.6633	87.4633

(2)类型水平上的景观格局动态变化分析

由第一部分的分析结果可以看出,耕地、林地和建设用地在鄱阳湖地区土地利用景观类型变化中占据了主导地位,因此在斑块水平上我们着重分析耕地、林地和建设用地的景观格局动态变化,并将四个时期耕地、建设用地和生态用地的景观格局动态变化进行比较(表 4-10、表 4-11)。将 9 个斑块类型水平上的景观指标归为三类,其一是破碎化指数,表示景观的破碎化程度和复杂程度,由 NP、PD、SPLIT 值组成;其二是形状性指数,表示斑块边界的复杂性程度,以及斑块之间的连接性程度,由 ED、PAFRAC、IJI、AI 和 COHESION 组成;其三是均匀度指数,表示该景观可能由少数几种优势景观类型控制和组合而成,主要由 LPI 构成。

表 4-10　1990—2018 年鄱阳湖地区不同土地利用类型的景观指数变化

年份	类型	NP	PD	LPI	ED	PAFRAC	COHESION	IJI	SPLIT	AI
1990	耕地	1792	0.0915	9.8973	1.4341	1.5003	68.8042	99.7165	41.8863	87.9785
	林地	4299	0.2194	2.993	4.5575	1.4636	37.1955	98.4924	61.6399	85.1836
	园地	932	0.0476	0.2258	2.8721	1.4452	66.2249	93.7262	68.2868	79.6526
	水域	2158	0.1101	20.4307	6.7088	1.4656	52.018	99.7312	23.9399	93.0798
	建设用地	4753	0.2426	0.0851	3.6408	1.4196	39.593	78.6226	45.3174	60.9993
	未利用地	18	0.0009	0.0033	0.0203	1.3555	56.8928	79.2474	5809.2200	69.87
2000	耕地	1773	0.0905	12.3561	1.5178	1.5064	69.0132	99.7564	32.5558	87.8739
	林地	4261	0.2175	2.9717	4.4782	1.4654	36.8932	98.4895	65.7925	85.2522
	园地	921	0.047	0.2087	2.8525	1.445	66.5992	93.6181	93.5577	79.6255
	水域	2164	0.1105	20.4733	6.7098	1.4575	51.2136	99.7349	23.8400	93.1072
	建设用地	4774	0.2437	0.1321	3.7529	1.4197	40.5824	81.5392	90.6259	62.5059
	未利用地	14	0.0007	0.0033	0.017	1.432	62.7478	80.1622	6910.4300	70.6
2010	耕地	2211	0.1129	12.2507	1.5378	1.4858	69.4353	99.7519	32.8388	87.8402
	林地	4373	0.2232	2.9706	4.4174	1.4533	37.3814	98.4988	61.3446	85.3325
	园地	1063	0.0543	0.2087	2.7801	1.3927	66.2615	93.4879	46.4635	79.1784
	水域	2713	0.1385	20.4285	6.6227	1.4371	52.0951	99.7459	23.9438	93.0687
	建设用地	4780	0.244	0.2055	4.0677	1.4161	41.4648	87.5351	22.5535	68.0204
	未利用地	13	0.0007	0.0033	0.0159	1.4344	58.9019	80.4413	3272.0400	70.8
2018	耕地	2192	0.1119	12.742	1.4938	1.4958	69.622	99.7555	32.1998	87.6544
	林地	4133	0.211	2.9516	4.5496	1.4777	39.882	98.5446	55.6470	84.8196
	园地	960	0.049	0.2041	2.7259	1.4487	66.1146	92.9486	64.8878	78.1966
	水域	2085	0.1064	19.9568	6.385	1.4757	53.2904	99.7187	25.0880	93.2421
	建设用地	4689	0.2393	0.5961	4.6048	1.3916	45.6276	92.5372	98.1098	77.3428
	未利用地	8	0.0004	0.001	0.0056	N/A	71.8145	67.4377	5562651506	62.5

表 4-11　1990—2018 年鄱阳湖地区耕地、建设用地和生态用地的景观指数变化

年份	类型	NP	PD	LPI	ED	PAFRAC	COHESION	IJI	SPLIT	AI
1990	耕地	1792	0.0915	9.8973	1.4341	1.5003	68.8042	99.7165	41.8863	87.9785
	建设用地	4753	0.2426	0.0851	3.6408	1.4196	39.593	78.6226	45.3174	60.9993
	生态用地	4372	0.2232	33.5356	19.1284	1.462	21.8388	99.7649	8.8026	90.7585
2000	耕地	1773	0.0905	12.3561	1.5178	1.5064	69.0132	99.7564	32.5558	87.8739
	建设用地	4774	0.2437	0.1321	3.7529	1.4197	40.5824	81.5392	90.6259	62.5059
	生态用地	4410	0.2251	33.4267	19.1792	1.4624	22.7742	99.7592	8.8612	90.7428

续表

年份	类型	NP	PD	LPI	ED	PAFRAC	COHESION	IJI	SPLIT	AI
2010	耕地	2211	0.1129	12.2507	1.5378	1.4858	69.4353	99.7519	32.8388	87.8402
	建设用地	4780	0.244	0.2055	4.0677	1.4161	41.4648	87.5351	22.5535	68.0204
	生态用地	4980	0.2542	33.6651	19.0628	1.4352	25.0377	99.7714	8.7361	90.6973
2018	耕地	2192	0.1119	12.742	1.4938	1.4958	69.622	99.7555	32.1998	87.6544
	建设用地	4689	0.2393	0.5961	4.6048	1.3916	45.6276	92.5372	98.1098	77.3428
	生态用地	4178	0.2133	32.7609	18.9496	1.4785	30.4691	99.7628	9.2152	90.5513

① 耕地的景观指数分析

从耕地的破碎化指数来看,在 1990 年、2000 年、2010 年和 2018 年四个时期中,NP 值依次为 1792、1773、2211 和 2192。从 2010 年开始耕地的斑块数量明显增大,而耕地的面积却在逐年减少,说明耕地细碎化的问题在鄱阳湖地区越发严重。PD 值依次为 0.0915、0.0905、0.1129 和 0.1119,由此可以看出,随着时间的延伸,耕地的斑块密度也呈现逐年上升的趋势。而耕地景观分离度指数则一直减少,由 1990 年的 41.8863 下降到 2000 年的 32.5558 和 2010 年的 32.8388,最后下降到 2018 年的 32.1998,SPLIT 值下降说明耕地斑块逐渐细分为更小的斑块。破碎化指数的变化表明耕地在空间上的分散程度更为严重,景观分离度高就意味着耕地空间格局集聚化程度低,不利于鄱阳湖地区实现农业规模化、机械化经营。从耕地的形状指数来看,PAFRAC 值在波动中小幅下降,说明耕地的斑块复杂性下降,形状趋于简单,与其他各地类斑块之间的连接性下降。IJI 值在 1990—2018 年逐年上升,最终上升至 2018 年的 99.7555,代表与耕地接邻的其他地类边长趋近均等,因此容易出现受某种自然条件制约的生态系统的分布特征。分形维数的降低可以说明人类对耕地的干扰程度提高了,其原因可能是由于农业结构调整和建设占用等原因,导致耕地转变为其他用途。从耕地的均匀度指数来看,其 LPI 值在各类土地利用类型中仅低于水域,呈现逐年上升的趋势,由 1990 年的 9.8973 上升至 2000 年的 12.3561 和 2010 年的 12.2507,最后升至 2018 年的 12.742,耕地的最大斑块面积 LPI 上升说明耕地的景观优势度上升,耕地细碎化程度较轻,在人类活动的干扰下耕地景观变得团聚化。

② 林地的景观指数分析

从林地的破碎化指数来看,28 年间林地的 NP 值和 PD 值都呈现一定程度的下降。斑块个数和斑块密度前 10 年的变化是下降的,但 2000—2010 年 NP 值由 4261 上升至 4373,在 2018 年又下降为 4133。PD 值由 2000 年的 0.2175 上升至 2010 年的 0.2232,在 2018 年又下降为 0.211。林地景观的分离度指数呈现先上升后下降的变化趋势,由 1990 年的 61.6399 上升至 2000 的 65.7925,后下降至 2018 年的 55.647。林地景观的破碎度下降,这意味着林地空间格局在空间上更为集聚。从林地的形状化指数来看,其 PAFRAC 指数有一定程度的上升,PAFRAC 值由 1990 年的 1.4636 上升至 2000 年的 1.4654,再升至 2018 年的 1.4777。ED 指数和 AI 值在 28 年间有所下降,而 IJI 在 28 年间有所增加。分形维数的上升说明人类对林地的干扰程度有所增强,退耕还林等项目的实施使得林地景观呈现规整化。林地的散布与并列指数提高可以说明林地斑块间的团聚程度有所增大。这源于江西省林地管理的力度有所加强,占用林地的审批难度提高,使得林地由粗放利用向集约利用转变。从林地的均匀化指数来看,林地的 LPI 呈现下降的趋势,由 1990 年的 2.993 下降至 2018 年的 2.9516。林地在景观格局中的优势较为明显,对整个景观空间的控制程度较高。同样在一定程度上也说明了林地这种景观类型的异质性程度较低。林地树种的种植应当避免单一树种的大面积种植,这样的种植方式将不利于生物多样性的延续。

③ 建设用地的景观指数分析

从建设用地的破碎化指数来看,其 NP 值大幅上升,由 1990 年的 4753 上升至 2010 年的 4780,但在 2018 年又出现大幅下降。PD 值同样在 1990—2010 年上升至 0.244,后在 2018 年下降至 0.2393。可见 28 年间建设用地地类不断扩大,在 1990—2010 年建设用地是无序扩张,扩张的同时提高了景观的破碎度。这种扩张方式不利于集聚效应的产生,以工业用地为例,工业园的集聚可以促使交通运输成本的降低,而且能够为各个企业与工厂之间的信息和资源的交流提供空间上的便利。而在 2010—2018 年建设用地的扩张方式发生改变,变得有序、有规划。从建设用地的形状化指数来看,其 PAFRAC 值由 1990 年的 1.4196 降至 2018 年的 1.3916,表明建设用地的斑块形状趋于简单,城市的扩张边界逐渐成形。从 COHESION 指数来看,建设用地斑块间的结合度大幅上升,也说明鄱阳湖地区的建设用地扩张是有规划地进行。从建设用地的均匀度指数来看,LPI 指数也在 28 年间大幅上升,说明建设用地在各土地利用类型中的景观优势度上升,对其他地类的影响变大。

④ 生态用地的景观指数分析

从生态用地的视角来看,生态用地的 NP 和 PD 值在 1990—2010 年的 20 年间有所提高,NP 值由 1990 年 4372 变为 2010 年的 4980,PD 值则由 1990 年的 0.2232 提高至 0.2542。但 2010—2018 年这段时间生态用地的 NP 和 PD 值出现大幅下降,2018 年 NP 值下降至 4178,PD 值下降至 0.2133。景观的分离度指数 SPLIT 值不断上升,说明生态用地的破碎度降低。从生态用地的形状化指数来看,其 PAFRAC 值在 1990—2010 年不断减小,又在 2010—2018 年出现大幅上升,IJI 值则在平稳中波动,COHESION 值逐年上升。形状指数的变化说明生态用地的斑块形态趋于复杂化,各斑块之间的接连度上升,近年来人类活动对生态用地的干扰程度降低。从生态用地的均匀度指数可以看出,生态用地的 LPI 值呈现逐年下降的趋势,1990 年的 LPI 值为 33.5356,此后下降至 2000 年的 33.4267,最后下降至 2018 年的 32.7609,LPI 值下降说明生态用地这种景观类型的最大斑块面积下降,同时一定程度上能够说明生态用地细碎化程度变得严重,其原因可能是人类活动使得生态用地更为割裂。

4.4　结论与讨论

本章在 ArcGIS 10.2 和 FRAGSTAT 4.2 软件的支持下,对鄱阳湖地区 1990 年、2000 年、2010 年和 2018 年四期土地利用景观类型格局进行变化分析,利用景观空间格局指数分析了研究区景观格局动态变化,得出以下结论。

鄱阳湖地区 28 年间土地利用变化并不十分显著,变化主要体现在园地面积减少和建设用地面积增加方面。鄱阳湖地区的耕地面积在 1990—2018 年保持稳定,1990 年的耕地面积为 8837.3 km²,2018 年耕地面积减少为 8614.27 km²。而随着生态文明试验区建设的推进和退耕还林工程的实施,林地面积也有一定程度的增长。而园地是林地和耕地面积增加的主要来源,鄱阳湖地区建设用地面积增长则主要来源于占用耕地。同时后备土地资源严重缺乏,但仅从生态用地面积上看,鄱阳湖地区生态环境保持良好。

而从鄱阳湖地区各土地利用类型的景观空间格局来看,鄱阳湖地区的斑块密度和斑块数量都处于上升趋势,但分裂度下降,分形维数稳定,说明景观空间目前破碎化程度较轻,人类活动对土地的干扰不明显,有利于土地集约化利用和规模化经营,有助于先进农业生产技术的运用和资本密集型土地利用方式的形成,原因在于如果分散程度较大,斑块之间的信息、物质以及能量的传输强度就将逐渐减少。从鄱阳湖地区各土地利用类型的景观格局指数变化可以看出,鄱阳湖地区耕地和生态用地与建设用地的破碎化程度均在逐渐增大,耕地的分散程度也较为严重,土地流转是促进土地规模化经营、提高土地利用效率的有效手段,对于闲散耕地和撂荒耕地可以及时考虑将其纳入后备土地资源中来。

本章基于遥感影像图,仅仅分析了鄱阳湖地区时间尺度上土地利用景观空间格局的动态变化,事实上还可以从空间的角度对各设区市的土地利用景观空间结构的差异进行相应的分析与探讨。

第 5 章　基于分形理论的土地利用空间行为特征分析

5.1　引言

在经历了高歌猛进的城市化进程后,区域土地利用也发生了较大变化,尤其是建设用地、耕地等土地利用类型。大量研究分析了不同尺度上土地利用的面积变化和位置变化(吕立刚 等,2017;谈明洪 等,2019;刘纪远 等,2018;吴铭婉 等,2020;孔祥伦 等,2020),但忽略了土地在景观生态意义上的变化。

景观生态学是研究空间异质性的学科(徐建华 等,2001),空间格局是景观生态研究的重要内容。因此,以分析空间结构而见长的分形理论也越来越多地应用于景观镶嵌结构的复杂性和稳定性等景观生态研究中(谢花林 等,2008;Shi et al.,2020)。分形理论(Fractal)是 20世纪 70 年代以来发展起来的一种横跨自然科学、社会科学和思维科学的理论,为研究复杂的区域土地形态和土地利用格局提供了强有力的定量描述方法(Mandelbrot,1975,1982;Barnsley,1998;Van et al.,1994)。

20 世纪 90 年代以来,分形理论在我国地理学中的应用日益广泛,并在城市地理学、地图学和遥感等分支学科取得了较大的进展,其中运用最多和最成熟的是景观斑块的面积-周长模型(徐建华 等,2001;肖笃宁 等,1997)。例如,田义超 等(2012)以延安市宝塔区 1997 年和 2002 年的土地利用数据为基础,在地理信息系统的支持下,运用土地利用分维模型对延安市宝塔区的土地利用空间变化进行了实证研究,从而阐述了不同土地利用类型随时间和空间的变化规律。潘竟虎 等(2015)利用紧凑度、形状指数和分形维数分析了中国主要城市的生长和形态演变。梁发超 等(2017)借助分形维数对 1986—2016 年厦门市乡村聚落用地空间演变进行剖析,并基于空间差异特征提出乡村聚落用地空间结构优化策略。俞晓牮 等(2019)基于分形理论对厦门的边界复杂性进行了定量研究。许斌 等(2019)利用分形模型提取了典型丘陵城市内江市的土地利用变化特征。任博华(2019)利用分形模型分析了昆明市城市形态变化。现有研究大多以某一特定的景观类型作为研究对象,如乡村聚落、城市(Bosch et al.,2020;Song et al.,2020)、水域(Mirzaei et al.,2020)等,而以完整的区域土地利用为研究对象,分析各个土地类型景观变化特征的研究较少。同时运用分形理论分析的结果对区域土地发展的指导意义尚不明确。

鄱阳湖作为中国最大的淡水湖,是重要的生态功能区。以鄱阳湖为主体的区域土地利用景观结构在过去的 20 多年间经历了怎样的变化,其现状如何,基于景观生态可持续的区域规划方向如何?

因此,本章试图运用分形理论对土地利用空间行为进行分析,在 RS 和 GIS 支持下,以鄱阳湖地区的土地利用为研究对象,运用景观生态学的理论和研究方法,尤其是分形理论的方法,研究土地利用景观格局及其变化,以对鄱阳湖地区景观格局的演变规律进行探究和分析。

5.2　数据来源与研究方法

5.2.1　研究区概况

鄱阳湖地区位于长江中下游南岸、江西省北部,介于东经 115°47′~116°45′,北纬 28°22′~29°45′,是我国重要的粮、油、棉、鱼生态基地。区域内的鄱阳湖是我国第一大淡水湖,是中国重要的生态功能保护区之一,在区域和国家生态安全中扮演着重要的角色,发挥着水源涵养、土壤保持、调蓄洪水、保护生物多样性的重要生态功能。

5.2.2　数据来源

运用 ArcGIS 10.2、ERDAS 8.5、MGE 等 GIS 和遥感图像处理软件,参照鄱阳湖地区地形图、土地利用现状图,对不同时期的区域陆地资源卫星 Landsat TM 影像进行图像镶嵌、集合校正、判读解译等工作,根据解译标志把空间栅格数据矢量化并进行地类编码,在 ArcGIS 10.2 中建立拓扑关系,最终生成土地利用图形库和属性数据库。主要的土地利用类型包括水田、旱地、有林地、灌木林地、疏林地、其他林地、高覆盖度草地、中低覆盖度草地、水域、建设用地等。本章主要利用 1995 年、2005 年和 2015 年的鄱阳湖地区土地利用解译数据,对建立的空间数据库进行分析,试图发现其中不同时段土地利用景观格局及其动态变化特征。

5.2.3　研究方法

所谓分形就是指部分以某种形式与整体相似的形状,自相似性和标度不变性是它的两个重要特征(Edgar,1990;Falconer,1990,1997;Burrough,1986)。一个系统的自相似性是指“某种结果或过程的特征从不同的时间尺度或空间尺度上看都是相似的”,标度不变性是指“自相似性的系统不具有特征长度,具有自相似的结构一定满足标度不变性”。分形维数是表征自相似结构或系统的定量指标之一,研究景观的分维特征,主要是定量描述其核心面积的大小及其边界线的曲折性。研究用到的相关指标、计算方法以及模型中各参数的意义如下。

(1)分形维数(FD)

所应用的计算分形维数的周长-面积模型为:

$$\ln\left(\frac{P}{4}\right) = k\ln(A) + C, FD = 2k \tag{5-1}$$

式中:P 为斑块周长,A 为斑块面积,k 为回归方程的斜率,FD 表示包含多个斑块的某一景观的“平均”分形维数,也是统计意义上的景观分形维数。FD 值的理论范围为$[1.0,2.0]$,$F = 1.0$ 时代表形状最简单的正方形斑块,$F = 2.0$ 时则表示等面积下周长最复杂的斑块。

(2)景观稳定性指数

对于某种景观要素而言,FD 值越大,表示该要素的镶嵌结构越复杂;当 $FD = 1.5$ 时,表示该景观要素处于一种类似于布朗运动的随机状态,即不稳定状态;FD 值越接近 1.5,就表示该要素越不稳定(徐建华 等,2001)。因而各景观要素的稳定性指数(SK)可定义为:

$$SK = |1.5 - FD| \qquad (5\text{-}2)$$

(3)景观斑块形状破碎度(FS)

$$FS = 1 - 1/ASI$$

$$ASI = \sum_{i=1}^{N} A(i)SI(i)/A$$

$$S(i) = P(i)/[4\sqrt{A(i)}] \qquad (5\text{-}3)$$

$$A = \sum_{i=a}^{N} A(i)$$

式中:FS 为某一景观类型斑块形状破碎化指数,ASI 为用面积加权的景观斑块平均形状指数,$SI(i)$ 为景观斑块 i 的形状指数,$P(i)$ 为景观斑块 i 的周长,$A(i)$ 为景观斑块 i 的面积,A 为该景观类型的总面积,N 为该景观类型的斑块数。

(4)景观斑块密度(PD)

景观斑块密度表示的是景观中包括全部异质要素斑块的单位面积斑块数,其计算公式为:

$$PD = \frac{1}{A} \sum_{i=1}^{n} N_i$$

$$A = \sum_{i=1}^{n} A_i \qquad (5\text{-}4)$$

式中:PD 为景观总体斑块密度,n 为研究范围内某空间分辨率上景观要素类型总数,A 为研究范围内景观总面积,A_i 为第 i 类景观要素的面积。某类景观要素的斑块密度为 PD_i,$PD_i = N_i/A_i$。

(5)景观类型分离度(F)

景观分离度是指某一景观类型中不同斑块分布的分离程度。分离度在一定程度上反映了人类活动强度对景观结构的影响,其计算公式为:

$$F = D_i/S_i$$

$$D_i = \sqrt{A/N_i}/2 \qquad (5\text{-}5)$$

$$S_i = A_i/A$$

式中:F 为某一景观类型分离度,D_i 为景观类型 i 的距离指数,S_i 为景观类型 i 的面积指数,A_i 为景观类型 i 的面积,A 为景观的总面积。

5.3 结果与分析

5.3.1 土地利用结构变化

利用 GIS 技术获得鄱阳湖地区 1995—2015 年 20 年间的土地利用变化结果,见表 5-1。可以看出,耕地、林地、水域和建设用地的面积有不同程度的增加,而草地的面积则减少得最多。这说明过去 20 年间,鄱阳湖地区土地利用结果有很大变化,城镇扩张、耕地开发是建设用地和耕地面积增加的直接原因,同时也导致了其他土地利用类型面积的减少。2015 年城镇建设用地面积已经是 1995 年的 2 倍多,而耕地和林地有较大面积的减少。此外,水域面积略有增加。

表 5-1　1995—2015 年的土地利用类型面积及构成比例

用地类型	1995 年		2005 年		2015 年	
	面积（km²）	构成比例（%）	面积（km²）	构成比例（%）	面积（km²）	构成比例（%）
耕地	8897.37	45.43	8718.04	44.51	8612.66	43.98
林地	4920.11	25.12	4903.94	25.04	4772.81	24.37
草地	694.50	3.55	676.70	3.46	610.44	3.12
水域	4575.23	23.36	4673.69	23.86	4629.04	23.64
建设用地	494.90	2.53	610.16	3.12	959.48	4.90
未利用地	3.08	0.016	2.46	0.01	0.58	0.00
总计	19585.00	100	19585.00	100	19585.00	100

5.3.2　土地利用分形维数和稳定性分析

（1）土地利用分形维数

1995 年、2005 年和 2015 年各土地利用类型分形维数的计算结果如表 5-2～表 5-5 所示。各类土地类型包含多个土地利用行为主体的土地,在同一土地类型中每个土地利用行为主体可能有一个或多个土地斑块。不单独讨论单个土地斑块的分形情况,也不讨论单个土地利用行为主体所有地块的分形情况,重点在于讨论某一土地利用类型的分布是否具有分形特点,并通过统计分析来验证。某类土地利用类型的分形维数是一种统计意义上的多个同类型土地图斑的"平均"分形维数。

具体方法是对计算分形维数的公式两边取对数,将每个图斑的面积和周长数据代入对数公式,对每一对数据做出散点图,然后对所有散点进行线性模拟,再通过线性方程的斜率与分形维数的关系求出某类土地的分形维数。图 5-1 是 1995 年、2005 年和 2015 年鄱阳湖地区水田各斑块面积和周长取对数后的散点图。

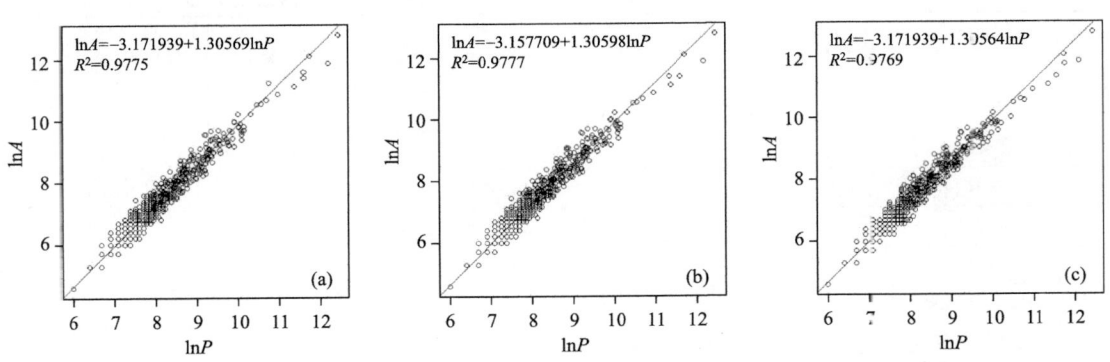

图 5-1　1995 年（a）、2005 年（b）和 2015 年（c）鄱阳湖地区水田各斑块面积和周长取对数后的散点图

运用相同的方法对鄱阳湖地区其他地类图斑数据进行处理,表5-2~表5-4分别列出了鄱阳湖地区1995年、2005年和2015年各种土地利用类型的回归方程、回归方差、统计量和回归统计的斑块样本数。各类土地类型的分形维数见表5-5。

表5-2　鄱阳湖地区1995年各类土地分形计算的回归方程及相关统计量

	回归方程	R^2	样本数
水田	$\ln A = 0.0708 + 1.5173\ln P$	0.9746	7860
旱地	$\ln A = -0.2253 + 1.5802\ln P$	0.9729	5975
有林地	$\ln A = -0.2403 + 1.5828\ln P$	0.9741	4415
灌木林地	$\ln A = -0.2971 + 1.5902\ln P$	0.9766	2221
疏林地	$\ln A = -0.7041 + 1.6497\ln P$	0.9733	5692
其他林地	$\ln A = -0.2654 + 1.6039\ln P$	0.9599	136
高覆盖度草地	$\ln A = -0.4133 + 1.612\ln P$	0.9754	765
中低覆盖度草地	$\ln A = -0.3172 + 1.6076\ln P$	0.972	538
水域	$\ln A = -0.5243 + 1.6132\ln P$	0.97364	3900
建设用地	$\ln A = -1.3431 + 1.7532\ln P$	0.9506	5303

表5-3　鄱阳湖地区2005年各类土地分形计算的回归方程及相关统计量

	回归方程	R^2	样本数
水田	$\ln A = 0.0436 + 1.5224\ln P$	0.9748	8034
旱地	$\ln A = -0.2253 + 1.5805\ln P$	0.9728	6061
有林地	$\ln A = -0.2168 + 1.5799\ln P$	0.9742	4461
灌木林地	$\ln A = -0.305 + 1.5915\ln P$	0.977	2244
疏林地	$\ln A = -0.7117 + 1.6514\ln P$	0.9729	5629
其他林地	$\ln A = -0.6172 + 1.6533\ln P$	0.9632	183
高覆盖度草地	$\ln A = 0.4389 + 1.6152\ln P$	0.9754	836
中低覆盖度草地	$\ln A = -0.3962 + 1.6166\ln P$	0.9735	559
水域	$\ln A = -0.4799 + 1.6066\ln P$	0.9746	3884
建设用地	$\ln A = -1.2109 + 1.7339\ln P$	0.9536	5300

表5-4　鄱阳湖地区2015年各类土地分形计算的回归方程及相关统计量

	回归方程	R^2	样本数
水田	$\ln A = 0.0124 + 1.528\ln P$	0.9746	8115
旱地	$\ln A = -0.2909 + 1.5905\ln P$	0.9728	6093
有林地	$\ln A = -0.2295 + 1.5822\ln P$	0.974	4501
灌木林地	$\ln A = -0.4031 + 1.6055\ln P$	0.9763	2236
疏林地	$\ln A = -0.7388 + 1.6564\ln P$	0.9687	5472
其他林地	$\ln A = -1.1316 + 1.7234\ln P$	0.9482	189
高覆盖度草地	$\ln A = -0.4624 + 1.6209\ln P$	0.9639	843
中低覆盖度草地	$\ln A = -0.3234 + 1.608\ln P$	0.9736	575
水域	$\ln A = -0.5465 + 1.6177\ln P$	0.9749	3920
建设用地	$\ln A = -1.2066 + 1.7333\ln P$	0.9592	5325

表 5-5　鄱阳湖地区 1995 年、2005 年和 2015 年各类土地的分形维数及稳定性比较

	分形维数			稳定性指数			稳定性排序		
	1995 年	2005 年	2015 年	1995 年	2005 年	2015 年	1995 年	2005 年	2015 年
建设用地	1.7532	1.7339	1.7333	0.2532	0.2339	0.2338	1	1	1
疏林地	1.6497	1.6514	1.6564	0.1497	0.1514	0.1564	2	3	3
高覆盖度草地	1.612	1.6152	1.6209	0.112	0.1152	0.1209	3	5	4
水域	1.6076	1.6066	1.6177	0.1076	0.1066	0.1177	4	6	5
中低覆盖度草地	1.6076	1.6166	1.608	0.1076	0.1166	0.108	5	4	6
其他林地	1.6039	1.6533	1.7234	0.1039	0.1533	0.2234	6	2	2
灌木林地	1.5902	1.5915	1.6055	0.0902	0.0915	0.1055	7	7	7
有林地	1.5828	1.5799	1.5822	0.0828	0.0799	0.0822	8	9	9
旱地	1.5802	1.5805	1.5905	0.0802	0.0805	0.0905	9	8	8
水田	1.5173	1.5224	1.528	0.0173	0.0224	0.028	10	10	10
全部土地	1.586	1.598	1.605	0.086	0.098	0.105	—	—	—

从表 5-2、表 5-3 和表 5-4 的土地斑块分形维数分析统计结果来看,鄱阳湖地区各类土地的斑块分布具有较好的自相似性,因此运用分形理论对各类土地从总体上进行分形分析是可行的。

利用分形理论对土地利用空间行为结果进行研究,主要是研究人类土地利用空间行为对土地形态的改变,并对此做出解释。对于其他表征土地空间行为结果指标的分析也遵循这一思路,即关注指标值的变化方向和变化量,并对其进行行为解释。

对照 1995 年、2005 年和 2015 年各类土地的分形数据,1995—2005 年,分形维数降低的地类有建设用地、有林地和水域,其他土地利用类型的分形维数在增加。分形维数降低最多的是建设用地,减少量为 0.0193。分形维数增加最多的是其他林地,增加量为 0.0494。2005—2015 年,分形维数降低的地类有中低覆盖度草地和建设用地,其他土地利用类型的分形维数在增加。分形维数增加最多的是其他林地,增加量为 0.0701。分形维数减少最多的是中低覆盖度草地,减少量为 0.0086。从 1995—2015 年的 20 年分形维数变化情况来看,分形维数减少的地类有建设用地和有林地,其他地类分形维数在增加。20 年间分形维数增加最多的是其他林地,增加量为 0.1195,分形维数减少最多的是建设用地,减少量为 0.0199。从各地类分形维数的变化量来看,变化的程度都不是很大,说明鄱阳湖地区的土地利用空间行为总体上对土地形态的改变比较少。从分形的角度来看,分形维数越大,相同面积的土地斑块的周长越长,土地斑块越复杂。分形维数降低就意味着土地斑块的形状越来越规整,分形维数增加的情况则正好相反。从生产的角度来看,土地斑块的形状越规整,越有利于生产,如可以降低运输费用、减少田间机械的空行率等。一般来讲,有序的土地利用行为会使得土地斑块更加规整,从而朝着降低土地斑块分形维数的方向发展。从景观生态的角度来看,分形维数降低,土地斑块与其他周边景观的接触面就越少,受外界干扰的机会越少,越有利于斑块的稳定性。

在 1995 年、2000 年、2015 年这几个时间节点上,鄱阳湖地区没有发生大的自然灾害,因此土地利用形态及景观格局的绝大部分改变都是由人类的土地利用空间行为引起的。对于分形

维数降低的地类而言,土地利用行为主体行为空间的合并或分割使得这些土地类型向有序的方向发展,分形维数的降低程度一方面说明了土地斑块形态规整化改善的程度,另一方面也说明了人们改善土地形态的行为强度,如植树造林、退耕还林。对于分形维数增加的土地类型而言,土地利用空间行为使得土地斑块形状向破碎化方向发展,土地利用的无序性增强,如农村建设用地的无序扩张,分形维数增加的程度反映了无序土地利用行为的强度。对所有土地而言,土地形态与景观格局的改变与鄱阳湖地区的经济发展政策对土地利用行为的刺激有直接的关系,是社会经济政策在土地利用空间上的反映。

(2)稳定性分析

稳定性指数是与分形维数直接相关的一个用来表征土地利用空间行为结果的指标。这一指标的本来意义是为了说明具有某一分形维数的土地斑块在自然状态下抵御外来干扰、维持其形态的能力。通过探究它与分形维数的关系,可以明确土地斑块分形维数变化引起的土地斑块稳定性变化及发展方向,从而评价土地利用的空间行为,以及从斑块的稳定性角度,通过土地利用规划、国土空间规划等如何来控制人们的土地利用空间行为。

根据稳定性与分形维数的关系,土地图斑分形维数在 1.5 是最不稳定的;在分形维数小于 1.5 时,土地图斑分形维数增加,其稳定性对应降低;在分形维数大于 1.5 时,土地斑块分形维数增加,其稳定性也增加。根据这一规律,在进行国土空间规划时,有必要对土地景观进行分形统计分析,对分形维数小于 1.5 的土地类型要严格控制其分形维数的增加,施以更多的人为控制。对于分形维数大于 1.5 的土地类型,则尽量减少人为干扰,因为这类土地类型大多是一些具有重要生态景观意义的自然景观,或者在某一土地类型中镶嵌的一些景观岛屿,这些岛屿经过长时间的发展,对维持局部土地景观和生态平衡具有特殊意义,这些在土地整治等相关规划中应值得注意。

表 5-5 中,尽管在时间尺度上建设用地的分形维数在降低,但建设用地的稳定性指数一直排序第一,是最稳定的土地利用类型。说明在这个研究时段内,区域建设用地一直处于无序的分布状态。而水田的稳定性指数一直排名末尾,相比于其他类型的土地,水田一般有较为规则的形状以利于水的排灌,因此,其分形维数相对较低。此外,其他林地的分形稳定性在 1995—2005 年有一个较大的变化,从稳定性排序的第 6 名提高到第 2 名,有一个较大的提升。其他土地利用类型的分形稳定性变化较小。

5.3.3 土地利用景观类型指数变化特征

(1)斑块形状破碎化指数分析

斑块形状破碎化指数是一个与分形维数相似的指标,这一指标是景观生态学中的一个刻画景观特点的重要指标,本章采用这一指标旨在从不同学科、不同方法的角度对人类土地利用空间行为结果进行量化分析,也是对运用分形理论研究结果的验证,可以进一步说明鄱阳湖地区土地利用空间行为结果的一般性。其他景观生态学指标的采用也遵循这一原则,是对分形理论研究结果的补充和侧面验证。鄱阳湖地区 1995 年、2005 年和 2015 年三个时期土地利用类型的斑块形状破碎化指数见表 5-6。

比较表 5-6 中 1995 年、2005 年和 2015 年鄱阳湖地区土地利用类型的斑块形状破碎化指数,1995—2005 年除水域和建设用地以外,其他类型的土地斑块破碎化程度都有所增大。2005—2015 年,除有林地以外,其他类型的土地斑块破碎化程度都有所增大。而 1995—2015 年这 20 年间除疏林地和建设用地的斑块破碎化程度略微下降外,其他类型的土地斑块破碎化程度都上升,说明区域整体土地斑块呈更加破碎化分布,这些结果与分形研究结论基本一致。

表 5-6　1995 年、2005 年和 2015 年鄱阳湖地区各类土地的景观指数比较

	斑块密度			斑块形状破碎化指数			分离度		
	1995 年	2005 年	2015 年	1995 年	2005 年	2015 年	1995 年	2005 年	2015 年
水田	0.1154	0.1223	0.1339	0.3266	0.3535	0.3892	102.9687	112.0105	102.3078
旱地	0.1754	0.1795	0.1849	1.7375	1.8111	1.9082	40585.1760	41653.0190	40985.7614
有林地	0.1381	0.1389	0.1384	1.0061	0.9965	0.9413	1761.0975	1737.7670	2298.5541
灌木林地	0.0676	0.0689	0.0695	1.4898	1.5619	1.7678	99800.8481	103420.2091	121972.0545
疏林地	0.1960	0.1980	0.1933	2.9147	3.0383	3.3353	133032.9678	145093.4873	209645.8148
其他林地	0.0056	0.0079	0.0080	4.0385	4.5736	4.3023	18062511.6571	16460734.5177	15977976.6031
高覆盖度草地	0.0259	0.0279	0.0288	1.4438	1.6621	1.8972	127222.9047	145349.2150	209863.9990
中低覆盖度草地	0.0207	0.0213	0.0223	1.1841	1.2025	1.3739	348843.5084	301706.5195	415720.2995
水域	0.1063	0.1043	0.1070	0.4549	0.4371	0.4516	25.4888	24.3191	24.9080
建设用地	0.2421	0.2403	0.2404	9.5865	7.7121	5.4311	343695.5376	105461.8275	28319.8951
景观总体格局	1.0942	1.1102	1.1274	1.0942	1.1102	1.1274	20.1742	19.7303	19.8267

(2)土地利用空间行为特征在斑块密度上的反映

斑块密度表示的是单位面积上土地斑块的个数,本章采用的是每公顷土地面积上的斑块个数。表 5-6 中也列出了鄱阳湖地区 1995 年、2005 年和 2015 年三个时期各种土地类型的斑块密度。斑块密度是一个平均意义上的指标,某类土地类型的斑块密度越大,表示该类土地单位面积上的斑块数越多。平均每个斑块的占地规模越小,斑块被分割的程度越厉害,而斑块密度越小的情况则正好相反,斑块密度在一定程度上也反映了土地斑块的破碎化程度。

通过对比鄱阳湖地区 1995 年、2005 年和 2015 年三个时期的各类土地斑块密度的数据后发现,1995—2005 年斑块密度降低的土地类型有有林地、水域和建设用地,其他地类斑块密度有所增加。2005—2015 年斑块密度减少的地类有有林地、其他林地和建设用地,其他地类的斑块密度有所增加。从 20 年间的变化情况来看,斑块密度增加的地类有水田、旱地、灌木林地、疏林地、其他林地、高覆盖度草地、中低覆盖度草地和水域,斑块密度减少的地类有有林地、建设用地。土地斑块密度的变化充分体现了土地利用行为主体行为空间的分割或合并,斑块密度减小,说明土地斑块的合并多于分割,土地斑块的平均面积增大;对于斑块密度增大的情况,则说明斑块的分割更加明显,土地斑块的平均面积减少,斑块的破碎程度增大。比较鄱阳湖地区各类土地的分形维数和斑块密度两个指标数据后发现,各地类的土地斑块密度变化方向和分形维数的变化方向基本一致,进一步验证了土地利用行为主体的行为空间分割和合并时引起土地形态变化的根本原因。

（3）景观类型分离度

景观类型分离度在一定程度上反映了人类活动强度对景观结构的影响。从表5-6中可以看出,旱地、灌木林地、疏林地、其他林地、高覆盖度草地、中低覆盖度草地以及建设用地的分离度指数非常大,说明这些土地利用类型在区域内的分布很分散,原因是鄱阳湖是一个巨大的水体,是区域最主要的土地利用类型,而其他土地类型则分布在巨大水体——鄱阳湖的四周,从而造成这些地类分离度指数巨大的情况。从时间尺度上,1995—2005年间分离度增加的有水田、旱地、灌木林地、疏林地和高覆盖度草地,其他地类分离度降低,说明这些地类在这一时段内的分布变得更加分散。2005—2015年分离度增加的有有林地、灌木林地、疏林地、高覆盖度草地和中低覆盖度草地,其他地类的分离度降低。1995—2015年的20年间,分离度降低最为明显的是建设用地,可能的原因是城镇建设用地的急剧扩张。

综合表5-6可知,鄱阳湖地区1995—2015年各类土地的斑块密度都有变化,整体景观的斑块密度指数呈增大趋势,其中除建设用地、水域、疏林地外,其他地类的斑块密度指数都有增加。在研究期内,区域景观斑块破碎度指数由1.0942下降为1.1274,说明区域土地利用景观格局的破碎程度在下降。在各种地类中,破碎度指数下降最多的是建设用地、有林地和水域。从分离度来看,鄱阳湖地区景观的总体分离度由1995年的20.1742下降至2005年的19.7303,再升至2015年的19.8267。就个体而言,分离度大幅降低的土地利用类型有其他林地、水域和建设用地,其中建设用地分离度指数下降最为明显,原因是城镇建设用地的扩张是在原有建设用地的基础上向外围扩张,同时农村居民点的迁并减少了零散破碎的农村居民点,增加了建设用地的集聚度。其他地类分离度的增加是由于人类活动干扰增强所导致的。

5.4　结论与讨论

在对鄱阳湖地区1995年、2000年和2015年三个时间点的土地利用现状进行描述的基础上,本章首先运用分形模型对区域三个时点的各类土地的分形维数和稳定性指数进行计算,并分析它们的变化趋势;其次利用斑块密度、斑块形状破碎化指数和分离度指数三项景观格局指数进一步说明区域土地利用景观变化,以对运用分形理论研究结果的验证,进一步说明鄱阳湖地区土地利用空间行为结果的一般性。

研究结果显示,在1995—2015年的20年间,建设用地一直是分形维数最高的地类,而耕地一直是分形维数最低的地类。但从分形维数变化的角度,建设用地和有林地的分形维数呈下降趋势,但这一趋势并不明显,而其他地类的分形维数都呈增大趋势。由于各类土地的分形维数都大于1.5,因此它们分形维数的变化也表征了稳定性指数的变化。而斑块密度、斑块形状破碎化指数以及分离度的分析结果基本能验证分形理论研究结果,有林地的斑块破碎化指数的下降是该地类分形维数下降的主要原因,斑块密度、斑块形状破碎化指数以及分离度的共同下降造成了建设用地分形维数的下降,而水域斑块密度的增加是水域分形维数增加的主要原因。

对于分形维数明显降低的土地利用类型,说明土地利用行为主体行为空间的合并或分割使得这些土地类型沿着有序的方向发展,分形维数降低的程度一方面说明了土地斑块形态规整化改善的程度,另一方面也说明了人们改善土地形态的行为强度,如植树造林、退耕还林等。而分形维数升高则意味着相同面积的土地斑块的周长增加,土地斑块更加复杂。

因此,从规划的角度,对于人工参与程度越高的地类,其分形维数应降低为好,而诸如林地、水域等生态地类,其分形维数应升高为宜。那么,对于鄱阳湖地区土地分形现状来看,区域建设用地的分形维数仍然很高,应通过合理科学的规划使其更加有序、规整。

应用分形理论研究土地利用景观空间格局变化和土地利用景观镶嵌结构的分析,对于解释土地利用空间行为的变化特征,以及对于景观评价、管理和区域可持续发展来说,都不失为一种重要工具。因此,建议在国土空间规划中引入分形维数,将分形维数作为评价区域土地利用格局合理的一项指标,引导区域国土空间规划过程中的景观格局思维。

本章利用分形理论对土地利用空间行为的研究只是基础性的,由于土地利用变化驱动因素的复杂性,还有待进一步完善。

第6章　基于景观结构的土地利用生态风险分析

6.1　引言

土地利用对环境和生态的作用在全球环境变化研究领域受到高度重视(李秀彬,1996;程江 等,2009;王瑾 等,2010;李晋昌 等,2010)。在人为活动占优势的景观内,不同土地利用方式和强度产生的生态影响具有区域性和累积性的特征,并且可以直观地反映在生态系统的结构和组成上(曾辉 等,1999)。景观格局中沿某一方向的高度自相关可能预示着某种生态学过程在起着重要作用(邬建国,2000a)。景观格局变化是景观生态学的研究基础,基于景观结构进行土地利用生态风险分析,可以综合评估各种潜在生态影响类型及其累积性后果。因此,景观生态风险评价能较好地反映出景观格局对生态过程和功能的影响,通过对各景观生态风险等级时空分异变化及其地类构成等方面的分析与辨析(彭建 等,2015),可解释和预测生态环境健康程度以及潜在风险压力的时空分布及变化特征(康紫薇 等,2020)。现国内外学者对于景观格局的研究主要集中在景观格局动态变化过程(Zhang et al.,2020;胡学东 等,2020)、景观格局变化驱动力分析(车通 等,2020;周正龙 等,2020)、景观格局与生态过程的相互作用(张华兵 等,2020;彭健 等,2020)、景观格局梯度分析(巫丽芸 等,2019)、景观格局优化(李青圃 等,2019)、景观格局的尺度效应(李昆 等,2020)、景观生态安全(雷金睿 等,2020;王媛 等,2019)等内容。

国内学者将生态风险的研究重点放在其理论与方法上,且已初步形成了具有一定国际引领作用的结构框架(彭建 等,2015),而以土地利用动态变化和景观格局变化为切入点的景观生态风险评价,能够揭示一个区域自然或人为因素影响下景观格局与生态过程相互作用可能产生的不良后果,可有效指引区域景观格局优化与管理(彭建 等,2015;康紫薇 等,2020)。生态风险评价方法目前主要分为基于景观格局和基于风险源汇聚两种评价方法,其中基于景观格局的景观生态风险评价直接从景观的空间格局出发来描述和评估生态风险,这种评价方法大多是以土地利用/覆盖变化为诱因的生态风险评价,是景观生态风险评价的热点,诸多学者进行了这方面的研究。例如,石小伟等(2020)以浙中城市群为例,通过分析1996—2016年间的5期遥感影像数据,运用FRAGSTATS软件测度景观格局指数在关键时间节点的水平数值,研究判断区域土地利用综合景观结构演变特征;进而分析区域生态风险空间分异态势和不同时期城市群的土地利用生态风险。流域景观生态风险评价也是流域生态环境保护与管理的重要研究内容之一(蒙晓 等,2012),徐兰等(2015)基于土地利用数据构建了景观生态风险评价模型,进行了洋河1990—2008年生态风险评价;王涛等(2017)以1995—2015年洱海流域土地利用数据为基础进行了景观生态风险评价,并探讨了土地利用变化对于景观生态风险的影响;吕乐婷等(2018)以 1985—2005 年的遥感数据为基础,对细河流域的景观生态风险进行了描述和评估。鄱阳湖是中国第一大淡水湖,Xie 等(2013)结合景观扰动指数和景观破碎化指数,建立了生态风险指数,利用空间自相关和半方差分析方法分析了鄱阳湖土地利用生态风险的空间分布和梯度差异,结果发现湖区生态风险呈正相关,且 1995 年和 2005 年都随着粒度的增加而呈下降趋势,同时由于高生态风险区在 1995—2005 年增大,研究区域的生态环境质量略有下降。

　　进行土地利用景观结构的生态风险空间统计分析,能准确地显示出各种生态影响的空间分布和梯度变化特征。目前表征景观格局的指数有多样性指数、镶嵌度指数、距离指数及其景观破碎度指数等(谢花林 等,2008)。景观格局的最大特征之一就是空间自相关性。本章以我国第一大淡水湖及其周边区域——鄱阳湖地区为案例区,在基本判别指标的基础上,结合已有的研究成果,构建了干扰度指数和景观脆弱度指数;并通过土地利用格局与生态环境之间的关系,建立景观格局指数与土地利用生态风险之间的定量化表达,借助空间统计学空间化变量的方法,探究鄱阳湖地区土地利用的生态风险空间特征,为区域土地可持续利用提供新的思路和方法。

6.2　数据来源和研究方法

6.2.1　数据来源

　　运用 ArcGIS 10.2、MGE、ERDAS 8.5 等 GIS 和遥感图像处理软件,参照鄱阳湖地区 1:10 万地形图、土地利用现状图,对 1990 年、2000 年、2010 年和 2018 年四个不同时期的区域陆地资源卫星 Landsat TM 影像进行图像镶嵌、几何纠正、判读解译等工作。根据解译标志把空间栅格数据矢量化并且进行地类编码,在 ArcGIS 10.2 中建立拓扑关系,最终生成土地利用图形库和属性数据库。利用 1990 年、2000 年、2010 年和 2018 年的鄱阳湖地区土地利用解译数据,对建立的空间数据库进行进一步研究,以考察其中的一些土地利用生态风险变化特征。根据基于景观结构的土地利用生态风险空间分析特点,本章遥感解译把土地利用类型分为 6 个一级类和 12 个二级类,一级地类包括耕地、林地、草地、居民点及工矿地、水域和未利用地 6 个;二级地类包括水田、旱地、有林地、灌木林地、疏林地、其他林地、高覆盖度草地、中低覆盖度草地、水域、居民点、工矿用地和未利用地 12 个。

6.2.2　土地利用生态风险指数的构建

(1)景观干扰度指数(E_i)

　　不同的景观类型在维护生物多样性、保护物种、完善整体结构和功能、促进景观结构自然演替等方面的作用是有差别的,不同景观类型对外界干扰的抵抗能力也是不同的。根据已有研究成果(李谢辉 等,2008;荆玉平 等,2008;臧淑英 等,2005),景观干扰度指数(E_i)是用来反映不同景观所代表的生态系统受到干扰(主要是人类活动)的程度(李谢辉 等,2008),可通过对景观破碎度指数(C_i)、景观分离度指数(S_i)和景观优势度指数(DO_i)三者赋予权重叠加获得。其中,C_i 是表述整个景观或某一景观类型在给定时间和给定性质上的破碎化程度,即指在自然或人为干扰作用下,景观由单一、均质和连续的整体趋向于复杂、异质和不连续的斑块镶嵌体的过程(荆玉平 等,2008)。S_i 是指某一景观类型中不同元素或斑块个体分布的分离程度,分离程度越大,表明景观在地域分布上越分散,景观分布越复杂,破碎化程度也越高。DO_i 是用来衡量斑块在景观中重要地位的一种指标,其大小直接反映了斑块对景观格局形成和变化影响的大小(许学工 等,2001)。景观优势度由斑块的频度(Q_i)、密度(M_i)和比例(L_i)决定。相应的计算公式见表 6-1。

表 6-1 景观结构指数计算方法

序号	指数名称	计算方法
1	景观破碎度指数(C_i)	$C_i = \dfrac{n_i}{A_i}$
2	景观分离度指数(S_i)	$S_i = D_i \times \dfrac{A}{A_i}, D_i = \dfrac{1}{2}\sqrt{\dfrac{n_i}{A}}$
3	景观优势度指数(DO_i)	$DO_i = \dfrac{Q_i + M_i}{4} + \dfrac{L_i}{2}$
4	景观干扰度指数(E_i)	$E_i = aC_i + bS_i + cDO_i$
5	景观脆弱度指数(F_i)	由专家咨询法并归一化后得到

注:n_i 为景观类型 i 的斑块数;A_i 为景观类型 i 的总面积;D_i 为景观类型 i 的距离指数;A 为景观总面积;Q_i＝斑块 i 出现的样方数/总样方数;M_i＝斑块 i 的数目/斑块总数;L_i＝斑块 i 的面积/样方的总面积;a,b,c 为相应各景观指数的权重,且 $a+b+c=1$,根据分析权衡,并结合前人研究成果(李谢辉 等,2008;荆玉平 等,2008;臧淑英 等,2005),破碎度指数最为重要,其次为分离度指数和优势度指数,以上 3 种指数分别赋以 0.5,0.3,0.2 的权值。

(2)景观脆弱度指数(F_i)

不同的景观类型在维护生物多样性、保护物种、完善整体结构和功能、促进景观结构自然演替等方面的作用是有差别的;同时对外界干扰的抵抗能力也不同,这种差异性与自然演替过程中所处的阶段有关(许学工 等,2001)。由于人类活动是该区生态系统的主要干扰因素之一,而土地利用程度不仅反映了土地利用中土地本身的自然属性,而且反映了人为因素与自然因素的综合效应。本区 6 种景观类型所代表的生态系统,以未利用土地最为脆弱,其次是水域,而居民点及工矿地最稳定。分别对 6 种景观类型赋以脆弱度指数:未利用地为 6、水域为5、耕地为 4、园地为 3、林地为 2、居民点及工矿地为 1,然后进行归一化处理(许学工 等,2001),得到各自的脆弱度指数(F_i)。

(3)土地利用生态风险指数(ERI)

结合已有的研究成果(李谢辉 等,2008;荆玉平 等,2008;臧淑英 等,2005),利用上述建立的景观干扰度指数和景观脆弱度指数,构建土地利用生态风险指数,用于描述一个样地内综合生态损失的相对大小,以便通过采样方法将景观的空间格局转化为空间化的生态风险变量。土地利用生态风险指数(ERI)计算公式如下:

$$ERI = \sum_{i=1}^{N} \frac{S_{ki}}{S_k} \sqrt{E_i \times F_i} \tag{6-1}$$

式中:ERI 为土地利用生态风险指数,N 为景观类型的数量,E_i 为景观类型 i 的干扰度指数,F_i 为景观类型 i 的脆弱度指数,S_{ki} 为第 k 个风险小区 i 类景观组分的面积,S_k 为第 k 个风险小区的总面积。

6.2.3 采样方法

本章采用 10 km×10 km 的正方形样地对土地利用生态风险综合指数进行空间化,采样方式为等间距系统采样法,共有样区 248 个。计算每一样地内各类景观的综合生态风险指数,以此作为样地中心点的生态风险值(图 6-1)。

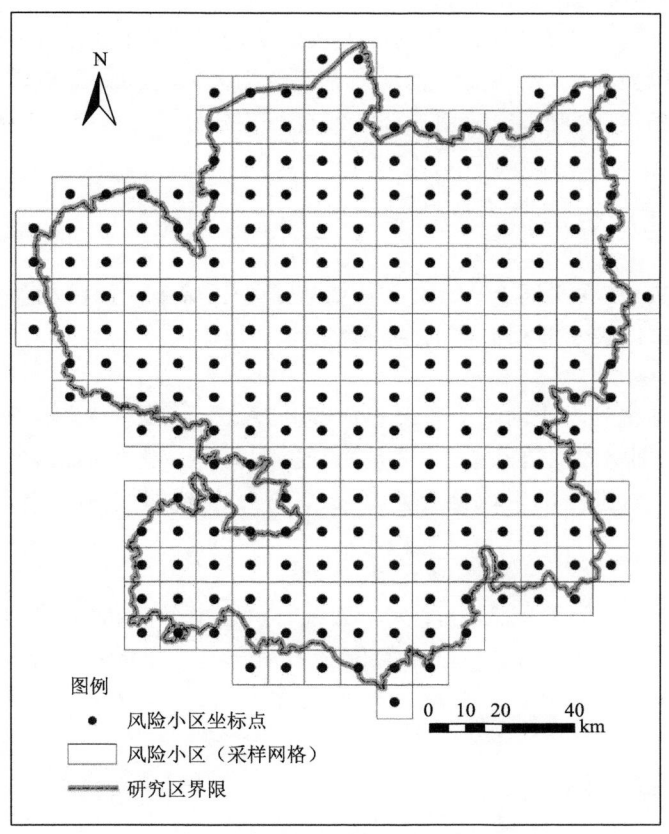

图例

- 风险小区坐标点
- ▢ 风险小区（采样网格）
- ⸺ 研究区界限

0 10 20 40 km

图 6-1 鄱阳湖地区生态风险小区的划分

6.2.4 空间统计分析方法

(1)空间自相关分析法

空间自相关分析的目的是确定某一变量是否在空间上相关、其相关程度如何(谢花林等,2006;Anselin,1988)。本章用全局空间自相关指标 Moran's I 指数和局部空间自相关指标 LISA 来分析土地利用生态风险指数的空间模式。Moran's I 指数反映空间邻接或空间邻近区域单元的属性值的相似程度。与统计学上的一般相关系数一样,Moran's I 指数的数值在(−1,1)之间:$I<0$ 表示负相关,$I=0$ 表示不相关,$I>0$ 表示正相关。Moran's I 指数表达式如下:

77

$$I = \frac{1}{\sum\limits_{i=1}^{n}\sum\limits_{j=1}^{n} w_{ij}} \cdot \frac{\sum\limits_{i=1}^{n}\sum\limits_{j=1}^{n} w_{ij}(x_i - \overline{x})(x_j - \overline{x})}{\sum\limits_{i=1}^{n}(x_i - \overline{x})^2/n} \qquad i \neq j \tag{6-2}$$

式中：x_i 和 x_j 是变量 x 在相邻配对空间单元（或栅格细胞）的取值；$\overline{x}$ 为 n 个位置的属性值的平均值；W_{ij} 是通用交叉积统计中的二元空间权重矩阵 W 的元素，可以基于邻接标准或距离标准构建，反映空间目标的位置相似性。

当需要进一步考虑是否存在观测值的高值或低值的局部空间聚集，哪个区域单元对于全局空间自相关的贡献更大，以及在多大程度上空间自相关的全局评估掩盖了反常的局部状况或小范围的局部不稳定时，就必须应用局部空间自相关分析。局部空间自相关指标 $LISA_i$ 的计算公式如下：

$$LISA_i = \frac{(x_i - \overline{x})}{\sum\limits_i (x_i - \overline{x})^2/n} \sum\limits_j W_{ij}(x_j - \overline{x}) \qquad i \neq j \tag{6-3}$$

式中：x_i、x_j、x 和 W_{ij} 的含义同上。$LISA_i$ 正值表示该区域单元周围相似值（高值或低值）的空间聚集，$LISA_i$ 负值表示非相似值的空间聚集。

（2）半方差分析法

半方差分析是地统计学中的一个重要组成部分（Anselin，1988）。半方差分析主要有两种用途：一是描述和识别格局的空间结构，二是用于空间局部最优化插值，即克里金插值。景观生态风险指数作为一种典型的区域化变量，它在空间上的异质性规律可以用半方差来分析：

$$\gamma(h) = \frac{1}{2N(h)} \sum\limits_{i=1}^{N(h)} [Z(x_i) - Z(x_i + h)]^2 \tag{6-4}$$

式中：h 为配对抽样的空间分隔距离，$N(h)$ 为抽样间距为 h 时的样点对的总数，$Z(x_i)$ 和 $Z(x_i + h)$ 分别是景观生态风险指数在空间位置 x_i 和 $x_i + h$ 上的观测值（$i=1,2,\cdots,N(h)$），$N(h)$ 是分隔距离为 h 时的样本对总数。

6.3　结果与分析

6.3.1　生态风险度的空间自相关分析

在景观生态学中，尺度往往以粒度和幅度来表达。为进一步探究不同距离阈值下生态风险度 Moran's I 指数的变化情况，须选择合适的距离阈值构建空间权重矩阵。经 ArcGIS 平台和 GEODA 软件分析，本章以 10 km 为距离起点，以 10 km 为步长进行空间自相关增量分析，得到 1990 年、2000 年、2010 年、2018 年风险度和 1990—2018 年生态风险度变化的 Moran's I 指数与距离关系分析结果（表 6-2）。结果显示，1990 年、2000 年、2010 年、2018 年风险度和 1990—2018 年生态风险度变化的 Moran's I 指数均为正值，4 个年份和 28 年间变化情况的生态风险度在空间上均表现出一定的空间自相关和集聚效应，即研究区内的土地利用生态风险度存在一定的空间正相关。在 10 km 的距离阈值下，1990 年、2000 年、2010 年和 2018 年风险度变化的 Moran's I 指数分别为 0.503108、0.542257、0.552172 和 0.527138，生态风险度的 Moran's I 变化曲线为先增长，至 2010 年达到最大值后开始下降，说明与空间的关联性减弱了。由图 6-2 可知,随着距离阈值增大,1990 年、2000 年、2010 年和 2018 年的生态风险度曲线值呈现出下降的趋势,距离越远,风险小区之间的空间关联性越弱。整体上来说,2010 年生态风险度的 Moran's I 指数最大,而 1990—2018 年生态风险度变化的 Moran's I 指数在各粒度水平下都较小,表现出弱的空间正自相关。

表 6-2　鄱阳湖地区生态风险度 Moran's I 指数与距离关系分析结果

距离(km)	1990 年	2000 年	2010 年	2018 年
10	0.503108	0.542257	0.552172	0.527138
20	0.371688	0.404709	0.416731	0.410743
30	0.251634	0.281443	0.293054	0.309158
40	0.190814	0.218472	0.229508	0.252905
50	0.132331	0.153249	0.160663	0.187120
60	0.096205	0.111573	0.116801	0.143402
70	0.068538	0.079429	0.083359	0.108003
80	0.040140	0.046398	0.049155	0.070741
90	0.018563	0.021157	0.021940	0.040159
100	0.002955	0.000981	0.000739	0.014664

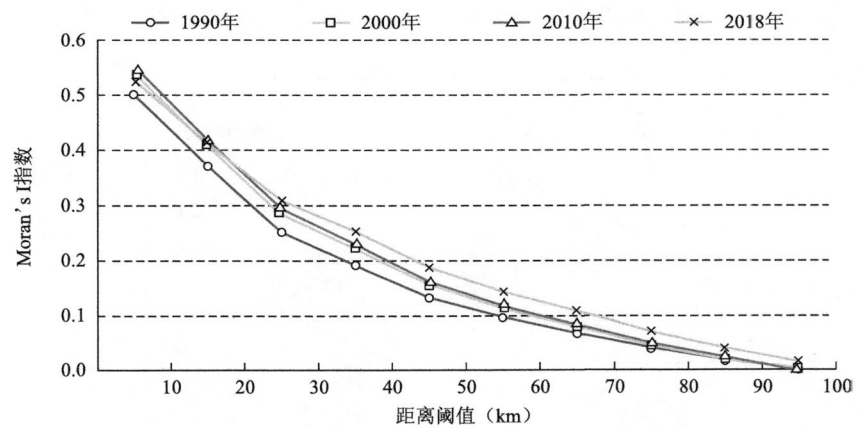

图 6-2　鄱阳湖地区土地利用生态风险指数的 Moran's I 指数对距离阈值变化的响应

6.3.2　生态风险度的局部空间自相关分析

全局空间自相关指标用于验证整个研究区域某一要素的空间模式,而局部指标用于反映整个区域中一个局部小区域单元上的某种地理现象或某一属性与相邻局部小区域单元上同一现象或属性值的相关程度(Anselin,1995)。由于全局 Moran's I 指数不能探测相邻区域之间生态风险度的空间关联模式,所以局部空间自相关系数是可选择的度量指标(Anselin,1995)。根据式(6-3),可以得出鄱阳湖地区 215 个样区 1990 年、2000 年、2010 年和 2018 年生态风险度的局部空间自相关 LISA 结果(图 6-3～图 6-6,见文后彩插)。

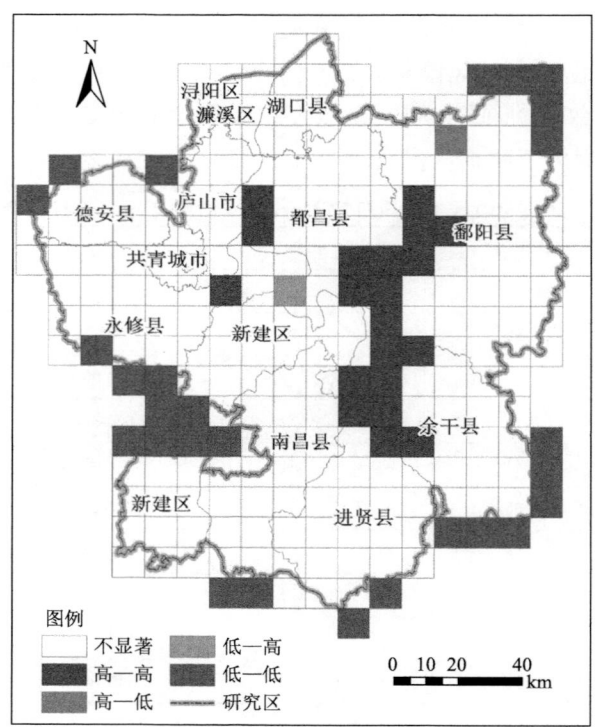

图 6-3　鄱阳湖地区 1990 年土地利用生态风险度局部空间自相关分布

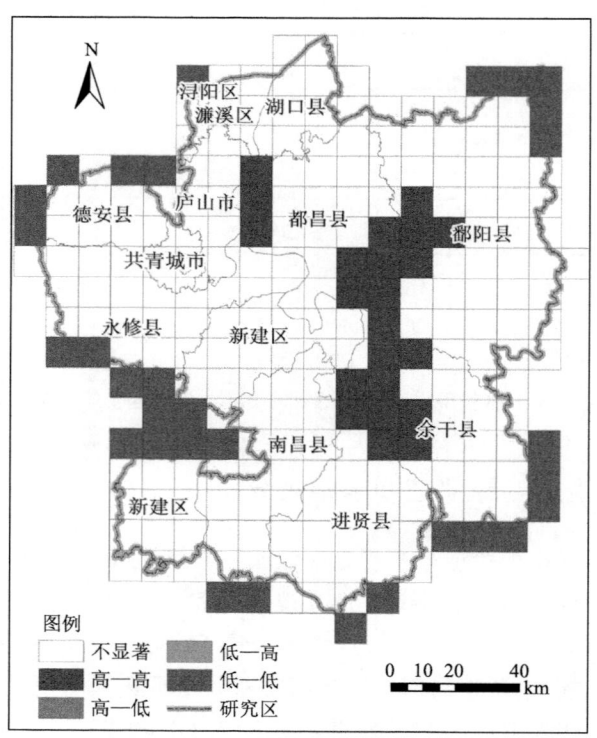

图 6-4　鄱阳湖地区 2000 年土地利用生态风险度局部空间自相关分布

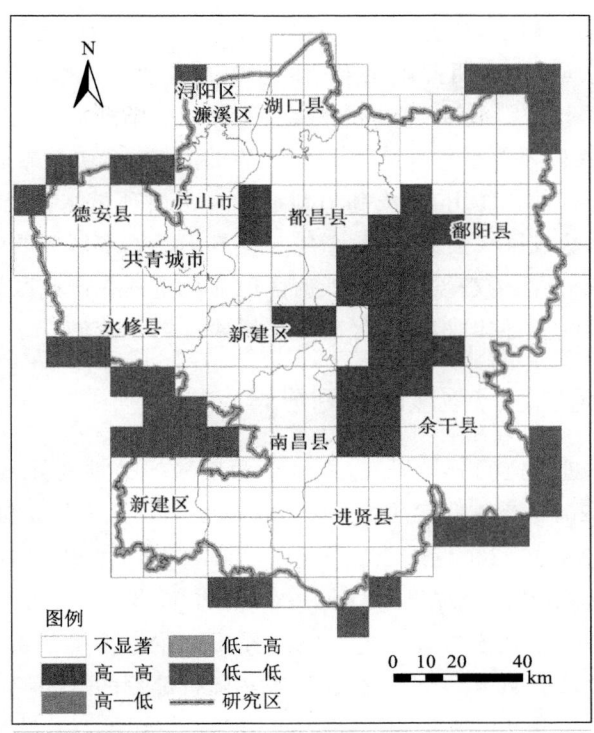

图 6-5　鄱阳湖地区 2010 年土地利用生态风险度局部空间自相关分布

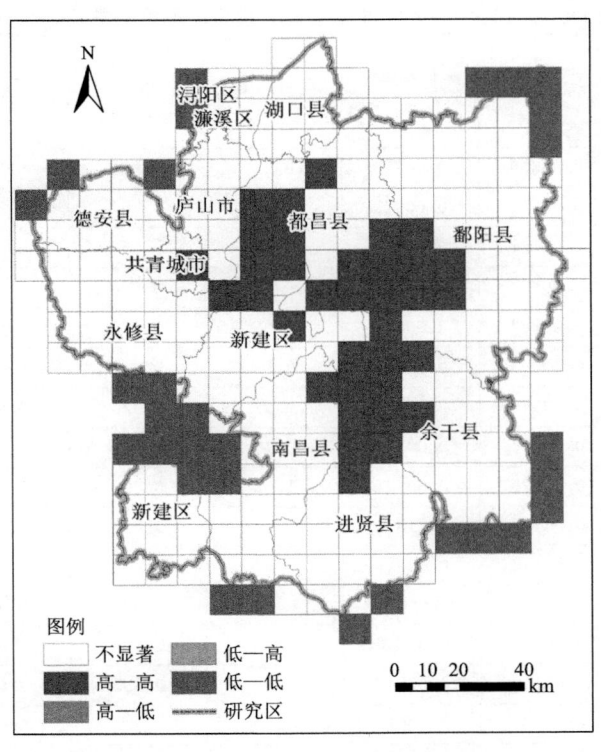

图 6-6　鄱阳湖地区 2018 年土地利用生态风险度局部空间自相关分布

从图 6-3～图 6-6 可以看出,研究区 1990—2018 年生态风险度的高值区明显聚集在鄱阳湖地区中部的鄱阳湖水域,这说明鄱阳湖水域的生态风险度高,相邻地区的生态风险度也较高。其中主要原因是鄱阳湖东、南、西有群山围绕,北部的鄱阳湖平原地势相对较低,因此形成了鄱阳湖水系,鄱阳湖在降水季节存在降水分配不均的问题,再加上靠近长江流域,汛期时长江洪水对鄱阳湖的湖水有顶托作用,造成鄱阳湖地区常常出现洪水,水涝频繁,对鄱阳湖及其周边地区的生态和经济造成巨大损失。因此,应加强鄱阳湖湖水区域的生态管理,降低生态风险,维护区域整体生态安全。生态风险度的低值区明显地聚集在研究区的一些周边地区,这说明这些区域的生态风险度低,同时相邻地区的生态风险指数也较低。

6.3.3　土地利用生态风险度的空间分异

利用地统计学方法进行空间分异研究,通过对两期采样数据变异函数的计算,得到 1990 年、2000 年、2010 年和 2018 年各模型的拟合参数(表 6-3)。从表 6-3 可以看出,指数模型的 R^2 最大,说明无论是 1990 年、2000 年、2010 年还是 2018 年,指数模型的拟合结果相较于球状模型、线性模型和高斯模型都最为理想,因而 1990 年、2000 年、2010 年和 2018 年生态风险度的空间结构分析均是基于球状模型计算的。空间异质性主要由随机部分和自相关部分组成(李哈滨 等,1998;Journel et al.,1978)。块金值表示随机部分的空间异质性,较大的块金值表明较小尺度上的某种过程不可忽视。通过分析 1990 年、2000 年、2010 年、2018 年四期生态风险数据,运用指数模型拟合最为理想,因此本章选取指数模型分析研究期生态风险度的空间结

表 6-3　1990 年、2000 年、2010 年和 2018 年土地利用生态风险指数变异函数的拟合模型参数

年份	拟合模型	块金值 C_0	基台值 C_0+C	有效变程	拱高占基台值比例 C/C_0+C	R^2	RSS
1990	球状模型	0.00330	0.00855	0.96	0.614	0.971	6.385E-07
	指数模型	0.00215	0.00921	0.41	0.767	0.985	3.296E-07
	线性模型	0.00401	0.00904	0.92	0.556	0.940	1.333E-06
	高斯模型	0.00402	0.00843	0.45	0.523	0.954	1.029E-06
2000	球状模型	0.00282	0.00870	1.05	0.676	0.974	6.976E-07
	指数模型	0.00195	0.00987	0.53	0.802	0.983	4.447E-07
	线性模型	0.00342	0.00900	0.92	0.620	0.956	1.182E-06
	高斯模型	0.00366	0.00852	0.49	0.570	0.954	1.241E-06
2010	球状模型	0.00275	0.00901	1.02	0.695	0.979	6.509E-07
	指数模型	0.00172	0.01014	0.49	0.830	0.988	3.772E-07
	线性模型	0.00345	0.00943	0.92	0.634	0.957	1.338E-06
	高斯模型	0.00365	0.00886	0.48	0.588	0.961	1.196E-06
2018	球状模型	0.00232	0.00853	0.93	0.728	0.980	6.063E-07
	指数模型	0.00108	0.00942	0.41	0.885	0.993	2.289E-07
	线性模型	0.00326	0.00919	0.92	0.646	0.941	1.837E-06
	高斯模型	0.00316	0.00840	0.43	0.624	0.968	9.879E-07

构。在半变异函数曲线中有 3 个主要参数:块金值、基台值和拱高占基台值的比例。由表 6-3 可知,鄱阳湖地区 1990—2018 年土地利用结构特征发生了较大变化。基台值是反映土地利用生态风险指数上下波动程度的参数,1990 年、2000 年、2010 年和 2018 年基台值分别为 0.00921、0.00987、0.01014、0.00942,虽然基台值有所上升,但幅度不大,表明鄱阳湖地区的土地利用生态风险强度在提高,但空间分布差异不大。变程可以反映土地利用生态风险指数的空间相关距离,从 1990—2018 年呈先上升后下降趋势说明人类活动导致土地利用类型之间转化频繁,土地类型区域破碎化。$[C_0/C+C_0]$ 在 1990 年、2000 年、2010 年和 2018 年分别为 76.7%、80.2%、83.0% 和 88.5%,比值较高,说明结构性因素引起的异质性程度大于随机部分引起的空间异质性程度。拱高占基台值比例相对较高,表明随着鄱阳湖地区社会经济的发展,人类增加了对自然状态的干扰,导致景观结构趋于破碎,空间异质性逐渐由小尺度的随机变异转变为大尺度的结构变异。

基于变异函数的理论模型,对 1990 年、2000 年、2010 年和 2018 年的生态风险指数进行了克里金插值(图 6-7～图 6-10,见文后彩插)。从图中可以看出,1990—2018 年,生态风险度高的乡镇主要集中在鄱阳湖湖区,植被覆盖率低,耕地和生态用地退化严重。从 1990—2018 年的变化情况来看,生态风险度变化较大的是靠近新建区的北部地区。另外,对于生态风险高的地区,在扩大建设用地规模的同时应注重环境的保护,通过植树造林等维护生态环境措施,注重经济发展和生态环境之间的关系,制定合理的国土空间规划和生态环境规划,同时在社会生产方面注重产业结构的调整,发展新能源,保护自然资源,提高资源的利用率,从而管控自然风险。从图 6-7 和图 6-10 可以看出,1990—2018 年研究区的生态风险度较低的区域基本没有变化,主要分布在远离鄱阳湖的周边地区,离湖水区越远,生态风险度相对越低。

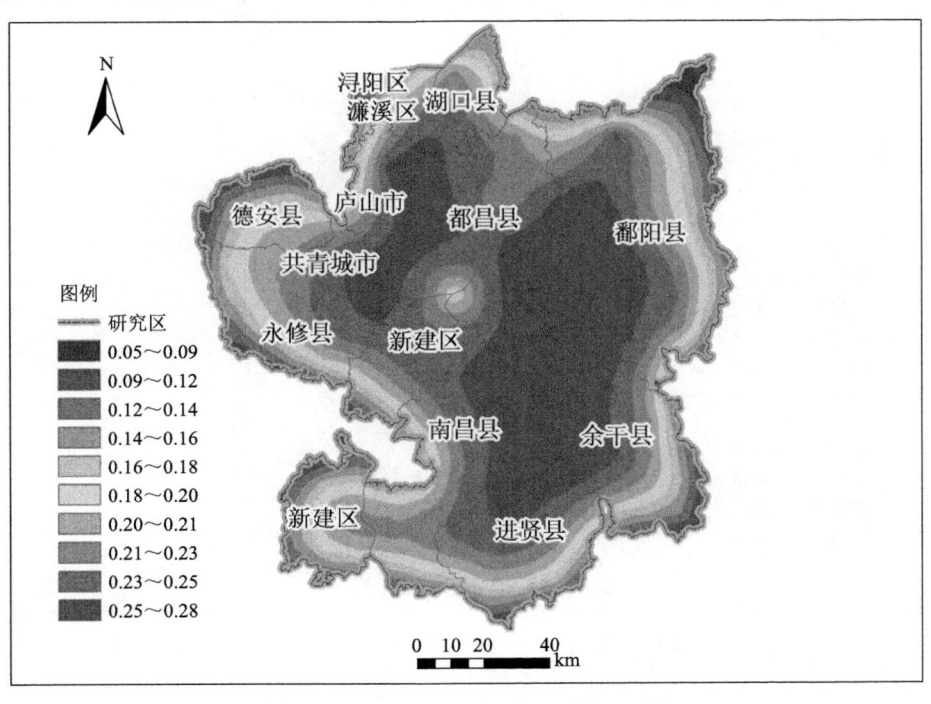

图 6-7 鄱阳湖地区 1990 年土地利用生态风险指数的克里金插值分布

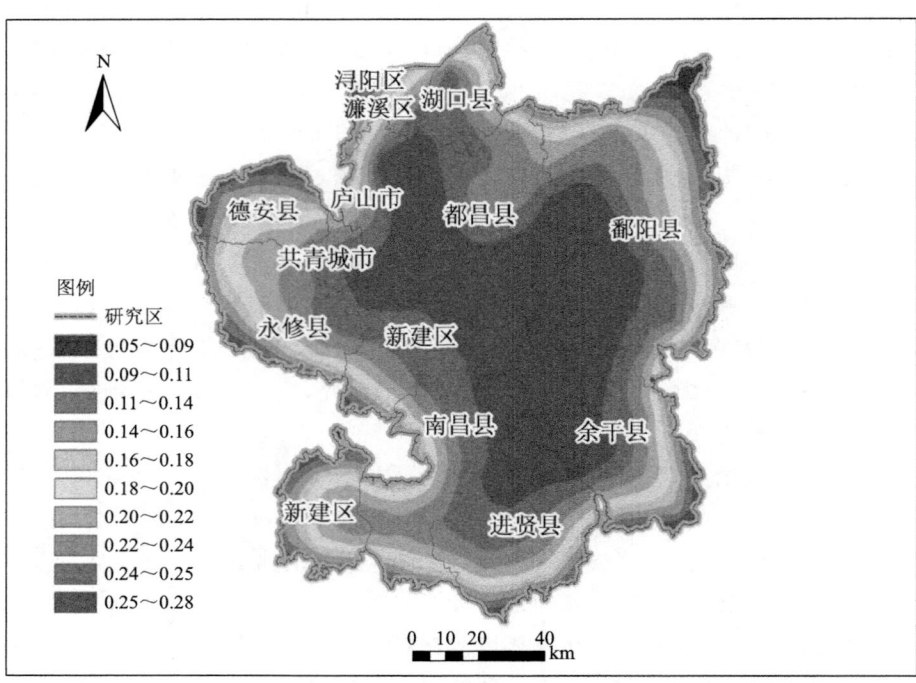

图 6-8　鄱阳湖地区 2000 年土地利用生态风险指数的克里金插值分布

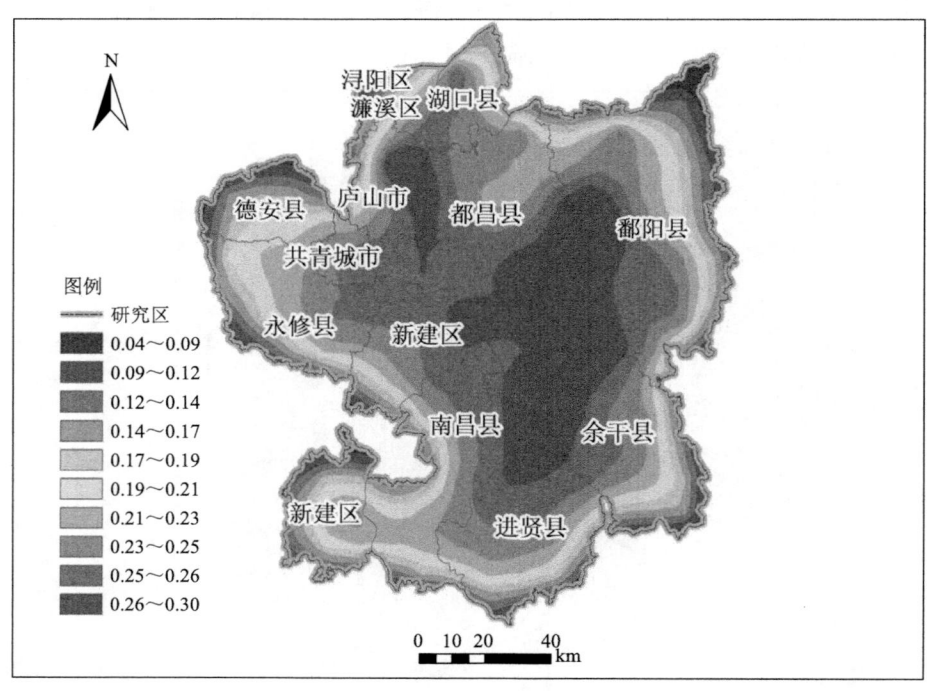

图 6-9　鄱阳湖地区 2010 年土地利用生态风险指数的克里金插值分布

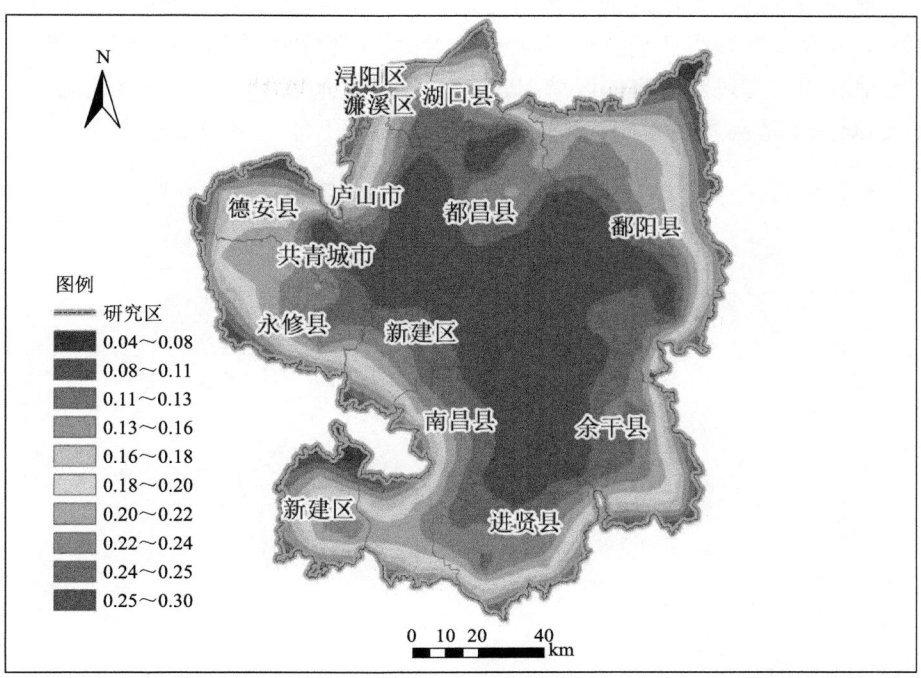

图 6-10　鄱阳湖地区 2018 年土地利用生态风险指数的克里金插值分布

6.4　结论与讨论

（1）土地利用和景观生态学的结合是研究区域生态环境的有效方法与手段,研究结果可为鄱阳湖湖区的生态管理、生态环境整治与恢复、自然资源可持续利用提供依据。今后该地区应在土地利用生态风险度高的区域加强土地利用管理,尽量避免不合理的土地利用方式,减少土地利用格局的破碎度和分离度,提高土地利用的生态安全度,促进区域可持续发展。

（2）空间统计学方法注重相邻区域的生态风险空间分布特性,地统计学方法注重生态风险整体在空间上的异质性规律,将两者进行有效结合,有助于从局部到全局深入探讨景观结构变化等造成土地利用生态风险的空间特征和变化规律。同时在进行地统计分析时,采用 GS＋专业地统计软件筛选最适拟合变异函数模型,弥补了 ArcGIS 地统计分析拟合函数选择的主观性。该分析方法更具合理性,为研究区域生态风险空间分析提供了新的研究思路。由于研究区生态风险的主要表现为洪水泛滥,通过计算每个风险小区内的产水量模数,在风险度与土壤侵蚀模数之间建立某种数学关系,将是下一步的重点研究方向。

（3）本章基于景观结构的景观干扰度指数和景观脆弱度指数构建的生态风险指数,能较好地反映研究区土地利用的生态风险状况。在各粒度水平下,研究区土地利用生态风险度存在着一定的空间正相关。并且土地利用生态风险度的 Moran's I 指数随着粒度的增大,呈下降趋势。研究区 1990—2018 年土地利用生态风险度的高值区明显地聚集在鄱阳湖地区中部的湖区,散见于远离湖水的周边地区,说明鄱阳湖湖区的生态风险度高,相邻地区的生态风险度也较高。土地利用生态风险度的低值区明显地聚集在远离湖水的周边地区。1990—2018 年的 28 年中,研究区生态环境质量整体不容乐观,生态风险指数较高的地区有所增加。今后该地区应在土地利用生态风险度高的区域加强生态管控和资源合理开发,尽量避免不合理的土地利用方式,减少土地利用格局的破碎度和分离度,提高土地利用的生态安全度,促进区域可持续发展。

第7章　林地变化的驱动因素及森林破碎化研究*

7.1　引言

生物多样性保护是森林管理中面临的最紧迫的挑战(Artti,2008;Thiene et al.,2012)。对陆地生物来说,林地是最好的栖息地(Selvi et al.,2016)。然而,林地在维持生物多样性、保持水土、调节气候等多种生态服务功能的同时,却正在遭遇森林乱砍滥伐、破碎化等一系列的压力。20世纪末期,包括居住地的迁徙、农地开垦和城市扩张在内的人类活动造成了中国林地的大量减少。2000年以后,中国六大林业工程的实施,尤其是"退耕还林"工程的实施,使得林地面积增加到2370 km²,增加的部分主要分布在黄土高原和南部丘陵山区(刘纪远 等,2014)。林地面积的增加也会带来生态服务价值的正面效应,根据Song等(2017)的研究,中国目前的林地生态服务价值大约为260.2亿美元,然而在1988—2000年期间,这一数值仅约为20.11亿美元;2000—2008年期间,这一值增长到64.2亿美元。尽管中国政府已经实施了多项政策或工程来恢复和保护森林资源,但大部分政策或工程的最初意图是控制水土流失和土地沙化,而没有特定保护生物多样性的政策或工程。我们试图探究1990—2010年林地变化的主要影响因素和森林破碎化模式及其干扰模式,并为决策制定者提供相关政策启示以更好地保护森林生态系统的生物多样性功能。

从现有文献看,有大量研究关注土地利用变化给生态系统服务功能带来的影响(Bulte et al.,2003;Eichner et al.,2006;Hernandez et al.,2014;Xie et al.,2015),但研究生物多样性服务功能变化的相关文献较少,原因是以往的研究受到方法的限制,无法真正理解森林破坏会给生物多样性带来怎样的后果(Ricard et al.,2016)。Stephen等(2004)提出通过一个简单的贸易模型(物种-面积曲线)就能发现只要有利可图就能保护在农地、人工林地及其他人工土地利用类型中的动植物栖息地。然而,现实生活中利益驱动的行为往往给生物多样性带来灾难性的毁坏。例如,历史上,大熊猫广泛分布在中国大部分地区,而如今,他们被孤立分散在从南至北的20多个栖息地上。近年来,高速公路的建造进一步阻碍了大熊猫基因的扩张和流动,加剧了物种灭绝的风险(Haddock et al.,2007;Wei et al.,2014)。因此,有必要了解土地利用变化的驱动因素,试图从导致林地变化的原因角度找到对生物多样性可能的影响。同时,破碎化作为景观格局变化的主要表现之一(Xie et al.,2017),栖息地的大小能决定物种的多样性和丰度(Eichner et al.,2006),景观结构和空间连接度同样会影响生物多样性。Keken等(2016)分析了1950—2012年捷克共和国的景观结构的时空变化对野生动物发生交通事故的影响,森林

---

* 本章内容已发表在SSCI期刊 *Journal of Forest Economic*,2017,29(12):4-13。

斑块的景观特征演变对景观中的许多空间格局和生态过程都有影响(Gu et al.,2010)。然而,传统的森林景观格局指数旨在研究区域的全局变化,而无法透析局部变化。综上所述,目前针对土地利用变化对生物多样性影响的研究较少,传统的景观格局指数无法透析区域局部特征和变化,而林地质量对生物多样性保护又有重要作用(Gren et al.,2014)。而利用网格,能够充分考虑到土地属性对林地质量的影响,并可以识别出林地的局部景观特征。

本章首先梳理1990—2010年影响林地变化的政策,然后以江西省鄱阳湖地区为研究区,构建回归模型,探讨林地变化的直接影响因素,再用森林破碎化模型对这期间研究区的森林破碎化模式及其干扰模式进行分析,最后根据分析结果提出相应的政策建议。

因此,本章主要从4个方面展开:①根据Logistic回归模型确定土地利用变化的主要影响因子;②利用森林破碎化模型对江西省鄱阳湖地区森林破碎化模式及其时空变化进行分析;③量化人为干扰和自然干扰对森林破碎化的影响;④提供相关政策建议。

7.2 政策分析与理论基础

7.2.1 政策分析

改革开放以来,人口持续增长和社会经济活动的活跃导致农业的发展和农业用地面积的扩张,这是中国20世纪末期林地减少的主要原因(Jin et al.,2016;Xu et al.,2004)。林地面积的减少引发了我国的生态危机并得到广泛关注,政府部门启动了几个大型的生态保护项目,其中包括:天然林资源保护项目(旨在恢复长江上游、黄河上游以及东北的天然林)、退耕还林工程(旨在遏制水土流失,它也是全国覆盖面最广的林业保护工程)、野生动物保护工程和自然保护区建设工程(旨在控制生物多样性下降的趋势)、速生丰产林基地建设工程(旨在解决木材和林产品供应问题)。这些项目一方面保护林地免遭乱砍滥伐,同时也增加了林地面积。

土地征用的审批权限同样影响林地的变化,1986年颁布的《土地管理法》中征用林地的审批权限是:省级政府负责2000亩*以下的征收事宜;县级政府负责10亩以下的征收事宜。1998年修订后的《土地管理法》对土地进行了重新分类,在此基础上,也调整了土地征收审批权限,取消了县(市、区)人民政府的审批权,省级人民政府负责审批70 hm²以下的其他土地(包括林地)的征收事宜,国务院则负责审批70 hm²以上(包括林地)的其他土地征收事宜。在对应的征用耕地的审批权限要比征用林地的审批权限严格得多,因此,在相同的条件下,往往会导致林地会比耕地优先被占用。

耕地占补平衡政策于1996年首次提出,并已立法。该政策的提出对林地利用变化也产生了较大的影响。耕地占补平衡政策提出的目的在于保持耕地数量和质量的平衡,在过去的城镇发展过程中,耕地被建设用地占用的比例很高,为了保持耕地总量的平衡就需要占用单位补充对应数量和质量的耕地,补充的方式主要有三种:土地开发、土地整理和土地复垦。土地开发是指将未利用地开垦为耕地,是一项成本低且技术简单的耕地补充方式,但由于我国耕地后备资源短缺,在没有可开垦的未利用地情况下,人们往往将林地开垦为耕地,从而导致林地大

---

* 1亩≈666.67 m²。

量减少。

2008 年,中共中央、国务院出台《关于全面推进集体林权制度改革的意见》,将集体林地的承包经营权和林木所有权落实到农户,确立了农民的经营主体地位,实现了农村生产力的又一次大解放,广大农民造林、护林、育林的积极性空前高涨。

上述政策从表面上看,要么造成林地面积的增加,要么造成林地面积的减少,以及带来空间上的变化。事实上,不仅如此,它们还带来了林地内部结构、总体格局以及森林质量的变化。表 7-1 给出了上述政策对生物多样性可能造成的影响。

表 7-1　政策对生物多样性可能的影响

政策	对生物多样性的可能影响
六大林业工程	积极的
土地征用的审批权限	消极的
耕地占补平衡	消极的
集体林权制度改革	积极的

7.2.2　林地利用变化

土地利用变化的基本形式包括土地利用类型的改变和土地集约度的改变(李秀彬,2002)。本章中的林地利用变化主要指林地利用类型的改变,包括林地转变为其他类型的二地,也包括其他土地利用类型转变为林地。土地特征、个体使用者的经济行为和社会团体管理行为构成了土地利用变化解释的理论框架(李秀彬,2002)。个人的经济行为可能会有所不同,而社会团体的土地管理行为是普遍的。通过研究社会团体的土地管理行为,以及这些行为对土地特征的影响方式,并产生土地利用的变化,我们可以发现土地利用变化的规律。一般来说,影响林地变化的主要特征包括地形因子和自然因子,如地形、气候、土壤和水文等(杨爽 等,2009;谢花林 等,2012,2014,2017)。耕地的开垦主要受坡度、土壤肥力、灌溉设施和降水等其他自然因素的影响(牛叔文 等,2010;潘根兴 等,2011)。因此,坡度较缓、海拔较低的林地更容易被开垦成耕地;土壤肥沃、灌溉条件较好的林地被发展成耕地的概率也更高。而林地被建设用地占用则要受到人口、经济发展条件以及区位等因素的影响(李秀彬,1996;李桂林 等,2007;Zhou et al.,2015)。同时,从成本的角度出发,靠近公路或城镇地区的林地也更容易被建设用地占用。

7.2.3　森林破碎化

景观的破碎化是土地利用变化最直观的表现。由于人类干扰和自然干扰(前者是主要原因),大型连片森林被划分成独立的小块(Lord et al.,1990;Li H et al.,1993;Li M S et al.,2010),这种破碎化的现象已成为世界范围内环境高度恶化的一种形式。不同的干扰模式也会造成不同形式的破碎化,相应地,对生物多样性的影响机制也存在差别(Riitters et al.,2012)。人类干扰所造成的破坏往往是不可逆的,而自然干扰通常难以预料。对动植物来说,栖息地的破碎会阻碍基因的交流,并增加了近亲繁殖的可能性(Elgar et al.,2001)。同时,栖息地破碎化也会改变物种生存的地理环境,减少它们的生存和活动空间,增加栖息地边界的数量,从而改变生态系统内部的能量平衡和物质流动,最终导致栖息地异质性的丧失(Cordeiro et al.,2015;Fuller,2001;García-Guzmán et al.,2016;Kikuchi et al.,2015;Olsoy et al.,2016;Saunders et al.,1991;Wickham et al.,2008)。此外,栖息地破碎化还会导致拥挤效应(碎片上周围栖息地的某些物种可能在碎片上增加密度,对碎片上的物种造成危害,促使其濒危)、边缘效应(碎片受到周围环境的影响,在碎片边缘形成一种受影响的区域,对碎片内的物种极为不利,减少碎片内部的有效面积)和隔离效应(一些需要季节性迁徙的物种可能会因碎片间的隔离而无法正常迁徙,导致种群濒危或灭绝)。破碎化对物种灭绝的影响是复杂的,但对生物多样性的消极影响却是显而易见的(Thiene et al.,2012)。

7.3 数据来源和方法

7.3.1 数据来源

本章中使用的数据包括空间土地利用数据、气象数据、地形数据、土壤数据和区位数据。1990年和2010年的100 m×100 m栅格地图来源于中国科学院资源与环境科学数据中心。气候、地形和土壤是影响林地利用变化的重要影响因素,其中气象数据来源于中国气象资料共享服务系统,是根据中国586个气象台站收集的1991—2011年的日平均气温和降水量长期观测数据,在ArcGIS 10.2软件平台上采用克里金空间插值方法将它们制作成100 m×100 m的栅格数据。分辨率为90 m×90 m的数字高程模型(DEM)数据来源于中国科学院资源与环境科学数据中心,为保持数据格式的一致性,将其重采样成100 m×100 m的栅格数据。矢量土壤数据来源于江西农业大学国土学院,也将它转为100 m×100 m的栅格数据。区位数据是通过ArcGIS平台计算每个栅格中心到特定对象(道路、河流和居民点等)的距离,并转换成100 m×100 m的栅格数据。

7.3.2 多因素Logistic回归模型

线性回归模型在定量分析的实际研究中应用非常普遍,然而在许多情况下,线性回归会受到限制。比如,当因变量是一个分类变量,而不是连续变量时,线性回归就不适用。在分析分类变量时,通常采用的一种统计方法是对数线性模型。而对数线性模型的一种特殊形式是Logistic回归模型。具体来讲,就是当对数线性模型中的一个二分类变量被当作因变量并定义为一系列自变量的函数时,对数线性模型就变成了Logistic回归模型(王济川 等,2001)。Logistic回归模型是土地利用变化中常用的模型,其特点在于因变量的取值范围限定为离散变量,通过事件发生比表达土地类型变化的可能性,且可以灵活地通过转换阈值的设定来调整演化的结果。

多元Logistic回归模型是用来描述自变量x_{ki}变化时,因变量的发生概率p_i会如何变化。我们假设x代表自变量,p是因变量的发生概率,则回归模型可表示如下:

$$\ln\left(\frac{p_i}{1-p_i}\right)=\alpha+\sum_{i=1}^{k}\beta_k x_{ki} \tag{7-1}$$

式中:$p_i=p(y_i=1\mid x_{1i},x_{2i},\cdots,x_{ki})$表示在给定自变量$x_{1i},x_{2i},\cdots,x_{ki}$时林地发生转换的概

率，α 是常数项，β 是斜率。

一个事件的发生概率是一个非线性的方程，其表达式如下：

$$p = \frac{\exp(\alpha + \beta_1 X_1 + \beta_2 X_2 + \cdots + \beta_n X_n)}{1 + \exp(\alpha + \beta_1 X_1 + \beta_2 X_2 + \cdots + \beta_n X_n)} \tag{7-2}$$

发生比率（odds ratio）用来对各种自变量（如连续变量、二分变量、分类变量）的 Logistic 回归系数进行解释。在 Logistic 回归中应用发生比率来理解自变量对时间概率的作用是最好的方法，因为发生比率在测量关联时具有一些很好的性质。发生比率用参数估计值的指数来计算：

$$odd(p) = \exp(\alpha + \beta_1 X_1 + \beta_2 X_2 + \cdots + \beta_n X_n) \tag{7-3}$$

在本章中，多元 Logistic 回归是用 SPSS 17.0 统计软件的 Logistic 函数来操作完成的。Logistic 回归模型预测能力通过得到最大似然估计的表格来评价，它包括回归系数、回归系数估计的标准差、回归系数估计的 Waldχ^2 统计量和回归系数估计的显著性水平。正的回归系数值表示解释变量每增加一个单位值时发生比会相应增加。相反，当回归系数为负值时说明增加一个单位值时发生比会相应减少。Waldχ^2 统计量表示在模型中每个解释变量相对权重，用来评价每个解释变量对事件预测的贡献力。

模型估计完成以后，需要评价模型如何有效地描述反应变量及模型配准观测数据的程度。用来进行拟合优度的检验指标有皮尔逊 χ^2、偏差 D 和 Homsmer-Lemeshow 指示（HL）等。当自变量数量增加时，尤其是连续自变量纳入模型之后，皮尔逊 χ^2、偏差 D 不再适用于估计拟合优度。在应用包括连续自变量的 Logistic 回归模型时，HL 是广为接受的拟合优度指标。因此，本章用 HL 指标来进行土地利用变化的 Logistic 回归模型拟合优度检验。当 HL 指标统计不显著时，表示模型拟合不好。相反，当 HL 指标统计显著时表示模型拟合好。HL 指标是一种类似于皮尔逊 χ^2 统计量的指标。

为了拟合模型，本章选用了逐步模型选择和概念模型相结合的方法。在统计模型中，先选用概念模型中的解释变量，然后用逐步回归法选用主要的解释变量，最后基于饱和模型分析哪些变量对解释土地利用变化有明显贡献。

7.3.3　森林破碎化分析模型

采用建立在移动窗口分析技术基础上的森林破碎化分析模型来刻画区域森林破碎化状态和趋势。该破碎化分析模型利用土地利用遥感影像中森林像元和其邻近像元边界的数量特征来定量描述森林破碎化。具体地，给定一奇数大小的移动窗口并使其中心定位于一森林像元（若中心像元为非森林像元，则跳过所有后续分析），然后计算该移动窗口内的两个森林指数 P_f、P_{ff}，并以此作为破碎化分析模型的基础（Wade et al. , 2003；李明诗 等，2012）。这里，P_f 定义为森林面密度，它是指在既定大小的窗口中森林像元占非缺失像元的比例。P_{ff} 定义为总体森林连接度，它是指在既定大小的窗口中，主方向上（上、下或左、右）相邻像元均为森林像元的像元对数占总像元对数（像元对中至少有一个森林像元）的比值。P_{ff} 可以粗略地衡量一个森林像元旁仍然是森林像元的可能性。在此假想的 5×5 的景观窗口中，黑色代表森林像元，白色代表非森林像元，缺失值用灰色表示。一旦两个指数计算完成并被写回中心像元，用如下的判别准则来实现中心森林像元破碎化归属成分（即 $P_f = 1.0$ 时为内部森林，$P_f < 0.4$ 时为斑块森林，$P_f > 0.6$ 且 $P_f - P_{ff} > 0$ 为边缘森林，$P_f > 0.6$ 且 $P_f - P_{ff} < 0$ 为孔洞森林，

$0.4 \leqslant P_f \leqslant 0.6$ 为过渡森林，$P_f > 0.6$ 且 $P_f - P_{ff} = 0$ 为未确定森林)的确定。上述过程通过 Arcpy 编程完成。此外，在计算出各破碎化因子后，按照彩色合成的方法(P_{fa} 为红色，P_{ff} 为绿色，P_{fn} 为蓝色)建立森林破碎化干扰模式的空间分布特征(李明诗 等，2012)。

7.4 结果和分析

7.4.1 林地利用变化的影响因素分析

(1)林地变化的时空特征

从 1990—2010 年土地利用转移矩阵(表 7-2)中可以看出，在研究期内，有 20040 个栅格的林地转变为其他类型的土地，其中转为耕地的数量最多，为 14641 个栅格，占总转移量的 73.05%，由林地转为建设用地的数量其次，为 2607 个栅格，占 13.01%；由林地转为草地的栅格数为 1651，占 8.24%。而在研究期内，由其他类型土地转为林地的有 20517 个栅格，其中由耕地转为林地的最多，为 13870 个栅格，占总转移量的 67.60%，其次为草地转为林地，为 4809 个栅格，占总转移量的 23.44%。

表 7-2　土地利用转移矩阵　　　　　　　　单位:栅格数

		2010 年						合计	转出
		耕地	林地	草地	水域	建设用地	未利用地		
1990 年	耕地		13870						
	林地	14641	470844	1651	1134	2607	7	490884	20040
	草地		4809						
	水域		1573						
	建设用地		215						
	未利用地		50						
合计			491361						
转入			20517						

(2)林地利用变化影响因素

为避免变量之间的多重共线性，在相关性分析中相关系数高于 0.8 的变量应当被移除。在构建的 Logistic 回归模型中皮尔逊相关系数都在 0.03～0.58，故保留了所有变量。为了进一步验证解释变量的多重共线性，进行了方差膨胀因子(VIF)检验，检验结果显示 VIF 值都小于 10，再一次验证所选变量可以包含在构建的 Logistic 模型中。

在林地利用变化的 Logistic 回归模型中，坡度用 3 个虚拟变量分别代表坡度级Ⅰ($<5°$)、坡度级Ⅱ($5°～15°$)和坡度级Ⅲ($15°～25°$)，坡度级Ⅳ($>25°$)作为它们的参考对象。坡向用 4 个虚拟变量分别代表平坡、北坡、东坡和南坡，西坡作为它们的参照对象。

① 林地转出的影响因素分析

林地转出的 Logistic 回归模型有很好的拟合度，HL 指标为 7.130，p 值为 0.523，统计检验不显著，即模型很好拟合了数据(表 7-3)，根据 $Wald\chi^2$ 统计量，研究期内对林地转出较为重要的影响变量主要有海拔、距最近农村居民点距离和坡向,其中海拔是第一重要的影响因素,它对林地转出表现出显著的负向影响,即海拔越高地区的林地越不易转为其他类型的用地,原因可能是林地转出方向主要为耕地、草地、水域和建设用地,这些用地类型一般要求在较低海拔上选址。其次,区位因素"距最近农村居民点的距离"对林地的转出都有较为显著的负向影响,可能的原因是这些具有区位优势的地块能够减少开发成本,同时将林地开发为耕地、建设用地等用地类型也要求距现有居民点较近。最后,坡向(南坡)对林地转出也具有较为显著的负向影响,其发生比率为 0.63,即南坡向的林地被其他用地类型替代的可能性大约是参考坡向(西坡)的 0.63 倍,坡向主要影响光照条件,而光照条件又是农业生产和建筑设计中首要考虑的条件,也就是说,坡向较好的林地容易被建设占用或开垦为耕地。

表 7-3　林地转出模型的回归结果

变量	估计系数(β)	标准误	WaldX^2 统计量	p 值	EXP(β)
			$HL = 7.130, p = 0.523$		
ln(距最近农村居民点的距离)	−0.167	0.070	5.649	0.017*	0.846
ln(距最近河流的距离)	−0.045	0.075	0.366	0.545	0.956
ln(距主要道路的距离)	−0.015	0.068	0.050	0.824	0.985
ln(距县城的距离)	−0.060	0.129	0.215	0.643	0.942
ln(海拔)	−0.710	0.137	26.834	0.000**	0.492
ln(土层厚度)	0.295	0.925	0.102	0.749	1.344
土壤含沙量	−0.002	0.014	0.027	0.870	0.998
土壤有机质含量	−0.108	0.136	0.632	0.427	0.898
坡度Ⅰ(<5°)	0.879	0.807	1.186	0.276	2.408
坡度Ⅱ(5°~15°)	0.714	0.784	0.830	0.362	2.042
坡度Ⅲ(15°~25°)	0.396	0.798	0.246	0.620	1.486
ln(气温)	−0.790	1.154	0.469	0493	0.454
坡向Ⅰ(平坡)	−0.092	0.294	0.097	0.755	0.913
坡向Ⅱ(北坡)	−0.321	0.215	2.238	0.135	0.725
坡向Ⅲ(东坡)	−0.301	0.234	1.652	0.199	0.740
坡向Ⅳ(南坡)	−0.459	0.225	4.138	0.042*	0.632

注:* $p < 0.05$,** $p < 0.001$。

② 林地转入的影响因素分析

林地转入的 Logistic 回归模型有很好的拟合度,HL 指标为 9.051,p 值为 0.338,统计检验不显著,即模型很好拟合了数据(表 7-4),根据 WaldX^2 统计量,研究期内对林地转出较为重要影响变量主要有土壤有机质和海拔,其中土壤有机质含量是林地转入的最重要影响因素,其估计系数为负,表明土壤有机质含量越低的区域越容易转为林地,原因是耕地是转为林地的主要用地类型,而耕地转为林地的原因主要为政策因素,即退耕还林,而需要退耕还林的耕地多为贫瘠的耕地,因此在统计结果中显示出土壤有机质含量越低的区域越容易转为林地。其次,海拔对林地的转入也有较为显著的负向影响,意味着海拔越低的区域越易被转为林地,这一点似乎让人困惑,但考虑到鄱阳湖地区既包含海拔较低的湖区及其平原,又有以庐山为主的山系,而现有林地也多位于丘陵山地上,因此,相比较现有林地,海拔较低的区域越易转为林地。

表 7-4　林地转入模型的回归结果

变量	估计系数(β)	标准误	Waldχ^2 统计量	p 值	EXP(β)
		$HL = 9.051, p = 0.338$			
ln(距最近农村居民点的距离)	-0.050	0.085	0.340	0.560	0.952
ln(距最近河流的距离)	-0.067	0.068	0.970	0.325	0.935
ln(距主要道路的距离)	-0.049	0.067	0.521	0.470	0.953
ln(距县城的距离)	0.145	0.134	1.174	0.279	1.156
ln(海拔)	-0.305	0.125	5.934	0.015*	0.737
ln(土层厚度)	1.499	0.878	2.912	0.088	4.476
土壤含沙量	-0.012	0.013	0.778	0.378	0.988
土壤有机质含量	-0.374	0.124	9.159	0.002**	0.688
坡度Ⅰ(<5°)	-0.050	0.467	0.011	0.915	0.951
坡度Ⅱ(5°~15°)	0.037	0.428	0.007	0.932	1.037
坡度Ⅲ(15°~25°)	-0.225	0.434	0.268	0.604	0.799
坡向Ⅰ(平坡)	0.105	0.303	0.120	0.730	1.110
坡向Ⅱ(北坡)	-0.246	0.215	1.307	0.253	0.782
坡向Ⅲ(东坡)	0.271	0.214	1.608	0.205	1.311
坡向Ⅳ(南坡)	0.257	0.208	1.530	0.216	1.294

注:* $p<0.05$,* * $p<0.01$。

7.4.2　森林破碎化分析

(1)森林破碎化模式的时空差异分析

森林破碎化是一个连续的过程,即内部森林减少、边缘森林增多、越来越多的斑块森林被孤立(李明诗 等,2010)。当人们意识到林地破碎的生态危害,或者感受到了森林破碎化带来的威胁时,人们开始植树造林以应对危机,这时,森林破碎化的逆向过程可能就会发生。通过 5×5 的景观窗口进行森林破碎化模型分析可得到图 7-1。图 7-1 对比了 1990 年和 2010 年鄱阳湖地区森林破碎化模式的差异,总体来说,鄱阳湖地区的森林破碎化情况非常严峻,除去内部森林的比例,其他表征森林破碎度的森林面积占总森林面积超过 80%,说明森林破碎化很严重。从森林类型看,内部森林在两个研究期内变化不大,2010 年内部森林数量较 1990 年略有增加,其比率为 17.18%。斑块森林是所有森林类型中占比最高的,斑块森林在两个时期变化不大,分别占比 39.42% 和 39.17%。过渡森林、边缘森林和孔洞森林占总森林类型的比例其次降低,且随着时间变化,它们的比率略有降低。相对来说,未确定森林变化较多,在 1990 年这一类型森林几乎不存在,而到了 2010 年,未确定森林面积占总森林面积的 2%。从空间分布看,内部森林几乎遍布除湖区范围以外的地区,斑块森林和过渡森林多出现在森林与水域交界的缓冲区,边缘森林和空洞森林主要分布在研究区的东北部和西北部。从对比结果看,

2010 年鄱阳湖地区的森林破碎化状况要优于 1990 年,因为其内部森林比例略有提高,而其他表征森林破碎化的森林类型的比例均有所下降。

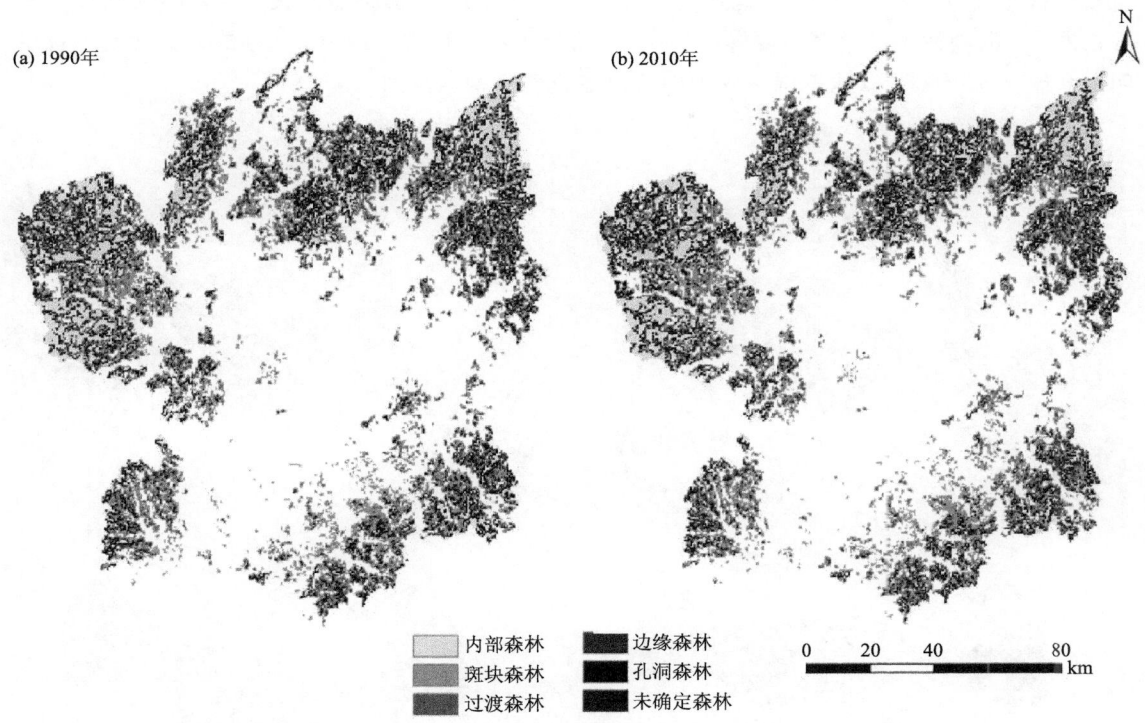

图 7-1　1990 年和 2010 年森林破碎化模式对比图

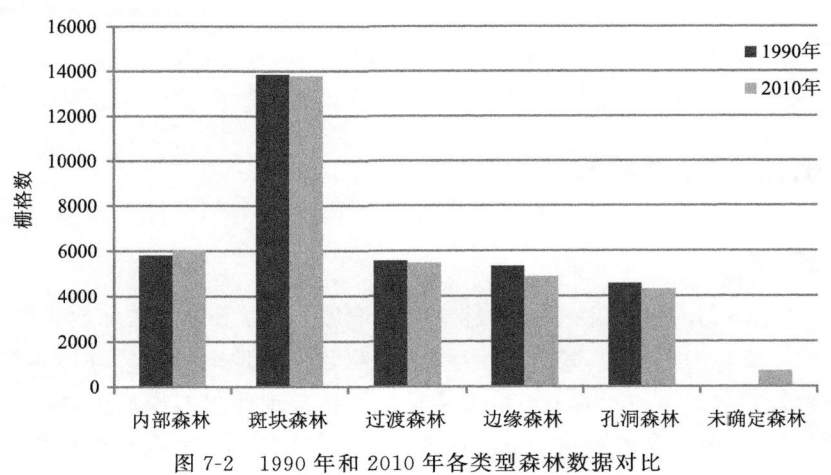

图 7-2　1990 年和 2010 年各类型森林数据对比

（2）干扰模式分析

森林破碎化模型分析的结果显示 P_{fa} 和 P_{fn} 的值在 1990 年分别为 0.315 和 0.313,在 2010 年分别为 0.028 和 0.027。从年度变化来看,两个年度的干扰略有减少,但程度微小。从数值上看,鄱阳湖地区的森林破碎化主要是人为干扰造成的。从图 7-3 可以看出,人为干扰主要发生在区域西北部和东南部的森林与水域交界的缓冲区内,城镇地区表现得最为明显。而自然干扰主要发生在北部边缘,这些地方与长江流域交界,易受到自然侵扰。通过对比分析发现,1990 年的地图上红色区域要多于 2010 年的干扰图。也就是说,1990 年的人类活动干扰要明显高于 2010 年,这意味着保护林地的政策措施已经初有成效。

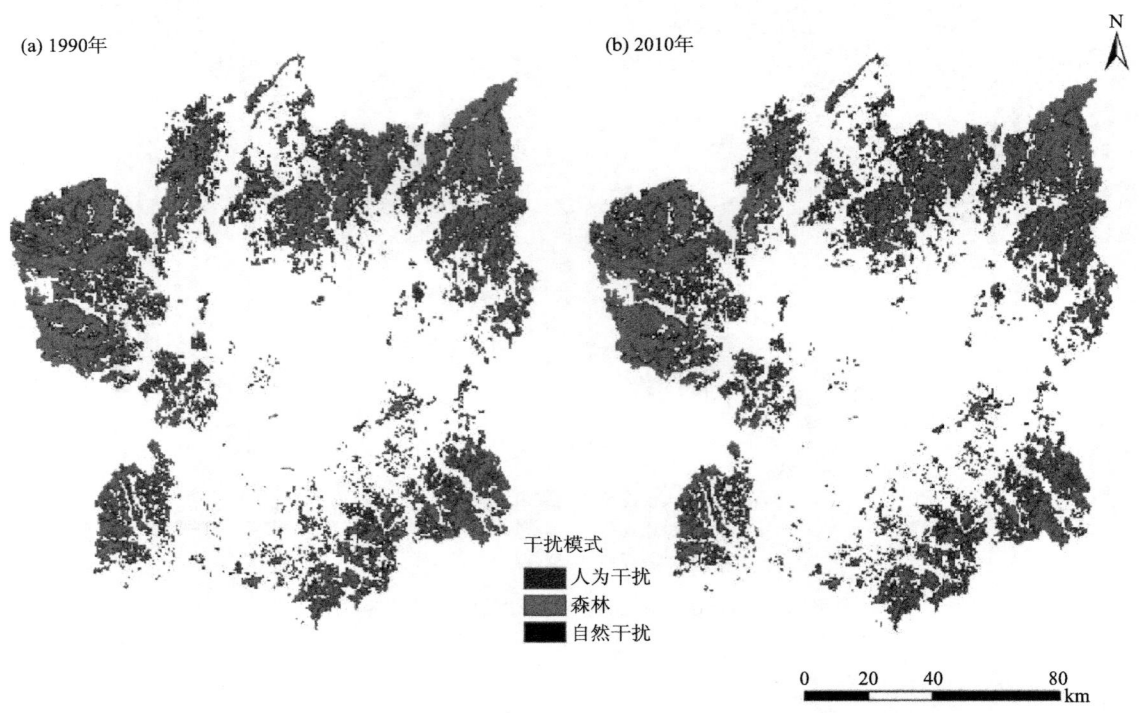

图 7-3   1990 年和 2010 年森林干扰模式的对比

7.5   结论和政策启示

7.5.1   结论

通过两期的土地利用数据对比,总的林地面积增加了 477 hm²。从林地转变的方向看,在研究期内,林地主要转为了耕地,其次是草地、水域和建设用地。同时又有其他类型的土地转为林地,耕地转为林地和草地转为林地最为常见。而在林地转出的模型中,海拔、距最近农村居民点距离和坡向是最重要的影响变量。在林地转入的模型中,土壤有机质和海拔是最重要的影响变量。

在森林破碎化分析模型中,整体而言,鄱阳湖地区的森林破碎化情况较为严重,因为两期的内部森林比例都小于 20%,而边缘森林和孔洞森林的比例都较高。从时间上对比,2010 年森林破碎化状况要优于 1990 年,因为其内部森林的比例要略高于 1990 年,而边缘森林和孔洞森林的比例要低于 1990 年。从森林干扰状况来看,人类干扰是主要干扰类型。人类干扰主要发生在森林与水域交界的缓冲区内,在城镇地区最为明显,而自然干扰主要发生在北部边缘区,这些地方与长江流域交界,易遭受侵扰。从时间上对比来看,1990 年的人类活动干扰和自然干扰都要明显高于 2010 年。

无论从林地的变化数量,还是林地的破碎化状况,都可以看出,1990—2010 年林地的整体状况呈现好转。林地保护政策已初见成效。

7.5.2　政策启示

1990—2010 年,鄱阳湖地区林地的总体状况有所改善,表明我国实施的林地保护政策对林地数量和整体的景观格局状况提供了有效的保护,然而从林地转入转出的影响因素分析中可以看出,大量优质林地被劣质林地取代,从保护生物多样性的角度出发,我们提出以下政策建议。

(1)林地应被视为生物多样性保护的首要土地利用类型,从政策回顾可以看出,目前我国专项保护生物多样性的林业工程项目和政策措施还比较少,同时,生物多样性保护的重点也应放在自然保护区之外的林地,如加强恢复生物绿色通道等。

(2)应提高林地保护的重视水平。在国内,粮食安全往往重于一切,因此导致了在相同的环境下,耕地要比林地保护得好,而不少环境和生态问题就是因为开发耕地产生的,如土壤退化、水土流失等。因此,从生态安全的角度,应视林地同耕地同等重要。

(3)森林生态系统是一个完整的系统,对它的保护需要科学的规划和管理。本章的研究结果表明,林地很容易被建设用地占用,在人们的潜意识里,经济产出并不高的林地就应该为能带来巨大经济收益的建设用地让道,于是盲目对森林进行干扰。

(4)林地开发和利用不应在内部森林进行,以减少边缘森林和孔洞森林类型的出现。在对森林保护过程中,应优先恢复边缘森林和孔洞森林,以保持森林系统的整体大环境。

(5)对于林地资源丰富的鄱阳湖地区来说,更应该强调其林地在保护生物多样性方面的生态功能,可以制定带有林地保护特色的发展规划,而不是走牺牲环境、发展经济的道路。国土部门和林业部门可以参照本章所用方法划分森林破碎化模式,对不同的林地破碎形式实施不同的保护策略。

第8章 关键性生态空间识别[*]

8.1 引言

国土是生态文明的重要载体。近几十年来,由于人类对土地资源的不合理开发利用以及日益加剧的社会经济活动,致使生物多样性锐减、森林植被被破坏、景观破碎化等生态系统功能退化和破坏行为。如何处理好人口、资源和环境保护之间的关系,协调好经济发展与生态文明建设之间的平衡是中国未来经济社会可持续发展的关键。

党的十八大报告提出:"大力推进生态文明建设,优化国土空间开发格局,构建科学合理的城市化格局、农业发展格局、生态安全格局。"2017 年国务院印发《全国国土规划纲要(2016—2030)》(以下简称《纲要》)。《纲要》中提出,要在优化格局过程中切实发挥开发引导和空间管控作用:设置了"生存线""生态线"和"发展线";其中"生态线"明确了基础性生态用地保护规模,建设国家生态屏障,提高生态环境安全水平。因此,关键性生态空间是国家生态安全的重要组成部分和经济社会可持续发展的重要基础。

关键性生态空间是保障区域水资源安全、生物多样性保护安全、地质灾害防护安全、水土保持安全、维护区域景观格局完整性和连续性的基础性用地空间。国外对区域关键性生态空间辨识主要集中在生物多样性保护空间辨识、水安全防护空间辨识、水土流失防护空间辨识和绿色空间辨识等方面。在生物多样性保护空间辨识方面,在过去的 30 年中,保护生物学家特别关注生物多样性保护中自然空间所面临的选择困境(Margules et al.,1998;Snyder et al.,2004;Klein et al.,2009;Orsi et al.,2011)。例如,Rouget(2003)基于 GIS 技术,进行了区域生物多样性保护的热点空间辨识研究;Vimal(2012)从稀有物种的高保护栖息地、高生态完整性地域、整个区域的景观多样性等方面探讨了生物多样性保护的敏感性空间;Moilanen(2011)讨论了生物多样性保护空间规划中在辨识关键性生态空间的尺度性问题。在水安全防护空间辨识方面,Vos(2010)通过对区域关键性水安全防护空间的辨识对湿地生态系统规划了一个适应区以应对气候变化的影响;Brouwer 等(2004)通过辨识关键性水安全防护空间,分析了对其保护恢复所带来的生态、社会和经济影响。在水土流失防护空间辨识方面,Zagas(2011)基于 GIS 技术、利用通用流失方程(USLE),辨识了希腊奥林匹斯山的关键性水土流失防护空间。国内关于区域关键性生态空间辨识的研究,主要集中在演变格局、评价指标体系、规划调控和生态安全格局等方面。在生态空间演变方面,陈爽(2008)研究了南京市生态空间数量增减和质量变化,从经济发展阶段、宏观政策环境和城市扩展规律等方面分析变化的驱动力,揭示政府干预下生态空间的结构和功能演变规律,并提出生态空间保护对策。谢花林(2011a)以

---

* 本章内容已发表在 CSCD 期刊《生态学报》,2018,38(16):5926-5937。

京津冀地区为例,通过建立不同阶段各生态空间类型变化的 Logistic 回归模型,较好地揭示了区域不同阶段生态空间变化的驱动因素。在生态空间重要性评价方面,曾招兵等(2007)建立了上海市青浦区生态用地的综合评价指标体系,并对研究区生态用地建设的现状进行了综合的分析和评价。刘昕等(2010)以数值法作为分析方法,与生态系统服务功能理论相结合,从生态环境、生态敏感性、气候、土壤和地貌 5 个方面建立了江西省生态用地保护重要性评价指标体系,在 GIS 技术的支持下,研究其生态保护重要性和生态用地的空间分布。李锋等(2011)应用遥感、地理信息系统技术和生态系统服务评估等方法,评估了由城市生态用地改变所导致的生态系统服务的变化。综上所述,国外在生物多样性保护关键性生态空间辨识的研究较深入,但只是单方面的,且在整合区域的水安全、水土流失防护、生物多样性等关键性空间辨识方面研究较少。从研究尺度看,现有的研究多为县域尺度或省域尺度,而以栅格为单元的区域尺度关键性生态空间辨识相对较少。

鄱阳湖地区以鄱阳湖城市圈为依托,以保护生态、发展经济为重要战略构想的区域。区域内鄱阳湖是我国最大的淡水湖,是具有世界影响的重要湿地和候鸟越冬地,在维护区域生物多样性、调蓄长江洪水、降解污染物、保护长江中下游生态环境等方面具有不可替代的作用。近年来,随着城镇化和工业化的发展,区内生物多样性遭到威胁、水污染现象时有发生、雨汛期洪水泛滥,造成区内水土流失严重。因此,进行鄱阳湖地区关键性生态空间辨识,一方面,契合了党的十八大提出的"大力推进生态文明建设,优化国土空间开发格局,提高生态系统服务功能,保障国家和区域生态安全"的要求,另一方面,对于维护鄱阳湖地区生态系统健康、开展生态保育和生态环境建设、构建区域生态安全格局具有重要的现实意义。

因此,本章从区域尺度出发,借助 GIS 技术,以鄱阳湖地区为研究区,综合考虑生态系统服务功能重要性、生态系统敏感性以及生物多样性保护等多个方面因素辨识区域关键性生态空间。

8.2 数据来源和研究方法

8.2.1 数据来源

本章生态保护红线辨识所使用的评价指标数据主要包括 DEM 数据、气象数据、土壤类型数据、NDVI(归一化植被指数)数据、NPP(生态系统净初级生产力)数据、土地利用类型数据、统计年鉴数据以及相关规划数据等。其中 DEM 数据、NDVI 数据、NPP 数据、土地利用类型数据来源于中国科学院地理科学与资源研究所。气象数据来自中国气象科学数据共享服务网(http://data. cma. cn/)的中国地面气候资料年值数据集,内容包括气温、降水量等数据,本章仅使用年平均气温和年均降水量数据。土壤类型数据来源于江西农业大学国土学院。所有的空间数据都进行重采样到 250 m×250 m 栅格上,并统一地理坐标系和投影坐标系。相关规划数据通过江西省土地利用总体规划(2006—2020 年)以及《鄱阳湖生态经济区规划》(2010—2020 年)提取得到。

8.2.2 关键性生态空间辨识方法

8.2.2.1 生态系统服务功能重要性评价方法

本章借助 GIS 的空间分析平台进行关键性生态空间辨识过程。具体的技术路线为:

①构建区域生物多样性、土壤保持、水源涵养和洪水调蓄 4 类生态用地指数,以及水土流失和地质灾害 2 类敏感性指数;②对各指数进行计算并分级赋值,以完成单因子生态用地重要性的辨识;③对各单因子生态重要性指数进行叠加处理,完成综合关键性生态空间的识别。

(1)水源涵养功能重要性评价

水源涵养是生态系统(如森林、草地等)通过其特有的结构与水相互影响和作用,对大气降水进行截留、渗透、蓄积,并通过蒸散发实现对水流、水循环的调节和控制,主要表现为缓和地表径流、补充地下水水位、减缓河流流量的季节波动、调节洪枯、保证水源水质等方面。通常以生态系统水源涵养服务能力指数作为评价指标,具体计算公式如下:

$$WR = NPP_{mean} \times F_{sic} \times F_{pre} \times (1 - F_{slo}) \tag{8-1}$$

式中:WR 是生态系统水源涵养服务能力指数;NPP_{mean} 是评价区域多年生态系统净初级生产力平均值;F_{sic} 是土壤渗透因子;F_{pre} 是评价区域多年(10～30 年)平均年降水量数据插值并归一化到 0～1;F_{slo} 是根据最大最小值法归一化到 0～1 的评价区域坡度栅格图,可由 DEM 计算得到。

(2)土壤保持功能重要性评价

土壤保持是生态系统(如森林、草地等)通过其结构与过程,减少由于水蚀所导致的土壤侵蚀的作用,是生态系统提供的重要调节服务功能之一。土壤保持功能主要与气候、土壤、地形和植被等有关。以生态系统土壤保持服务能力指数作为评价指标,计算公式如下:

$$S_{pro} = NPP_{mean} \times (1 - k) \times (1 - F_{slo}) \tag{8-2}$$

式中:S_{pro} 是生态系统土壤保持服务能力指数,NPP_{mean} 是评价区域多年生态系统净初级生产力平均值,F_{slo} 是根据最大最小值法归一化到 0～1 的评价区域坡度栅格图,k 为土壤可蚀性因子。

(3)洪水调蓄功能重要性评价

洪水调蓄是生态系统通过自身的涵养水源、保持水土等功能调蓄洪水的能力,是生态系统提供的重要调节服务功能之一(李赛红 等,2012)。洪水调蓄能力的强弱主要与植被覆盖、地形地貌、人类活动强度等有关(陈文波 等,2008)。本章通过河湖缓冲区距离、洪水调蓄区等级和洪水淹没区范围来表征洪水调蓄功能重要性,这三个指标分别代表维护区域洪水调蓄能力的某个方面,因此采用析取算法叠加三个指标,取生态服务功能重要性最高者,即洪水调蓄能力指数 $Q = \max$(河湖缓冲区距离、洪水调蓄区等级、洪水淹没区范围)(表 8-1)。

表 8-1　洪水调蓄评价因子及分级标准

评价因子	极重要	重要	中等重要	一般重要	不重要
河湖缓冲区距离(m)	≤25	25～50	50～100	100～150	≥150
洪水调蓄区等级	4 级	3 级	2 级	1 级	其他区域
洪水淹没区范围	10 年 一遇范围	20 年 一遇范围	50 年 一遇范围	100 年 一遇范围	其他区域
分级赋值	9	7	5	3	1

（4）生物多样性保护功能重要性评价

生物多样性保护是指生态系统发挥着维持基因、物种、生态系统多样性的功能,是生态系统提供的最主要功能之一。生物多样性保护功能重要性评价常采用基于物种的评价方法和基于生境多样性的评价方法(彭羽 等,2015)。第一种方法是通过收集区域动植物多样性和环境资源数据,建立物种分布数据库,应用物种分布模型(SDM)量化物种对环境的依赖关系,结合关键物种的实际分布范围最终划定确保物种长期存活的保护红线。第二种方法主要应用于部分物种分布数据资料及分布精度缺失的情况下(李果 等,2011)。本章研究中因部分物种分布数据不全,采用生境多样性评价方法进行评价。其具体计算公式如下:

$$S_{bio} = NPP_{mean} \times F_{pre} \times F_{tem} \times F_{alt} \tag{8-3}$$

式中:S_{bio} 为生态系统生物多样性保护服务能力指数;NPP_{mean} 为评价区域多年生态系统净初级生产力平均值;F_{pre} 为评价区域多年(10～30年)平均年降水量数据插值并归一化到 0～1;F_{tem} 为评价区域气温参数,由多年(10～30年)平均年降水量数据插值获得,得到的结果归一化到 0～1;F_{alt} 为海拔高度,由评价区域海拔归一化获得。

8.2.2.2 生态系统敏感性评价方法

针对研究区各土地利用生态系统敏感性情况不同,开展区域生态系统敏感性评价,评价内容包括水土流失敏感性、地质灾害敏感性等,并利用自然断点法(natural break)对评价结果进行分级,将评价结果分为不敏感、一般敏感、中度敏感、高度敏感和极敏感(表8-2)。

表 8-2 水土流失敏感性评价指标体系

评价因子	不敏感	轻度敏感	中度敏感	高度敏感	极敏感
降雨侵蚀力	<25	25～100	100～400	400～600	>600
土壤可蚀性	石砾、沙	粗砾土、细砾土、黏土	面沙土、壤土	沙壤土、粉黏土、壤黏土	砂粉土、粉土
坡度坡长	0～20	20～50	50～100	100～300	>300
地表植被覆盖	湖泊、湿地、滩涂、滩地	亚热带常绿阔叶林、针叶林、针阔叶混交林、灌木林	山顶矮林、竹林、高山植被	迹地、苗圃及各类园地	无植被覆盖、裸土地
人工措施	>0.8	0.6～0.8	0.4～0.6	0.2～0.4	0～0.2
分级赋值	1	3	5	7	9

（1）水土流失敏感性评价

水土流失是重要的生态环境问题之一,研究水土流失潜在发生过程及其可能性,对于明确水土流失敏感性分布区域,合理制定区域水土保护措施,缓解区域生态环境压力,促进区域可持续发展具有重要意义。本章根据凡非得、王娇等的研究成果(凡非得 等,2011;王娇 等,2014),采用水土流失敏感性指数进行区域水土流失敏感性评价,具体公式如下:

$$SS_i = 5\sqrt{R_i \times K_i \times LS_i \times C_i \times P_i} \tag{8-4}$$

式中:SS_i 为评价区域 i 空间单元水土流失敏感性指数,评价因子包括降水侵蚀力(R)、土壤可蚀性(K)、坡度坡长因子(LS)、地表植被覆盖因子(C)、人工措施因子(P)。

（2）地质灾害敏感性评价

鄱阳湖地区地质灾害主要是滑坡、泥石流、崩塌、地面塌陷等重力型地质灾害,其与势能有关,而势能又与海拔高程、植被覆盖、坡度、地形起伏度、人类活动干扰等关系密切。因此,本章借鉴已有研究成果中致灾因子对地质灾害的影响程度以及各因子对地质灾害的敏感性(苏泳娴 等,2013;俞孔坚 等,2009;周锐 等,2015),采用地质灾害敏感性指数进行区域地质灾害敏感性评价(表 8-3),具体评价公式如下:

$$GS_i = \sqrt{\prod_{i=1}^{5} G_i} \tag{8-5}$$

式中,GS_i 为评价区域 i 空间单元地质灾害敏感性指数;G_i 为 i 个评价因子的敏感性等级值,具体评价因子包括植被覆盖情况、海拔高程、坡度、地形起伏度、人类活动干扰强度。

表 8-3　地质灾害敏感性评价指标体系及权重

评价因子	不敏感	轻度敏感	中度敏感	高度敏感	极敏感
海拔高程（m）	<50	50~100	100~200	200~500	>500
植被覆盖度	>0.8	0.6~0.8	0.4~0.6	0.2~0.4	0~0.2
坡度（°）	<5	5~10	10~15	15~25	>25
地形起伏度（m）	<20	20~50	50~100	100~300	>300
人类活动干扰强度	林地、高覆盖草地、湖泊、滩涂、滩地	水库坑塘、沼泽地、其他未利用土地	耕地、中低覆盖草地、裸土地	农村居民点、其他建设用地	城镇、工矿建设用地
分级赋值	1	3	5	7	9

8.2.2.3　关键性生态空间辨识方法

从单因子分析评价得出的生态系统服务功能重要性和生态敏感性只能反映某一单因子的作用过程,要综合辨识出区域关键性生态空间,则需要根据各项因子的重要性分级赋值,计算每一个空间栅格单元上的综合生态用地指数,得到区域生态保护红线的空间分布等级图。因此,本章采用析取算法,通过计算区域综合生态用地指数,辨识关键性生态空间范围,其具体计算公式如下:

$$EL = \max(WR, S_{pro}, Q, S_{bio}, SS_i, GS_i) \tag{8-6}$$

式中:EL 为综合生态用地指数;WR 为生态系统水源涵养服务能力指数,S_{pro} 为生态系统土壤保持服务能力指数,Q 为生态系统洪水调蓄能力指数,S_{bio} 为生态系统生物多样性保护力指数,SS_i 为评价区域 i 空间单元水土流失敏感性指数,GS_i 为评价区域 i 空间单元地质灾害敏感性指数。

8.3　关键性生态空间的辨识结果

8.3.1　生态系统服务功能重要性评价结果

依据上述已经建立的生态系统服务重要性评价方法,利用 ArcGIS 10.2 软件进行研究区水源涵养、土壤保持、洪水调蓄、生物多样性保护等单因子生态系统功能重要性评价,其重要性评价结果见表 8-4 和图 8-1(见文后彩插)。

表 8-4 鄱阳湖地区生态系统服务功能重要性评价结果

评价因子	重要性等级	面积(km²)	百分比(%)	累积百分比(%)
水源涵养功能重要性	不重要	12436.48	63.50	63.50
	一般重要	3623.23	18.50	82.00
	中等重要	910.70	4.65	86.65
	重要	1506.09	7.69	94.34
	极重要	1108.51	5.66	100.00
土壤保持功能重要性	不重要	15266.51	77.95	77.95
	一般重要	1999.63	10.21	83.16
	中等重要	816.69	4.17	92.33
	重要	513.13	2.62	94.95
	极重要	989.04	5.05	100.00
洪水调蓄功能重要性	不重要	10834.42	55.32	55.32
	一般重要	1233.86	6.30	61.62
	中等重要	571.88	2.92	64.54
	重要	1504.13	7.68	72.22
	极重要	5440.71	27.78	100.00
生物多样性保护功能重要性	不重要	16210.50	82.77	82.77
	一般重要	2132.81	10.89	93.66
	中等重要	470.04	2.40	96.06
	重要	242.85	1.24	97.30
	极重要	528.80	2.70	100.00

在水源涵养功能重要性评价方面,从表 8-4 和图 8-1a 可以看出,极重要和重要的区域面积分别为 1108.51 km² 和 1506.09 km²,分别占研究区总面积的 5.66% 和 7.69%。该区域主要分布于鄱阳湖地区东北部丘陵岗地、西部的九岭山和幕阜山东段沿线,赣江流域中上游丘陵山地有零星斑块分布,这些地区水源涵养能力强,对维护当地水资源安全和提升水源涵养功能具有重要作用,能够起到减缓地表径流、补充地下水位、降低河流水量的季节性波动、保证水源水质等作用。

在土壤保持功能重要性评价方面,从表 8-4 和图 8-1b 可以看出,极重要和重要的区域面积分别为 989.04 km² 和 513.13 km²,分别占研究区总面积的 5.05% 和 2.62%。这些区域主要分布于庐山山脉、东北部低山丘陵岗地、西部九岭山和幕阜山东段沿线,这些地区主要大部分属于红壤、黄壤和黄褐土,土质松弛,加之海拔较高、地形起伏较大,极易发生由于强降水、河湖水流速度大等带来的土壤侵蚀问题。

在洪水调蓄功能重要性评价方面,从表 8-4 和图 8-1c 可以看出,极重要和重要区域面积分别为 5440.71 km² 和 1504.13 km²,分别占研究区总面积的 27.78% 和 7.68%。主要分

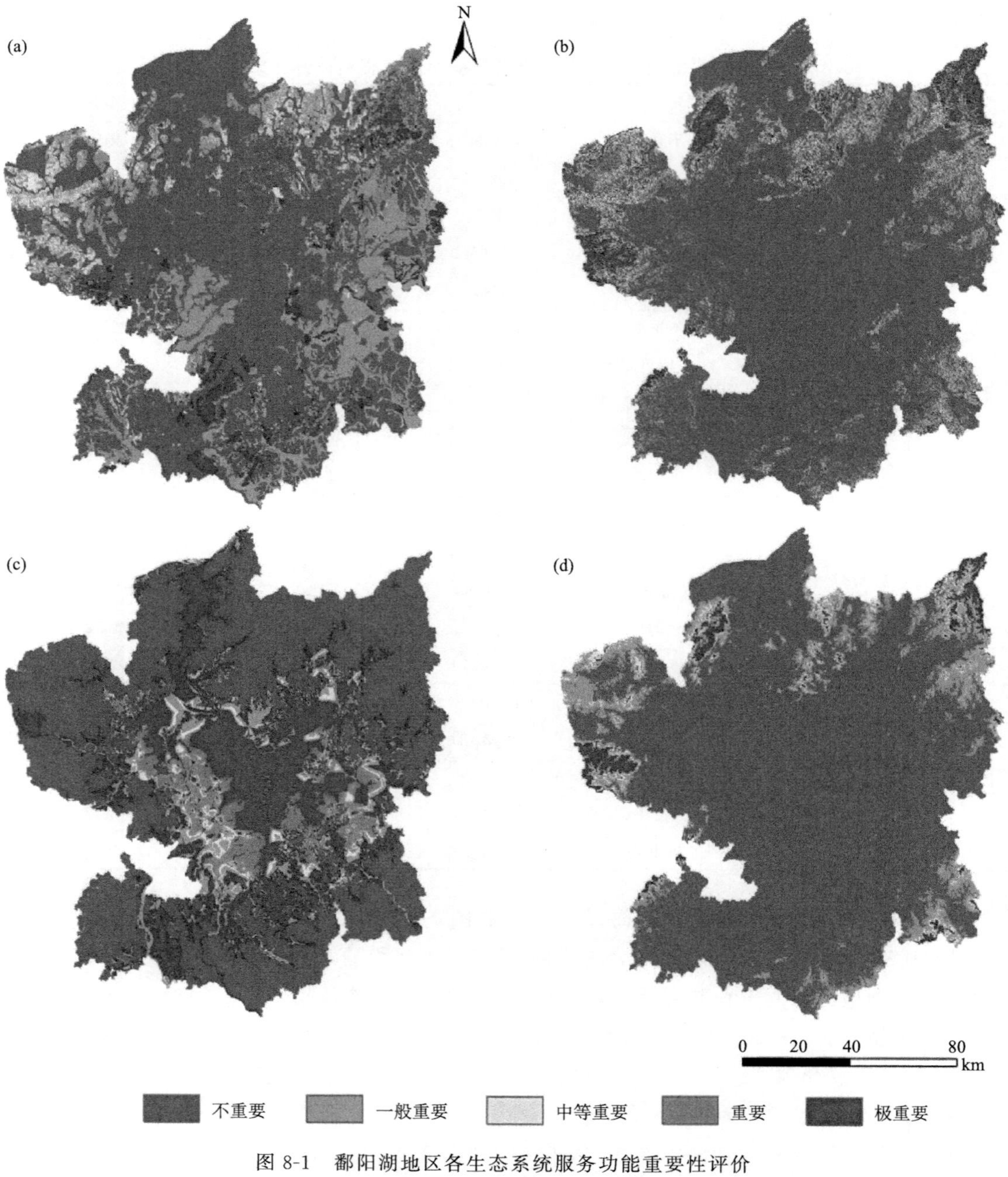

(a)   (b)

N

(c)   (d)

0   20   40   80
                        km

| | 不重要 | | 一般重要 | | 中等重要 | | 重要 | | 极重要 |

图 8-1　鄱阳湖地区各生态系统服务功能重要性评价

(a)水源涵养功能重要性评价结果；(b)水土保持功能重要性评价结果；

(c)洪水调蓄功能重要性评价结果；(d)生物多样性功能重要性评价结果

布于鄱阳湖湖体核心保护区域、柘林湖水库区域、鄱阳湖地区北部鄱阳湖与长江交汇区域
以及区域内河流水系等，这些区域处于河谷平原地区，地势较低，是地表水源集中汇集区，
也是水资源保护的重点区域，极易发生因强降雨、上游泄洪等引发的洪涝灾害，威胁人民生

活和居住区域安全。

在生物多样性保护功能重要性评价方面,从表8-4和图8-1d可以看出,极重要区域面积为528.80 km²,占研究区总面积的2.70%。主要分布于庐山山脉、东北部低山丘陵岗地、西部九岭山和幕阜山东段沿线,这些地区是鄱阳湖地区生物多样性保护的核心地区,该区域森林种群丰富,是大部分生物物种的理想栖息地。其中,重要区域面积为242.85 km²,占研究区总面积的1.24%,这些地区主要分布于极重要地区的外围,是本地生物物种核心栖息地的缓冲区和隔离带。极重要和重要区域的面积几乎接近研究区总面积的六分之一,是进行生物多样性保护的重点区域。

8.3.2 生态系统敏感性评价结果

依据前文已经建立的生态系统敏感性评价方法,利用 ArcGIS 10.0 软件,开展研究区水土流失、地质灾害等单因子生态系统敏感性评价,其评价结果见表8-5。

表 8-5 鄱阳湖地区生态系统敏感性评价结果

评价因子	重要性等级	面积(km²)	百分比(%)	累积百分比(%)
水土流失敏感性	不敏感	11498.35	58.71	58.71
	较敏感	4406.63	22.50	81.21
	中度敏感	1447.33	7.39	88.60
	高度敏感	701.14	3.58	92.18
	极敏感	1831.55	7.82	100.00
地质灾害敏感性	不敏感	16251.63	82.98	82.98
	较敏感	1823.36	9.31	92.29
	中度敏感	520.96	2.66	94.95
	高度敏感	685.48	3.50	98.45
	极敏感	303.57	1.55	100.00

在水土流失敏感性评价方面,从表8-5和图8-2a(见文后彩插)可以看出,中度敏感及其以上区域面积为3680.2 km²,占研究区总面积的18.79%,其中高度敏感和极敏感区域面积为701.14 km²和1831.55 km²,说明鄱阳湖地区极易发生水土流失的可能性高,这些区域主要分布在鄱阳湖湖体核心保护区沿线、柘林湖水库沿线以及赣江、抚河、信江流域上游低山丘陵岗地,这些区域土质疏松,土壤相对贫瘠,植被覆盖度较低,因此,发生水土流失的可能就较大。

在地质灾害敏感性评价方面,鄱阳湖地区地质灾害主要是滑坡、泥石流、崩塌、地面塌陷等,从表8-5和图8-2b可以看出,极敏感区域面积为303.57 km²,占研究区总面积的1.55%,主要分布于庐山山脉、西部的九岭山和幕阜山东段、东北部的低山丘陵岗地等区域。这些地区大多坡度大于25°,且地表裸露,生态环境相对恶劣,是滑坡、泥石流、崩塌、地面塌陷等地质灾害频发的极端危险区域。高度敏感区域面积为685.48 km²,占研究区总面积的3.50%,主要分布于东北部的低山丘陵岗地、东部的怀玉山脉西段沿线以及极敏感区域的周边,这些地区发生滑坡、泥石流、崩塌、地面塌陷等地质灾害的可能性较大。

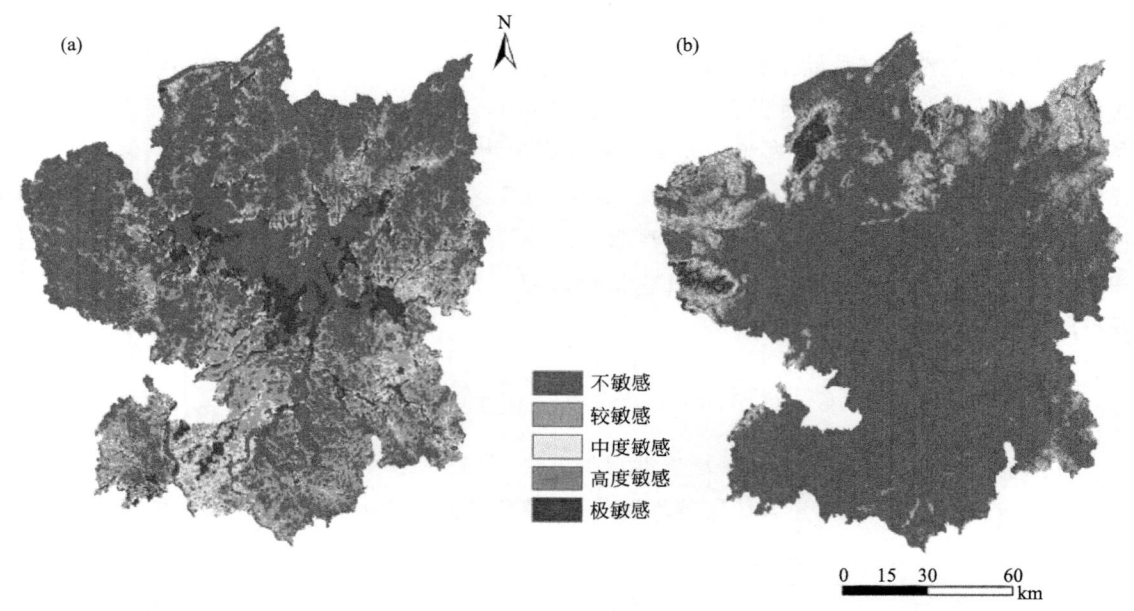

图 8-2　水土流失敏感性和地质灾害敏感性评价图
（a）水土流失敏感性评价结果；（b）地质灾害敏感性评价结果

8.3.3　关键性生态空间范围

根据相关研究成果,将生态系统服务功能重要性评价和生态系统敏感性评价极重要和极敏感区域作为底线型生态空间,重要和高度敏感区域作为危机型生态空间,中等重要和中度敏感区域作为缓冲型生态空间,一般重要和较敏感、不重要和不敏感区域作为安全型生态空间。根据前文已经建立的鄱阳湖地区关键性生态空间辨识方法,采用析取算法,得到鄱阳湖地区关键性生态空间辨识范围（表 8-6 和图 8-3,见文后彩插）。

从表 8-6 和图 8-3 可以看出,经综合评价辨识后鄱阳湖地区底线型生态空间面积为 6592.31 km²,占研究区总面积的 33.66%,其分布较为集中,主要分布于鄱阳湖湖体核心区、庐山山脉地区、东北部的低山丘陵岗地、东部的怀玉山脉西段沿线、东南部的武夷山脉北段沿线、西部的九岭山和幕阜山东段、南部的玉华山地区以及赣江、抚河流域中上游低山丘陵地区,区域内大中型水库等区域也有少量斑块分布,这些地区是维护区域生态安全的核心区域,生态环境脆弱,人类活动对其影响反应剧烈,是生态环境保护的底线安全区域,应加强生态环境保护和生态基础设施建设,严格禁止城镇开发建设等人类活动,保持生态平衡。危机型生态空间面积为 1862.53 km²,占研究区总面积的 9.51%,主要分布于鄱阳湖湖体核心区的外围以及底线型生态空间的周边,分布较为集中,对区域生态系统的安全保障承担着重要作用,也应加强生态环境保护和生态基础设施建设,严格控制城镇开发建设等人类活动。缓冲型生态空间面积为 1543.30 km²,占研究区总面积的 7.88%,其分布较为零碎,应在保护生态环境的同时,允许有条件地进行城镇开发建设活动,履行严格的用地审批和生态环境保护要求,禁止盲目开发建设,合理规划,从而达到人与自然和谐相处。

表 8-6　鄱阳湖地区关键性生态空间辨识结果

关键性生态空间类型	面积（km²）	百分比（%）	累积百分比（%）
底线型生态空间	6592.31	33.66	33.66
危机型生态空间	1862.53	9.51	43.17
缓冲型生态空间	1543.30	7.88	51.05
非关键性生态空间	9586.86	48.95	100.00

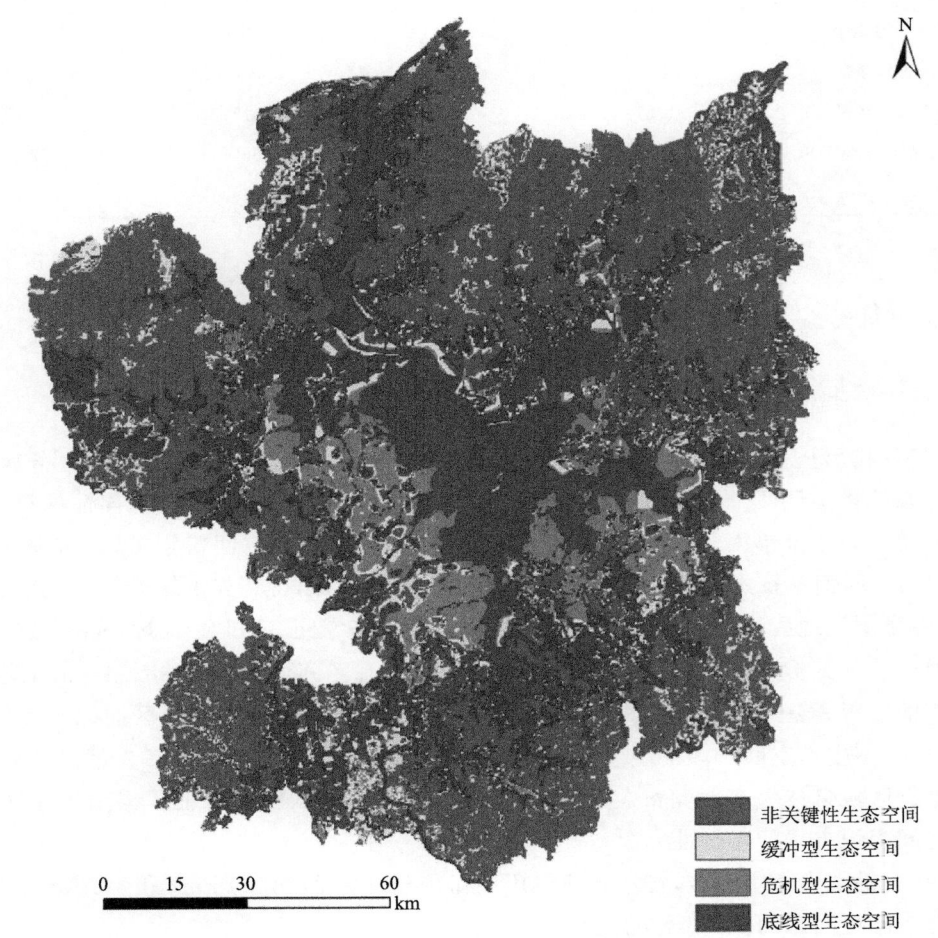

图 8-3　鄱阳湖地区关键性生态空间范围

8.3.4　现状土地利用生态安全冲突分析

将现状土地利用中的建设用地、农业用地与综合关键性生态用地叠加，通过分析建设用地和农业用地在关键性生态空间的分布结构来评价现状土地利用。

从表 8-7 可以看出，2018 年鄱阳湖地区两类人类活动剧烈的土地利用类型中，仅有约50％的建设用地是处于生态安全或生态较为安全的空间内，有 26％左右的建设用地是处于脆弱甚至极脆弱的生态环境中,对于这些区域的建设用地,一方面存在着较大的生命财产风险,另一方面它们的存在对区域自然环境、生态安全也构成极大的威胁。而在耕地利用中,有接近56%的农用地是处于安全或者较安全的区域中,而约有22%的耕地是处于脆弱甚至是极脆弱的生态环境中,这部分耕地的存在对区域生态环境构成了较大的威胁。

表 8-7　现状土地利用生态安全冲突区

关键性生态空间级别	建设用地		耕地	
	面积(km²)	占比(%)	面积(km²)	占比(%)
非关键性生态区	510.96	51.44	4787.12	55.97
缓冲型生态区	131.55	13.24	645.12	7.54
危机型生态区	91.87	9.25	1177.83	13.77
底线型生态区	258.97	26.07	1943.11	22.72
合计	993.35	100.00	8553.18	100.00

8.4　结论与讨论

8.4.1　结论

根据不同类型土地的生态功能及评价目标的差异性,本章分别从生态系统服务功能重要性和生态系统敏感性两个方面,选取水源涵养、土壤保持、洪水调蓄、生物多样性保护、水土流失以及地质灾害 6 个单因子生态过程,构建了区域关键性生态空间辨识方法,并基于 RS 和GIS 等相关空间信息技术对研究区关键性生态空间进行辨识,得到如下结论。

(1)将鄱阳湖地区生态保护红线区划分为底线型生态空间、危机型生态空间和缓冲型生态空间。通过叠加分析,结果表明,鄱阳湖地区关键性生态空间面积为 9998.14 km²,超过研究区总面积的一半,其中底线型生态空间占比最大,达到 33.66%,大约占全区面积的三分之一。

(2)危机型生态空间和缓冲型生态空间次之,分别为 9.51% 和 7.88%。辨识结果较好地反映了维护区域自然生态环境和人类活动范围的空间分布特征,也验证了提出构建区域关键性生态空间辨识方法的可行性。

(3)在关键性生态空间内,耕地和建设用地面积分别为 3766.05 km² 和 482.39 km²,分别占关键性生态空间总面积的 44.03% 和 48.56%。

8.4.2　讨论

本章通过辨识鄱阳湖地区关键性生态空间,针对不同关键空间提出相应的政策启示,以便更好地保护区域生态环境,构建区域生态安全格局,实现人与自然和谐相处。

(1)针对底线型生态空间,可制定相关政策法规,以法律法规的形式将底线型红线区域纳入城市发展、经济发展、城乡建设用地扩张和耕地开垦的禁止开发区域,同时,在生态保护的核心区域(如鄱阳湖湖体核心区、区域各流域支流沿岸地带、高山森林区域、水源保护区等)严格禁止任何城镇开发建设活动,切实加强对区域生态环境保护的宣传教育力度,推动公众自觉参与到生态环境保护中来,采取生态保育和生态调控措施,实施退耕还林还湖还草,加大封山育林以及对水源保护区的保护力度,重点区域实施生态移民,从而缓解对当地生态环境的压力。

(2)针对危机型生态空间,在实现上述调控措施的基础上,要实施区域土地利用生态补偿政策,界定好补偿的对象、标准和方式等,对合理利用土地资源和保护生态环境的对象从经济利益等方面进行合理补偿,构建土地利用生态补偿的常态化机制,同时,要创新土地利用生态补偿机制,可通过税收等财税手段加大对区域生态环境产生不良影响的经济活动主体征税力度,通过税收杠杆把区域生态安全引导向健康道路。

(3)针对缓冲型生态空间,在实现上述调控措施的基础上,要加强生态安全的动态监测,合理调控区域土地利用,确定好自然生态用地、农业用地以及城市建设用地等控制指标,保证自然生态用地、农业用地和城市建设用地三者的动态平衡,不断优化生态安全格局。同时,环境保护相关各部门要相互协调,及时发现生态环境破坏行为,及时处理,将威胁生态环境的行为影响降到最低。

在土地利用生态安全冲突分析中可知,有部分现状耕地和建设用地处于关键性生态空间内,这两类土地是人类干扰强度最大的土地类型,一旦人们干扰强度超过了其生态承受能力,则会影响生态系统功能的正常运行,从而威胁局地甚至全区的生态安全。随着我国经济的发展和城镇化水平的提速、人类活动范围的扩大和活动强度的增强,都将会对区域自然生态环境以及维护区域生态安全产生更大的干扰。因此,通过关键性生态空间的辨识,可以提前预警农业、城镇发展与关键性生态用地发生冲突的空间位置,为区域合理而又科学地规划土地利用提供依据。

第 9 章　土地利用生态安全预警研究[*]

9.1　引言

城镇化是中国近 30 年来发展的主流,改革开放以来,中国的城镇化率从 1978 年的 17.92% 上升至 2015 年的 56.1%,年均增长 1%(王怡睿 等,2016)。伴随着城镇化的推进,城镇人口激增,大城市、超大城市不断涌现,城市土地面积急剧扩张,土地利用格局也随之发生变化。由人类活动带来的土地利用变化所引发的生态、环境变化往往相对激烈,并且能够在较短的时间或时段内就引起生态系统或环境质量较大(或质)的改变。不少地区由于早期规划带有严重的主观性,缺乏科学规划,导致城市无序蔓延,一些维护区域生态安全的关键性生态空间被建设用地和农业用地侵占,严重威胁区域的生态安全。关注区域尺度下的土地利用安全问题,对区域内的土地利用生态安全问题进行提前预警和防范,是实现区域土地资源可持续发展的基础。

随着土地生态安全问题的产生和信息技术的发展,土地生态安全预警随即出现(吴次芳 等,2004),国内外开展了大量的相关研究。国外的研究主要集中在监测系统的构建上,如土壤监测系统的建设(张桃林 等,1999)、土地利用变化的动态监测(Stephenne et al.,2001)以及土地生态环境预警监测等。国内的土地生态预警研究,主要涉及土地生态安全预警理论(吴次芳 等,2004;黄贤金 等,1998)、预警指标体系(吴冠岑,2008;余敦 等,2012),预警方法和预警信息系统建设(李志斌 等,2007)等方面。例如,陆均良和孙怡(2010)利用信息通信技术在水利风景区构建生态预警系统;王让会和宁虎森(2016)从生态水位界定、水环境监测和人工调控等方面进行了 CO_2 减排林的生态预警分析;黄志强等(2014)则从石漠化分级程度的视角构建了农业用地石漠化预警机制;谢莹和张明祥(2014)通过选择重要的湿地特征指标构建了湿地生态预警机制。综合来看,构建单一的土地利用生态安全预警机制仅需要考虑某单一土地利用类型内部的利用行为的变化或土地性状的变化,其变化特征一般较为明显,建立生态预警机制相对容易。而区域土地利用是一个复杂巨系统,是在人类活动的持续或周期性干预下,进行土地自然再生产的社会经济过程(刘彦随,1999),在这个过程中,由多种土地利用变化所引起的生态系统结构和功能的变化是导致生态安全遭受威胁的本质原因,因此,构建土地利用生态安全的预警机制是未来土地利用研究的重要方向。该机制的建立将有助于区域生态安全屏障的建立,将危险防患于未然。"预警"是指在灾害或其他需要堤防的危险发生之前,根据以往的总结规律或观测得到的可能性前兆,向相关部分发出紧急信号,报告危险情况。因此,区域土地利用生态安全预警机制应包括至少三部分内容:第一,辨识土地利用可能存在的生态

---

[*] 本章内容已发表在 SCI 期刊 *Science of the Total Environment*,2020,704(2):135427。

风险,构建生态红线;第二,根据以往的规律或观测结果预测可能的土地利用变化发展走势,尤其是对自然生态系统影响激烈的建设用地和耕地的发展变化;第三,预警级别的确定。

鄱阳湖地区是中国南方经济最活跃的地区之一,是中国重要的生态功能保护区、全球重要生态区。由于历史、人口、经济社会发展等诸多因素的影响,在过去的 30 年间,生态环境问题凸显,城镇化、森林过度采伐、围湖造田等不合理的土地利用方式将区域内大量森林、湿地等发挥重要生态服务功能的生态用地转化为建设用地、农业用地等非生态用地,对区域的生态系统造成较大的影响。然而,作为新兴的经济区,鄱阳湖地区的发展目标是致力于促进生态和经济协调发展为主线,建设成为全国乃至世界生态文明与经济社会发展协调统一、人与自然和谐相处、经济发达的世界级生态经济示范区。从土地利用的角度出发,要实现这样的目标,建立区域的土地利用生态安全预警机制是当务之急。本章首先利用马尔柯夫预测模型进行鄱阳湖地区 2030 年土地利用总量预测,然后在 GeoSOS 软件平台上基于 Logistic-CA 模型模拟研究区 2030 年的土地利用分布格局,最后,利用前期研究成果(研究区生态红线)建立土地利用生态安全的预警机制。

9.2　数据来源和研究方法

9.2.1　数据来源

研究数据为中国科学院地理科学与资源研究所提供的鄱阳湖地区 2005 年、2015 年遥感解译数据(土地利用类型分类:耕地、林地、草地、水域、建设用地和未利用地),辅助数据有 DEM、区位数据(离最近城镇中心、公路、河流)、历年统计年鉴等。统计年鉴数据主要来自《江西省统计年鉴》(2006—2016 年),并根据市、县基本情况处理后得到。所有空间数据均重采样为 250 m×250 m 的栅格数据。表 9-1 为在 Logistic-CA 模型中涉及的变量。

表 9-1　逻辑回归模型挖掘转换规则所需要的空间变量

变量类型		获取方法	标准化值
因变量	2005—2015 年转为城镇用地	叠加分析	转为城镇用地为 1;未转为城镇用地为 0
	2005—2015 年转为耕地	叠加分析	转为耕地为 1;未转为耕地为 0
自变量	离最近城镇中心的距离	ArcGIS 的 Eucdistance 函数	0~1
	离最近公路的距离	ArcGIS 的 Eucdistance 函数	0~1
	离最近河流的距离	ArcGIS 的 Eucdistance 函数	0~1
	高程	DEM 数字化	0~1
	坡度	DEM 生成	0~1

到 2015 年,鄱阳湖地区土地利用类型主要为耕地、林地、草地、水域、建设用地、未利用地等。其中,耕地占土地总面积的 38.96%、林地占土地总面积的 42.02%,草地占土地总面积的

3.79%,水域占土地总面积的 11.76%,建设用地占土地总面积的 3.46%,未利用地占土地总面积的 0.01%。

9.2.2 研究方法

9.2.2.1 马尔柯夫(Markov)模型

在国内,土地利用需求量预测往往指的是建设用地需求量预测,因为中国正处于快速发展的阶段,人口的增长与建设用地不足的矛盾导致中国在制定土地利用规划时都要预测建设用地需求量。常用的建设用地需求预测方法可以分为定性预测和定量预测,定性预测多根据预测者的经验、专业水平,对事物发展的前景做出预测。这类方法简单但常常会由于掌握的数据不多或主要影响因素难以用数量描述而造成预测结果可信度不高。定量预测方法是指运用数学或统计方法建立模型,利用模型对以往的统计数据进行分析,从而模拟预测结果。常用的定量预测方法有分项预测法、定额指标法和数学模型预测法。运用分项预测法和定额指标法常常需要非常详细的社会经济数据,预测的结果通常是对应到各个详细的二类建设用地,因此规划部门会根据需求选用这两类方法进行预测。数学模型预测法的模型较多,常用的有回归预测模型、灰色预测模型、Markov 预测模型、趋势外推预测模型等。回归预测模型设计通过建立建设用地面积变化与影响建设用地面积变化的主要影响因子之间的回归方程来预测目标年的建设用地需求量。在预测过程中,我们还须对方程的自变量进行精确的预测才能保证建设用地需求量预测结果的可靠性,但这是很难的。灰色预测法不直接使用原始数列,而是通过累加生成灰色模型,消除数据中其他一些未知或已知因素的影响,从而预测未来某个时点的值。该模型是根据指数曲线发展趋势进行预测,当建设用地总量数据波动较大时,其预测结果往往会偏高。马尔柯夫预测法主要是通过对土地利用结构预测来达到预测未来土地需求量的目的,土地利用结构就是一个系统,其变化发展的过程(即土地利用结构从一种状态到另一种状态的过程)是完全随机的,并具有转移概率,这也即马尔柯夫预测模型运行的原理。因此,当土地政策较为稳定时,运用该模型预测建设用地需求量较为合理。

Markov 模型是一种基于栅格的空间概率模型,是基于马尔科夫过程理论而形成的预测事件发生概率的一种计量方法。它具有无后效性的特性,一般是根据事件目前的状况预测其在未来某个时间的变化情况,而不管该系统是如何过渡到目前状态的,本质是对事件发生概率的模拟预测。具体到土地利用安全格局模拟,土地利用政策在一定时间内是平稳展开的,土地利用类型的变化具有双向性,既可以从当前土地利用类型转化为其他土地利用类型,也可以从其他土地利用类型向当前土地利用类型进行转化,在这种随机转化的过程中,土地利用的类型、数量等不断发生变化,因此其存在 Markov 过程理论描述的特质,可以利用 Markov 模型进行土地利用宏观总量预测(陆汝成 等,2009)。Markov 模型如下所示:

$$X_{t+1} = Y_{ij} \cdot X_t \qquad (i,j=1,2,\cdots,n) \tag{9-1}$$

式中:X_t、X_{t+1} 分别表示 t、$t+1$ 时刻土地利用系统的状态;Y_{ij} 为不同时刻的土地利用状态的转移矩阵,通过对区域内不同时刻的土地利用状态转移矩阵进行统计分析,可以构成 Markov 状态转移概率矩阵。

单一的 CA 模型或者 Markov 模型都具有一定的缺点和局限性,但将两者集合起来就具有天然的优势性。利用 CA-Markov 模型模拟各种自然环境因素和人为社会因素相互作用下的区域土地利用安全格局,可在一定程度上表达出传统计量经济学模型几乎无法描述的非线性特征,不仅能够对土地利用状况进行数量模拟,而且加入了较强的空间概念元素,并且能够基于模型模拟结果,提出不同调控情景策略下的土地利用安全格局优化方案和对策建议。

9.2.2.2 Logistic-CA 模型

20 世纪 40 年代末 S. Ulan 和 J. von Neumann 提出了元胞自动机(cellular automata,CA)模型,这是一种时间、空间、状态都离散,空间相互作用和时间因果关系都为局部的网格动力学模型,具有模拟复杂系统时空演化过程的能力(赵莉 等,2016)。区域土地利用安全格局变化是一个高度复杂的空间动态非线性过程,是不同尺度上自然环境因素和人文社会经济因素相互作用的结果,既有自然演化过程,又存在人类活动的干扰导致土地利用格局的变化。因此,传统的计量经济学模型已无法定量分析和动态模拟土地利用安全格局的变化问题(Lambin et al. ,2001)。元胞自动机被广泛应用于土地利用安全格局过程模拟,它具有强大的复杂计算功能、固有的平行计算能力、高度动态以及具有地理空间概念等特征,特别是其"自下而上"的研究思路,使得它在复杂系统微观空间变化模拟方面具有很大的优势和很强的能力(曹雪 等,2011)。其主要由元胞(cell)、元胞状态(state)、时间(time)、邻域范围(neighbor)和转换规则(rule)五个部分组成,基本原理为一个元胞空间下一时刻的状态是上一时刻其邻域状态的转换函数。

本章中采用基于逻辑回归的土地利用 CA 模拟模型。土地利用系统是一个动态的复杂系统,具有开放性、自组织性和非平衡性的特点。土地利用变化受到自然、社会和经济等多种要素的影响,其过程具有高度的复杂性。在利用 CA 模型模拟区域土地利用变化时,元胞的土地利用发生的概率主要与元胞自身的区位环境(海拔、坡度)、邻近范围元胞的状态、到城镇中心的最短距离、到最近道路(公路、铁路、地铁等)的距离、到最近河流的距离以及社会经济因素有关。

在基于逻辑回归的土地利用变化 CA 模型中,某元胞 $t+1$ 时刻发展为某一土地利用类型(城镇用地、耕地)的概率:

$$P_{d,ij}^{t+1} = Pg \times \Omega_{ij}^{t} \times \mathrm{con}(S_{i,j}^{t}) \times R \tag{9-2}$$

式中:随机项:$R = 1 + (-\ln r)^{\alpha}$,其中 r 为 0~1 的随机数,α 为控制随机变量的参数,值域区间为[1,10];开发适宜性:$Pg = 1/(1 + \exp(-z_{ij}))$,其中,$z_{ij} = a + \sum b_k x_k$,$a$ 为常数项,b_k 为空间变量的权重,x_k 为空间变量,如到最近公路的距离等;约束条件函数:$\mathrm{con}(S_{i_m}^{t} = suitable)$,其值域区间为[0,1],$S$ 为 t 时刻元胞的状态,如果该状态越有利于向某一土地利用类型发展,其值越接近于 1,反之,则其值越接近于 0;Ω_{ij}^{t} 为元胞单元的受邻域空间范围影响的概率值。

9.2.2.3 Logistic-CA-Markov 模型

Logistic-CA-Markov 模型主要由 Markov 模型宏观总量预测模块和 Logistic-CA 模型微观演化格局预测模块两个子模块组成。模型的基本思路是:从单一的 CA 模型或者 Markov 模型在总量预测和时空模拟方面存在缺陷的角度出发,引入情景分析方法,首先设置 3 种不同发展情景的土地利用安全格局,即底线红线型、缓冲红线型和理想红线型,在每一种情景中都嵌入政府的土地利用规划政策目标。根据每一种不同情景预测未来各土地利用类型总量,并以未来土地利用总量预测值控制 CA 迭代时间和迭代次数,然后以 CA 模型为基础,选择影响土地利用变化的自然环境因素和人文社会经济因素,通过 Logistic 回归的 CA 元胞适应度计算、邻域空间影响以及强制性约束条件的确定,引入随机干扰项后,以元胞综合转换概率代替复杂的转换规则的制定,最后,在 GIS 技术支持下,通过 Markov 模型宏观总量预测和 CA 模型微观演化格局预测两方面优势结合进行区域土地利用安全格局情景变化模拟。土地利用安全格局 CA-Markov 模型思路框架见图 9-1 所示。

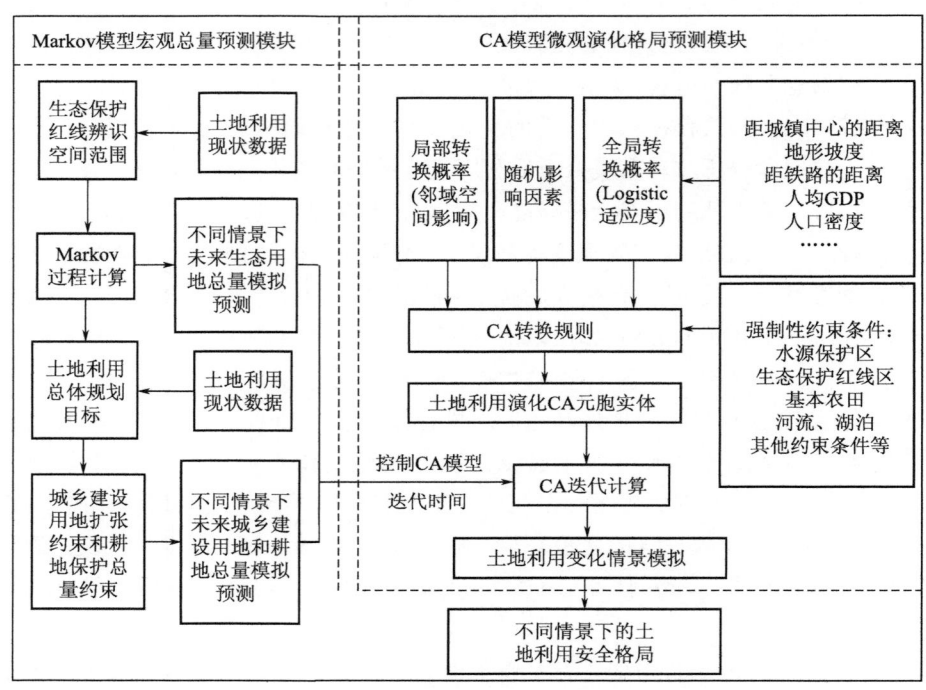

图 9-1　土地利用安全格局 CA-Markov 模型思路框架

(1)Markov 模型土地利用宏观总量预测子模块

不同土地利用安全格局情景下的区域土地利用宏观总量预测主要是根据《江西省土地利用总体规划》(2006—2020 年)以及《鄱阳湖生态经济区规划》(2009—2020 年)确定的最低耕地保有量、基本农田保护面积以及城乡建设用地总量约束条件,在考虑规划基期现状数据的基础上,预测城乡建设用地总量、耕地总量、生态用地总量以及未利用地总量情况。

(2)全局转换概率确定

在土地利用变化模拟过程中,元胞单元转换为其他土地利用类型的概率越高,预示着其发展为其他土地利用类型的适宜性越大。土地利用类型的适宜性可以通过一系列影响土地利用变化的空间变量进行测度,这些变量包括土地演化过程中的自然环境因素和人文社会经济因素等。本章以相关 Logistic 回归模型的文献为研究基础,构建 CA 元胞适宜度计算公式。具体计算公式如下:

$$P(i_m) = E(Y_m \mid X_i) \tag{9-3}$$

式中：$P(i_m)$ 表示地块单元 i 在元胞状态 X_i 时，选择第 m 种土地利用类型的发生概率，即选择事件 Y_m 的发生概率；X_i 为土地利用变化的影响因素，如距城镇中心的距离、地形坡度、距河流、湖泊的距离、人口密度等；$m \in \{$耕地，城乡建设用地，生态用地，未利用地$\}$。

对逻辑回归方程组采用 Theil 正规化之后，土地利用类型转换率可以表示为：

$$P(i_m) = \frac{\exp(\alpha_m + \beta_m X_i)}{1 + \sum_{m=2}^{n} \exp(\alpha_m + \beta_m X_i)} \quad m = 2, \cdots, n ; \text{且} \sum_m P(i_m) = 1 \tag{9-4}$$

通过对方程组进行求解，可以得到在一定时期内元胞单元 i 从原来的土地利用类型转移为土地利用类型 m 的概率集合，每个元胞单元对应的概率最大值，就是该元胞在下一时期可能转换的土地利用类型；研究主要保存各地类的元胞适宜度作为 CA 模型全局转换率，$P(i_m)$ 值在区间 $[0,1]$ 之内。

（3）局部转换概率确定

元胞单元全局转换概率只考虑到各种空间距离变量（如距城镇中心的距离，地形坡度，距河流、湖泊的距离，人口密度等）对其土地利用类型转换的影响，而 CA 模型的邻域对土地利用类型转换具有非常重要的影响，因此，在进行元胞单元转换时还需要考虑邻域对元胞中心单元的影响，在 CA 模型中增加了使土地利用类型趋于紧凑的动态模块，能够防止元胞空间布局凌乱的现象。具体计算公式如下：

$$\Omega_{i_m}^t = \frac{\sum_n \text{con}(i_m)}{n - 1} \tag{9-5}$$

式中：$\Omega_{i_m}^t$ 表示 t 时刻第 i 个地块单元上适合第 m 种土地利用类型转换的局部概率；$\text{con}(i_m)$ 是元胞邻域范围内 $\{$耕地，城乡建设用地，生态用地，未利用地$\}$ 的总数目，n 为该邻域范围内的总元胞数目。

（4）强制性约束条件的设定

在 CA 模型中还必须综合考虑客观的元胞单元约束条件，譬如河湖水体、基本农田等转换成建设用地的可能性一般比较低。因此，在 CA 模型中有必要引入元胞单元的约束条件，即 $\text{con}(S_{i_m}^t = \text{suitable})$，con 值在区间 $[0,1]$。

（5）随机干扰因子的设定

土地利用类型在空间扩展和转换过程中还受到各种政治因素、人为因素、随机因素和偶然事件的影响和干预，特别是人为因素，使其演化过程更为复杂。因此，为了使 CA 模型的运算结果更接近实际情况，反映出土地利用系统所存在的固有的不确定性，在改进的约束性 CA 模型中引进了随机干扰项。具体计算公式如下：

$$R = 1 + (-\ln\gamma)^\alpha \tag{9-6}$$

式中：γ 为值在 $[0,1]$ 的随机干扰项；α 为控制随机变量影响大小的参数，取值范围为 $[1,10]$ 的整数。

（6）元胞综合转换概率的确定

元胞综合转换概率需要综合考虑全局发展概率、局部邻域转换概率、强制性约束条件和随机干扰项的影响，任意元胞单元在 $t+1$ 时刻的转换概率可由下式表达：

$$P_{总}^{t+1} = P_{i_m}^t \times \Omega_{i_m}^t \times con(S_{i_m}^t = suitable) \times R \qquad (9\text{-}7)$$

式中：$P_{总}^{t+1}$表示元胞单元在$t+1$时刻转换的综合概率值；$P_{i_m}^t$表示元胞单元的全局转换概率值；$\Omega_{i_m}^t$表示元胞单元的受邻域空间范围影响的概率值；$con(S_{i_m}^t = suitable)$表示元胞单元的强制性约束条件值；$R$表示土地转换过程中的随机干扰因子。

将综合概率值标准化到区间[0～1]，与所选择的定义的转换为目标用地（建设用地或者耕地）的阈值$P_{threshold}$进行比较：

$$\left\{\begin{array}{l} P_{总} \geqslant P_{threshold}，转换为目标用地 \\ P_{总} < P_{threshold}，转换为其他用地 \end{array}\right\}$$

当$P_{总} \geqslant P_{threshold}$时，土地直接转换为目标用地，当$P_{总} < P_{threshold}$时，土地转换为其他用地类型。其转化规则定义为：在局部约束条件中，统计当前元胞周围邻域范围内的其他用地类型像元数目，根据上述公式分别计算每种土地利用类型的转换概率，而全局转换概率与随机干扰因子不变的情况下，分别计算每种土地利用类型的转换概率并取最大值作为该种土地利用类型：

$$\left\{\begin{array}{l} P_{总} \geqslant P_{threshold}，转换为 i 的土地利用类型 \\ P_{总} < P_{threshold}，保持原有土地利用类型不变 \end{array}\right\}$$

式中：i为除目标用地外的其他土地利用类型中的一种。

9.3 土地利用格局模拟

9.3.1 土地利用需求预测

应用马尔柯夫预测模型的关键是确定土地利用转移概率，2000—2010年研究区的土地利用转移矩阵构成形式如表9-2所示，根据表9-2可知，2000—2010年每种地类都有不同程度的转入和转出，其中耕地的转入转出量最大，耕地转为建设用地的量也最多，为279.67 km²；其次为水域和林地，转为建设用地面积分别为31.01. km²和30.46 km²；转入转出量最少的属未利用地。根据经验，在自然发展的情景下，建设用地会继续增加，这是符合区域发展规划的，而建设用地的增加往往会优先占用城镇周边的耕地，从而导致耕地面积的减少，根据我国的耕地占补平衡政策，建设用地占用的耕地是需要相应补充的，同时研究区是重要的粮棉基地，其耕地保护的力度也较大。因此，我们在 TreeAge Pro 10 平台上根据 Markov 预测模型预测建设用地的需求量，模拟结果显示，到2030年建设用地需求总量为830.87 km²，新增建设用地211.19 km²。

表 9-2　2000—2010 年研究区土地利用转移矩阵　　　　　　　　　单位：km²

	耕地	林地	草地	水域	建设用地	未利用地	合计
耕地	7377.92	690.51	79.61	405.45	172.68	0.77	8722.13
林地	670.30	4073.66	89.24	58.28	14.47	0.30	4902.82
草地	72.43	58.54	488.45	31.51	2.67	0.06	653.38
水域	326.02	51.48	25.89	4248.31	26.02	0.06	4684.68
建设用地	279.67	30.46	5.44	31.01	271.48	0.06	619.68
未利用地	0.50	0.43	0.00	0.00	0.06	1.24	2.31
合计	8726.84	4905.10	688.62	4774.56	487.38	2.49	19585.00

9.3.2　基于建设用地需求量的土地利用模拟

在 GEOSOS 软件平台上基于 Logistic 回归的 CA 模型的要求,将 2000 年、2010 年鄱阳湖生态经济区的遥感影像转为 ASCII 格式的文件备用,为了使模型更快收敛,将坡度、DEM、离最近城镇中心距离、离最近公路距离、离最近河流距离等栅格数据都做归一化处理转为 ASCII 数据备用。

采用逻辑回归 CA 模型,首先使用 2000 年和 2010 年的土地利用分类数据和空间变量作为输入变量,根据不同类型的土地利用数据设置元胞的发展方向,根据 2000—2010 年土地利用转变的发生事实,我们设置耕地的发展方向为"可以转为建设用地",林地的发展方向为"可以转为建设用地",草地的发展方向为"可以转变为建设用地",水域的发展方向为"不可转为建设用地",建设用地一般来说是不可逆的,因此建设用地元胞依然保持建设用地状态,未利用地的发展方向为"可转为建设用地"。通过对经验数据的回归得到每个因子的权重,构建具有可靠因子的转换规则,得到在元胞自动机模型找那个元胞空间内每个栅格转为建设用地的概率。根据 Markov 预测模型,到 2030 年研究区建设用地需求总量为 830.87 km²,新增建设用地 211.19 km²,因此本次模拟的转换总量为 3300 个元胞,模拟要迭代的次数为 50 次,每次迭代转换量为 66 个元胞,模拟过程中实际新增建设用地 206.25 km²。模拟结果见图 9-2(见文后彩插)。模拟过程中的土地利用转移矩阵见表 9-3。

表 9-3　基于建设用地需求量的 CA 模拟期内研究区土地利用转移矩阵　　　单位:km²

	耕地	林地	草地	水域	建设用地	未利用地	合计
耕地	8540.88	0.00	0.00	0.00	0.00	0.00	8540.88
林地	0.00	4879.31	0.00	0.00	0.00	0.00	4879.31
草地	0.00	0.00	651.88	0.00	0.00	0.00	651.88
水域	0.00	0.00	0.00	4684.69	0.00	0.00	4684.69
建设用地	181.25	23.50	1.50	0.00	619.68	0.00	825.94
未利用地	0.00	0.00	0.00	0.00	0.00	2.31	2.31
合计	8722.13	4902.81	653.38	4684.69	619.68	2.31	19585.00

根据表 9-3 可知,新增建设用地的来源主要是耕地和林地。从图 9-2 可知,由耕地转为建设用地的元胞主要分布在城镇周边,并且越靠近县(市)中心,转换量就越大。根据我国的耕地占补平衡政策,建设用地占用的耕地是需要相应补充的,同时研究区是重要的粮棉基地,其耕地保护的力度也较大,因此,这里继续根据模型模拟期内减少的耕地数量模拟到 2030 年研究区可能存在的耕地补充区域。

9.3.3　基于耕地补充的土地利用模拟

由表 9-3 可知,模拟期内由 181.25 km² 的耕地转为建设用地,对应到元胞个数大约为 2900 个,为此我们建立耕地补充的 Logistic-CA 模型,仍然使用 2000 年和 2010 年的土地利用分类数据和空间变量作为输入变量,但各类型元胞的发展方向不同于建设用地 CA 模型,为了简化模型,这里仅考虑其他地类转为耕地,不考虑耕地转为其他地类。我们设置林地的发展方向为"可以转

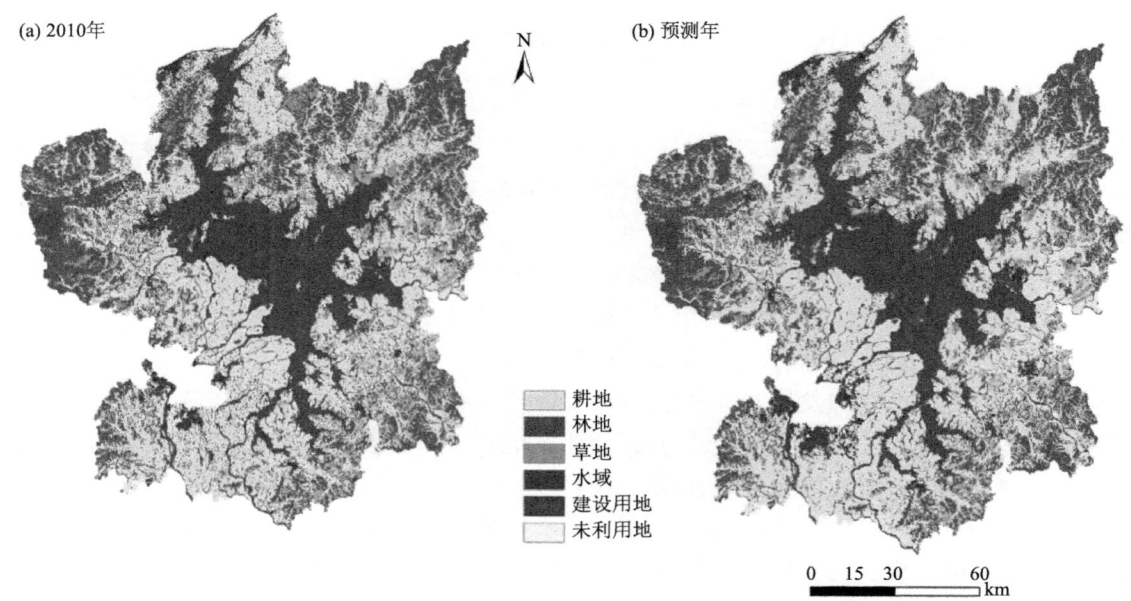

(a) 2010年

(b) 预测年

N

耕地
林地
草地
水域
建设用地
未利用地

0   15   30   60
km

图 9-2   土地利用现状与模拟图

为耕地",草地的发展方向为"可以转为耕地",未利用地的发展方向为"可以转变为耕地",水域的发展方向为"不可转为耕地",建设用地一般来说是不可逆的,设置为"不可转为耕地",耕地本身保持原有状态。通过对经验数据的回归得到每个因子的权重,构建具有可靠因子的转换规则,得到在元胞自动机模型找那个元胞空间内每个栅格转为耕地的概率。本次模拟的转换总量为 2900个元胞,模拟要迭代的次数为 50 次,每次迭代转换量为 39 个元胞,因此在实际模拟中有181.25 km² 的其他类型的土地转为了耕地。最后的模拟结果见图 9-2。

从模拟结果的空间结构看,到 2030 年区域建设用地的增长呈现出从原城镇中心的范围向外扩张的趋势,且这一趋势非常明显,其中南昌市的建设用地扩张范围最大,一方面沿着赣江两侧扩张,另一方面,受西北部山区丘陵(海拔相对较高,多为林地)的阻碍,建设用地扩张主要向原城镇范围的东南部发展。而补充的耕地数量相对原耕地总量是非常小的,因此在图中并不能很清晰地显示出来,但从模拟期内的土地利用转移矩阵可以看出,补充的耕地主要由林地转换而来,原因一方面是根据以往的经验,2000—2010 年新增耕地主要由林地转变而来;另一方面是区域后备土地资源不足。

9.4   生态安全下的土地利用预警系统建立

将 9.3 节的模拟结果,也即新增的建设用地和耕地与区域关键性生态空间进行叠加,可得到自然发展情景下未来区域土地利用的生态安全预警情况(表 9-4 和图 9-3,见文后彩插)。

从表 9-4 中可知,模拟的新增建设用地中,存在警情的占 47.44%,面积为 97.84 km²,其中,轻警占 33.84%、中警 8.13%、重警占 5.46%。而补充的耕地中,无警情的仅占总数的 15.56%,面积为28.19 km²;轻警和中警部分占的最多,分别为 51.85%和 25.80%;重警占 6.80%。从上述数据可以看出,对新增建设用地来说,尽管中警及以上部分仅占到新增总数的 13.59%,从生态安全的角度考虑,仅需要将这个部分可能增加的建设用地剔除,再增加相应的无警状态的建设用地即可。然而,新增的建设用地中大约 90% 是由耕地转变而来,要保证区域的耕地保有量,那么就得开垦新的耕地,从模拟的新增耕地的警情数据看,无警部分仅占 15.56%,也就是说,补充的大约 85% 的耕地对区域的生态安全都存在威胁,这对区域生态安全是极其不利的。

表 9-4   新增建设用地和耕地的生态安全警情分布情况

土地利用类型	无警	轻警	中警	重警	合计
建设用地(km²)	108.41	69.80	16.77	11.27	206.25
百分比(%)	52.56	33.84	8.13	5.46	100
耕地(km²)	28.19	93.97	46.76	12.33	181.25
百分比(%)	15.56	51.85	25.80	6.80	100
合计(km²)	136.61	163.77	63.52	23.60	387.50

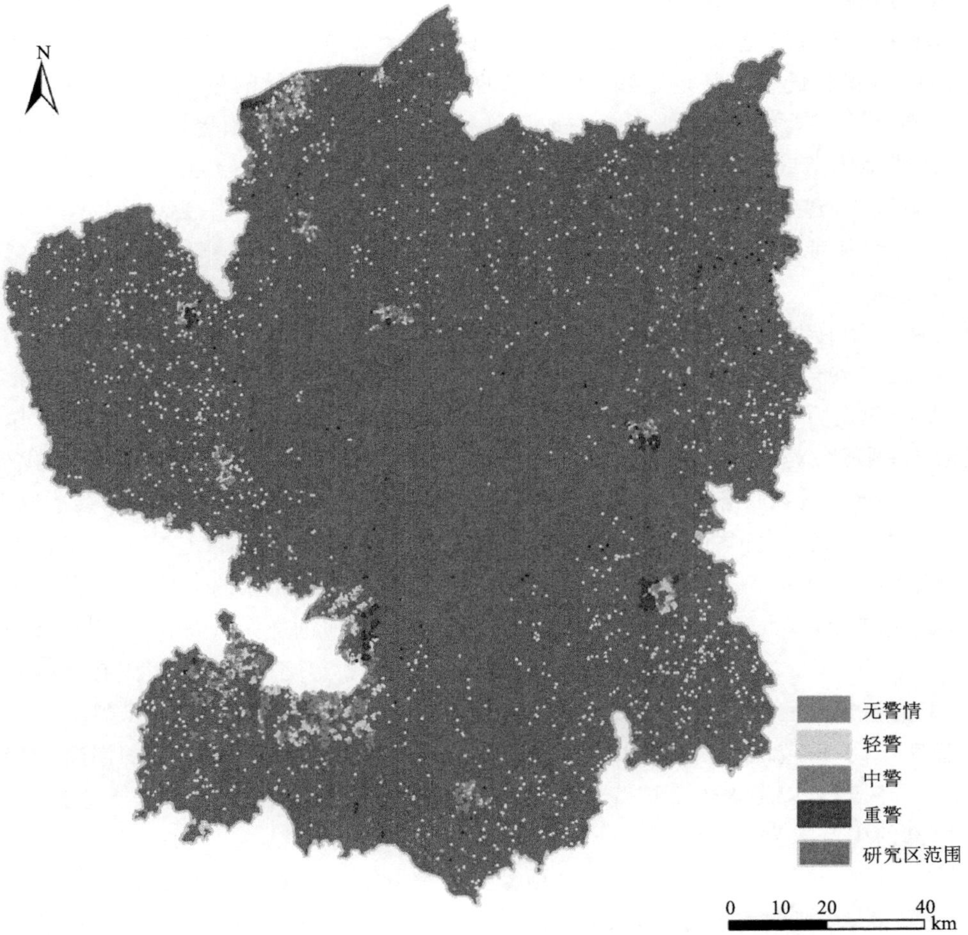

图 9-3   模拟土地利用的生态安全预警分布

从空间分布上看,警情最为严重的主要为图 9-3 中红色部分,对应到土地利用现状图上可知,这些区域基本上都位于城镇周边,按照区域自然发展的情景,城镇周边的耕地、林地会优先被占用,而这些土地中不少又对区域的生态安全有着举足轻重的作用,一旦真的被占用,就会威胁区域的生态安全,因此对这些区域设置警情提醒很有必要。与城镇扩张造成的警情聚集不同,补充耕地则主要带来全域范围内的土地利用生态安全警情,虽然警情严重程度不高,但分布范围甚广。

9.5 结论与对策建议

本章首先运用 Markov 预测模型预测了到 2030 年鄱阳湖生态经济区的建设用地需求量,在此基础上基于 Logistic-CA 模型模拟到 2030 年新增建设用地的分布,并将这其中由耕地转为新增建设用地的数据量继续基于 Logistic-CA 模型模拟到 2030 年补充耕地的分布,把这一结果作为土地利用格局模拟的最终结果与第 6 章中得到的关键性生态空间进行叠加得到区域未来土地利用变化下生态安全的预警情况。土地利用生态安全预警结果显示,大约 50% 的新增建设用地和 90% 的补充耕地是处于有警情的状态下,这对区域的生态安全极其不利。从警情空间分布来看,建设用地扩张主要造成原城镇周边的生态安全预警,且存在的警情级别较高,而补充耕地则造成全域生态安全预警,其警情级别相对较低,但分布广泛。也就是说,按照目前的发展模式(建设用地扩张,耕地占补平衡),区域未来的土地利用会对其生态安全造成很大的威胁,建设用地扩张主要造成原城镇范围周边的重大警情,耕地补充则会造成全域范围的中轻警情。

从上述结论可知,目前的区域土地利用发展模式是不可持续的,按照这样的发展模式,区域未来土地利用生态安全必将受到威胁。因此,从区域生态安全的角度考虑,我们提出以下政策建议。

(1)城镇建设用地的扩张模式应改变为内部挖潜的方式,虽然从预警结果看,建设用地扩张带来的土地利用生态安全警情严重情况不突出,但往往出现警情集聚现象,一旦真的发生,则会造成 1+1>2 的严重威胁态势。而城镇又是人口集聚的地区,当危险发生,必然会造成人员、财产的重大损失。从已有的案例看,近年来,南昌市市内洪涝灾害多发,除造成人们出行不便外更带来了严重的经济损失。此外,建设用地往往是通过侵占耕地来扩张的,但按照目前的土地管理法和保障粮食安全的社会要求,被建设占用的耕地要进行相应的补充,补充耕地则会带来新一波土地利用的变化,而区域可利用的耕地后备资源少,补充的耕地则主要由开发现有林地来实现。

(2)补充耕地这一环节容易造成全域范围内的土地利用生态安全警情,虽然造成的生态安全危险程度不高,但范围广,长时期的积累容易造成区域生态安全"坍塌式"的崩溃,因此,就耕地补充这一环节,可以考虑恢复撂荒地的耕种,减少开垦新耕地的范围,扩大土地整治力度,挖掘耕地内部的生产潜力。

(3)本章所构建的土地利用生态安全预警机制是根据区域面临的最主要生态威胁(土壤流失、生物多样性、水资源安全等)辨识出关键性生态空间,同时模拟区域自然发展情景下的土地利用变化格局,在两者叠加的基础上建立区域土地利用生态安全的预警机制,具有比较高的科学性和实用性,建议区域规划部门在进行土地利用规划时可参照此模型,将危险防患于未然。

参考文献

安佑志,尹占娥,殷杰,等,2011. 上海市土地利用变化及生态安全风险研究[J]. 地域研究与开发,30(1):130-134.

曹爱霞,2008. 兰州市土地利用生态安全评价[D]. 兰州:甘肃农业大学:1-49.

曹丽萍,罗志军,段美儿,等,2017. 基于 PSR 模型的袁州区土地生态安全评价[J]. 江西农业学报,29(7):117-121.

曹新向,郭志永,雒海潮,2004. 区域土地资源持续利用的生态安全研究[J]. 水土保持学报,26(2):192-195.

曹雪,罗平,李满春,等,2011. 基于扩展 CA 模型的土地利用变化时空模拟研究——以深圳市为例[J]. 资源科学,33(1):127-133.

常青,刘丹,刘晓文,2013. 矿业城市土地损毁生态风险评价与空间防范策略[J]. 农业工程学报,29(20):245-254.

常青,邱瑶,谢苗苗,等,2012. 基于土地破坏的矿区生态风险评价:理论与方法[J]. 生态学报,32(16):5164-5174.

车通,李成,罗云建,2020. 城市扩张过程中建设用地景观格局演变特征及其驱动力[J]. 生态学报,40(10):3283-3294.

迟磊,2018.“反规划”理论在城市景观规划中的应用[J]. 江西科学,36(3):480-483.

陈辉,刘劲松,曹宇,等,2006. 生态风险评价研究进展[J]. 生态学报,26(5):1558-1566.

陈利顶,傅伯杰,1996. 黄河三角洲地区人类活动对景观结构的影响分析——以山东省东营市为例[J]. 生态学报,16(4):337-344.

陈美婷,匡耀求,黄宁生,2015. 基于 RBF 模型的广东省土地生态安全时空演变预警研究[J]. 水土保持研究,22(3):217-224.

陈群弟,董玉祥,2013. 广州市土地利用冲突强度测度与分析[A]//2013 全国土地资源开发利用与生态文明建设学术研讨会论文集[C]. 西宁:青海民族大学公共管理学院.

陈爽,刘云霞,彭立华,2008. 城市生态空间演变规律及调控机制——以南京市为例[J]. 生态学报,28(5):2270-2278.

陈昕,彭建,刘焱序,等,2017. 基于“重要性-敏感性-连通性”框架的云浮市生态安全格局构建[J]. 地理研究,35(03):471-484.

陈晓芳,2008. 城市化进程中土地冲突管理的理论分析与机制设计[D]. 武汉:华中科技大学.

陈小亮,2007.“反规划”理论在西部地区新农村规划中的应用[J]. 小城镇建设(5):32-34.

陈文波,赵丽红,钱奇霞,2008. 鄱阳湖区土地利用安全格局研究[J]. 农业工程学报,24(7):86-90.

陈威,刘学录,2015. 基于适宜性评价的潜在土地利用冲突诊断研究——以云南省红河县为例[J]. 甘肃农业大学学报,50(1):123-130,139.

陈勇,洪强,刘艳中,等,2016. 地下铁矿山土地生态安全评价——理论方法与实证检验[J]. 安全与环境学报,16(3):366-371.

成超男,胡杨,冯尧,等,2020. 基于 CA-Markov 模型的城市生态分区构建研究——以晋中主城区为例[J]. 生态学报,40(4):1455-1462.

程江,杨凯,赵军,2009. 基于生态服务价值的上海土地利用变化影响评价[J]. 中国环境科学,29(1):95-100.

程舒鹏,孙煜航,姜晗琳,等,2020. 黄河下游宽河段沿岸地区土地利用景观格局特征[J]. 北京大学学报(自然科学版），56(3)：479-490.

程文仕，姚尧，黄鑫，等，2018. 基于生态风险空间差异的土地整治投入优先序研究[J]. 资源科学，40(10)：2073-2084.

储金龙，王佩，顾康康，等，2016. 山水型城市生态安全格局构建与建设用地开发策略[J]. 生态学报，36(23)：7804-7813.

储佩佩，付梅臣，2014. 中国区域土地生态安全与评价研究进展[J]. 中国农学通报，30(11)：160-164.

邓飞，于云江，全占军，2011. 区域生态风险评价研究进展[J]. 环境科学与技术，34(6)：141-147.

董君，刘璐，2016. "反规划"思想下的乡土景观建设研究[J]. 安徽农业科学，44(2)：210-213.

冯异星，罗格平，周德成，等，2010. 近50a土地利用变化对干旱区典型流域景观格局的影响——以新疆玛纳斯河流域为例[J]. 生态学报，30(16)：4295-4305.

凡非得，王克林，熊鹰，等，2011. 西南喀斯特区域水土流失敏感性评价及其空间分异特征[J]. 生态学报，31(21)：6353-6362.

樊凯，张建生，裴文娟，等，2018. 云南省三大高原湖泊流域土地利用景观格局及其稳定性分析[J]. 西南农业学报，31(8)：1706-1711.

范贺娟，来风兵，曹家睿，等，2020. 天山野果林区滑坡景观时空演变及生态风险预测[J]. 山地学报，38(2)：231-240.

范瑞锭，陈松林，戴菲，等，2010. 福建省土地利用生态安全评价[J]. 福建师范大学学报（自然科学版）(5)：97-101.

范胜龙，杨玉珍，陈训争，等，2016. 基于PSR和无偏GM(1,1)模型的福建省耕地生态安全评价与预测[J]. 中国土地科学，30(9)：19-27.

冯文斌，李升峰，2013. 江苏省土地生态安全评价研究[J]. 水土保持通报，33(2)：285-290.

冯宇，毕如田，王瑾，等，2016. 流域矿业开采引发的土地利用空间冲突及优化配置[J]. 中国土地科学，30(11)：32-40,2.

冯异星，罗格平，尹昌应，等，2009. 干旱区内陆河流域土地利用程度变化与生态安全评价——以新疆玛纳斯河流域为例[J]. 自然资源学报，24(11)：1921-1932.

傅伯杰，刘国华，陈利顶，等，2001. 中国生态区划方案[J]. 生态学报，39(1)：1-6.

傅伯杰，2019. 土地资源系统认知与国土生态安全格局[J]. 中国土地(12)：9-11.

傅丽华，谢炳庚，张晔，等，2011. 长株潭城市群核心区土地利用生态风险评价[J]. 自然灾害学报，20(2)：96-101.

高奇，2015. 基于CPM-RBF模型的区域土地生态安全预警研究[D]. 北京：中国地质大学(北京).

高宇，曹明明，邱海军，等，2015. 榆林市生态安全预警研究[J]. 干旱区资源与环境，29(9)：57-62.

郜红娟，蔡广鹏，罗绪强，等，2013. 基于能值分析的贵州省2000-2010年耕地生态安全预警研究[J]. 水土保持研究，20(6)：307-310.

龚文峰，袁力，党永峰，2012. 基于RS、GIS的城市化流域土地利用的生态风险研究——以松花江干流哈尔滨段为例[J]. 中国农学通报，28(20)：255-261.

谷树忠，姚予龙，沈镭，等，2002. 资源安全及其基本属性与研究框架[J]. 自然资源学报，17(3)：280-285.

顾康康，2012. 生态承载力的概念及其研究方法[J]. 生态环境学报，21(2)：389-396.

郭斌，任志远，高孟绪，2010. 3S支持的城市土地利用变化与生态安全评价研究[J]. 测绘科学，35(2)：125-129.

郭凤芝，2004. 土地资源安全评价的几个理论问题[J]. 山西财经大学学报(3)：61-65.

郭利刚，冯珍珍，刘庚，等，2020. 基于物元模型的汾河流域土地生态安全评价[J]. 生态学杂志，39(6)：2061-2059.

郭宇伦,师学义,璩路路,等,2017. 基于 PSR-CPM 模型的市域土地生态安全评价[J]. 水土保持研究,24(4):
    108-112.

韩晨霞,赵旭阳,贺军亮,等,2010. 石家庄市生态安全动态变化趋势及预警机制研究[J]. 地域研究与开发,29
    (5):99-103,143.

何春燕,杨庆媛,2014. 镇域土地生态安全综合评价研究——以重庆市丰都县十直镇为例[J]. 水土保持研究,
    21(3):163-168,321.

侯景艳,2007. 浑河沈阳段生态健康评价的研究[D]. 沈阳:沈阳农业大学:9-42.

胡和兵,刘红玉,郝敬锋,等,2011. 流域景观结构的城市化影响与生态风险评价[J]. 生态学报,31(12):
    3432-3440.

胡学东,邹利林,2020. 生态优先导向下长江经济带土地利用景观格局演变及其驱动机制研究——以武汉市
    为例[J]. 地域研究与开发,39(3):138-143,149.

胡雁娟,2013. 长株潭城市群土地利用冲突时空演变及机理研究[D]. 长沙:湖南农业大学.

黄海,刘长城,陈春,2013. 基于生态足迹的土地生态安全评价研究[J]. 水土保持研究,20(1):193-196,201.

黄海,谭晶今,陈春,等,2016. 基于 TOPSIS 方法的山东省土地生态安全动态评价[J]. 水土保持研究,23(3):
    220-224.

黄辉玲,2006. 土地资源安全评价的指标体系及其利用[J]. 农机化研究(1):55-56.

黄烈佳,杨鹏,2019. 长江经济带土地生态安全时空演化特征及影响因素[J]. 长江流域资源与环境,28(8):
    1780-1790.

黄贤金,曲福田,1998. 耕地生态经济预警的理论与方法[J]. 生态经济(5):3-5.

黄志强,胡宝清,容溶,2014. 广西喀斯特地区农地生态预警研究[J]. 绿色科技(10):1-5,8.

荆玉平,张树文,李颖,2008. 基于景观结构的城乡交错带生态风险分析[J]. 生态学杂志,27(2):229-234.

井云清,张飞,陈丽华,等,2017. 艾比湖湿地土地利用/覆被-景观格局和气候变化的生态环境效应研究[J].
    环境科学学报,37(9):3590-3601.

康紫薇,张正勇,位宏,等,2020. 基于土地利用变化的玛纳斯河流域景观生态风险评价[J]. 生态学报,40
    (18):1-14.

柯小玲,郭海湘,龚晓光,等,2020. 基于系统动力学的武汉市生态安全预警仿真研究[J]. 管理评论,32(4):
    262-273.

孔祥伦,李云龙,韩美,等,2020.1986—2016 年黄河三角洲土地利用/覆被变化及景观格局分析[J]. 西南林业
    大学学报(自然科学),40(4):122-131.

冷静,熊凌坤,杨君,2013. 土地利用冲突与土地管理制度创新[J]. 国土资源导刊,10(1):86-87.

黎德川,廖铁军,刘洪,等,2009. 乐山市土地生态安全预警研究[J]. 西南大学学报(自然科学版),31(3):
    141-147.

李闯,刘吉平,2012. 霍林河流域中下游土地利用变化及生态安全响应[J]. 水土保持研究,19(1):174-178.

李锋,叶亚平,宋博文,等,2011. 城市生态用地的空间结构及其生态系统服务动态演变——以常州市为例
    [J]. 生态学报,31(19):5623-5631.

李桂林,陈杰,孙志英,2007. 近 20 年来苏州市城市化与非农用地扩张动态研究[J]. 农业系统科学与综合研
    究(1):38-41,44.

李果,吴晓莆,罗遵兰,等,2011. 构建我国生物多样性评价的指标体系[J]. 生物多样性,19(5):497-504.

李哈滨,王政权,王庆成,1998. 空间异质性定量研究理论与方法[J]. 应用生态学报,9(6):651-657.

李红娓,2014. 论我国农村土地权利冲突及对策——以农村土地发展权为视角[J]. 西北农林科技大学学报
    (社会科学版),14(2):14-17.

李红波,谭术魁,游和远,2006. 当代中国土地冲突问题及其根源探究[J]. 天府新论(6):60-63.

李洁,赵锐锋,梁丹,等,2018. 兰州市城市土地生态安全评价与时空动态研究[J]. 地域研究与开发,37(2): 151-157.

李晋昌,王文丽,胡光印,等,2010. 玛曲县土地利用/覆盖变化对区域生态系统服务价值的影响[J]. 中国环境科学,30(11):1579-1584.

李景刚,何春阳,李晓兵,2008. 快速城市化地区自然/半自然景观空间生态风险评价研究——以北京为例[J]. 自然资源学报,23(1):33-47.

李坤,2007. 基于 F-H 模型的土地冲突研究[D]. 武汉:华中科技大学.

李昆,谢玉静,孙伟,等,2020. 农业主产区湖泊水质对湖滨带多尺度景观格局的空间响应[J]. 应用生态学报,31(6):2057-2066.

李玲,侯淑涛,赵悦,等,2014. 基于 P-S-R 模型的河南省土地生态安全评价及预测[J]. 水土保持研究,21(1): 188-192.

李明诗,明莉,樊鸣鸣,等,2012. 美国西部国有森林破碎化模式及其管理含义[J]. 东北林业大学学报,40(3): 103-107.

李明诗,刘图强,潘洁,2010. 森林破碎化的社会经济驱动力分析——以美国亚拉巴马州为例[J]. 东北林业大学学报,38(6):57-59.

李明阳,汪辉,张密芳,等,2015. 基于景观安全格局的湿地公园生态适应性分区优化研究[J]. 西南林业大学学报,35(05):52-57.

李青圃,张正栋,万露文,等,2019. 基于景观生态风险评价的宁江流域景观格局优化[J]. 地理学报,74(7): 1420-1437.

李锐,杨勤科,温仲明,等,2002. 区域土地利用变化环境效应研究综述[J]. 水土保持通报,22(2):65-70.

李素珍,闫振飞,付卫强,等,2019. 生态风险评估技术框架及其在环境管理中的应用[J]. 环境工程,37(3): 186-191.

李小玲,2006. 土地资源生态安全研究综述[A]//中国自然资源学会土地资源研究专业委员会. 中国土地资源战略与区域协调发展研究[C]. 中国自然资源学会土地资源研究专业委员会:中国自然资源学会土地资源研究专业委员会:5.

李谢辉,李景宜,2008. 基于 GIS 的区域景观生态风险分析——以渭河下游沿线区域为例[J]. 干旱区研究,25 (6):899-902.

李谢辉,李景宜,2008. 我国生态风险评价研究[J]. 干旱区资源与环境,22(3):70-74.

李鑫,董斌,孙力,等,2014. 基于 TM 像元的湿地土地利用生态风险评价研究[J]. 水土保持研究,21(4):114-118,321.

李秀彬,1996. 全球环境变化研究的核心领域——土地利用/土地覆被变化的国际研究动向[J]. 地理学报,51 (6):553-558.

李秀彬,2002. 土地利用变化的解释[J]. 地理科学进展,21(3):195-203.

李耀明,王玉杰,王云琦,2017. 基于 GIS 的北京地区生态风险评价[J]. 中国水土保持科学,15(2):100-106.

李玉平,蔡运龙,2007. 河北省土地安全评价[J]. 北京大学学报(自然科学版),2(3):1-6.

李智国,杨子生,2007. 中国土地生态安全研究进展[J]. 中国安全科学学报(12):5-12,197.

李志斌,陈佑启,姚艳敏,等,2007. 基于 GIS 的区域性耕地预警信息系统设计[J]. 农业现代化研究(1): 57-60.

李占军,刁承泰,2009. 西南丘陵地区土地资源利用的冲突与协调——以重庆江津区为例[J]. 水土保持研究, 16(2):239-244,248.

梁发超,刘诗苑,刘黎明,2017. 基于"居住场势"理论的乡村聚落景观空间重构——以厦门市灌口镇为例[J]. 经济地理,37(3):193-200.

梁留科,张运生,方明,2005. 我国土地生态安全理论研究初探[J]. 云南农业大学学报,20(6):81-86.

林彰平,刘湘南,2002. 东北农牧交错带土地利用生态安全模式案例研究[J]. 生态学杂志,21(6):15-19.

刘宝涛,王鑫森,刘帅,等,2019. 基于正态云模型的吉林省耕地生态安全诊断[J]. 地域研究与开发,38(3):119-124,129.

刘迪,陈海,耿甜伟,等,2020. 基于地貌分区的陕西省区域生态风险时空演变[J]. 地理科学进展,39(2):243-254.

刘慧芳,毕如田,文博,2017. 流域"地-矿"土地水资源利用冲突测度确定及土地整治策略[J]. 农业工程学报,33(14):238-249.

刘吉平,赵丹丹,田学智,等,2014.1954—2010年三江平原土地利用景观格局动态变化及驱动力[J]. 生态学报,34(12):3234-3244.

刘纪远,匡文慧,张增祥,等,2014.20世纪80年代末以来中国土地利用变化的基本特征与空间格局[J]. 地理学报,69(1):3-14.

刘纪远,宁佳,匡文慧,等,2018.2010—2015年中国土地利用变化的时空格局与新特征[J]. 地理学报,73(5):789-802.

刘凌冰,李世平,2014. 西北荒漠化地区土地生态安全评价——以酒泉市为例[J]. 水土保持研究,21(4):190-194,202.

刘庆,陈利根,舒帮荣,等,2010. 长株潭城市群土地生态安全动态评价研究[J]. 长江流域资源与环境,19(10):1192-1197.

刘琼,吴斌,欧名豪,偶玲莉,2014. 土地利用总体规划与城市规划冲突的利益关系及协调——基于规划管理者和规划编制者的问卷调查和深度访谈[J]. 中国土地科学,28(4):3-9.

刘小平,黎夏,艾彬,等,2006. 基于多智能体的土地利用模拟与规划模型[J]. 地理学报,61(10):1101-1112.

刘小平,黎夏,彭晓鹃,2007."生态位"元胞自动机在土地可持续规划模型中的应用[J]. 生态学报,27(6):2391-2402.

刘晓,苏维词,王铮,等,2012. 基于RRM模型的三峡库区重庆开县消落区土地利用生态风险评价[J]. 环境科学学报,32(1):248-256.

刘昕,谷雨,邓红兵,2010. 江西省生态用地保护重要性评价研究[J]. 中国环境科学,30(5):716-720.

刘艳芳,明冬萍,杨建宇,2002. 基于生态绿当量的土地利用结构优化[J]. 武汉大学学报(信息科学版),27(5):493-498,515.

刘彦随,1999. 区域土地利用系统优化调控的机理与模式[J]. 资源科学,21(4):3-5.

刘勇,刘友兆,徐萍,2004. 区域土地资源生态安全评价——以浙江嘉兴市为例[J]. 资源科学,26(3):69-75.

刘勇,郇育刚,李晋昌,2012. 土地生态风险评价的理论基础及模型构建[J]. 中国土地科学,26(6):20-25.

刘玉洁,代粮,张婕,等,2020. 资源承载力监测——以西藏"一江两河"地区为例[J]. 自然资源学报,35(7):1699-1713.

陆均良,孙怡,2010. 水利风景区生态信息构成与生态预警控制研究[J]. 水利经济,28(6):53-56,60,72.

陆汝成,黄贤金,左天惠,等,2009. 基于CLUE-S和Markov复合模型的土地利用情景模拟研究——以江苏省环太湖地区为例[J]. 地理科学,29(4):577-581.

吕广斌,廖铁军,姚秋昇,等,2019. 基于DPSIR-EES-TOPSIS模型的重庆市土地生态安全评价及其时空分异[J]. 水土保持研究,26(6):249-258,266.

吕乐婷,张杰,孙才志,等,2018. 基于土地利用变化的细河流域景观生态风险评估[J]. 生态学报,38(16):5952-5960.

吕蕊,2011. 论我国农村土地冲突的原因及其治理[J]. 黑龙江农业科学(1):54-57.

吕添贵,吴次芳,李冠,等,2014. 基于生态足迹的港口型城镇土地生态安全研究——以宁波市镇海区为例

[J]. 水土保持通报,34(6):250-255.

马彩虹,2013. 基于 GIS 的黄土台塬区土地资源开发利用与生态风险分析[D]. 西安:陕西师范大学.

马红莉,盖艾鸿,2014. 基于熵权物元模型的青海省土地生态安全评价[J]. 中国农学通报,30(2):208-214.

马欢,于强,岳德鹏,等,2017. 基于 MAS-LCM 的沙漠化空间模拟方法研究[J]. 农业机械学报,48(10):134-141.

马世骏,王如松,1984. 社会-经济-自然复合生态系统[J]. 生态学报,22(1):1-9.

马世五,谢德体,张孝成,等,2017. 三峡库区生态敏感区土地生态安全预警测度与时空演变——以重庆市万州区为例[J]. 生态学报,37(24):1-14.

马晓钰,叶小勇,2012. 新疆"脆弱生态环境-人口"系统安全预警机制初探[J]. 生态经济(1):176-178,186.

马学广,王爱民,闫小培,2010 新疆"脆弱生态环境-人口"系统安全预警机制初探城市空间重构进程中的土地利用冲突研究——以广州市为例[J]. 人文地理,25(3):72-77.

马瑛,2007. 北方农牧交错带土地利用生态安全评价[J]. 干旱区资源与环境,21(7):53-58.

马志昂,2014,盖艾鸿,程久苗. 基于 BP 人工神经网络的区域土地生态安全评价研究——以安徽省为例[J]. 中国农学通报,30(23):289-295.

毛子龙,2007. 吉林省通榆县土地生态安全预警与土地资源利用优化研究[D]. 长春:吉林大学.

蒙吉军,燕群,向芸芸,2014. 鄂尔多斯土地利用生态安全格局优化及方案评价[J]. 中国沙漠,34(2):590-596.

蒙晓,任志远,张翀,2012. 咸阳市土地利用变化及生态风险[J]. 干旱区研究,29(1):137-142.

孟旭光,2002. 我国国土资源安全面临的挑战及对策[J]. 中国人口·资源与环境,12(1):49-52.

孟展,张锐,刘友兆等,2014. 基于熵值法和灰色预测模型的土地生态系统健康评价[J]. 水土保持通报,34(4):226-231.

闵婕,汪洋,白茹月,等,2018. 基于多目标适宜性的山地城市土地利用潜在冲突研究——以重庆市綦江区为例[J]. 重庆师范大学学报(自然科学版),35(3):82-89,150.

年雁云,王晓利,陈璐,2015.1930—2010 年额济纳三角洲土地利用景观格局变化[J]. 应用生态学报,26(3):777-785.

聂云峰,陈红顺,夏斌,等,2009. 基于多智能体与 GIS 城市土地利用变化仿真研究[J]. 计算机应用研究,26(7):2613-2616.

宁珊,张正勇,周红武,等,2019. 基于生态服务价值的玛纳斯河流域土地利用结构优化[J]. 生态学报,39(14):5208-5217.

牛叔文,秦静,孙红杰,等,2010. 地形约束下的西部山区农业生产用地可持续利用评价——以甘肃南部山区 26 县为例[J]. 资源科学,32(1):50-56.

潘根兴,高民,胡国华,等,2011. 应对气候变化对未来中国农业生产影响的问题和挑战[J]. 农业环境科学学报,30(9):1707-1712.

潘竟虎,石培基,刘英英,2012. 干旱区县域土地利用规划环境影响的生态安全评价——以张掖市甘州区为例[J]. 水土保持通报,10(1):102-107.

潘竟虎,戴维丽,2015.1990—2010 年中国主要城市空间形态变化特征[J]. 经济地理,35(1):44-52.

潘竟虎,刘晓,2016. 疏勒河流域景观生态风险评价与生态安全格局优化构建[J]. 生态学杂志,35(3):791-799.

彭保发,陈端吕,李文军,等,2013. 土地利用景观格局的稳定性研究——以常德市为例[J]. 地理科学,33(12):1484-1488.

彭皓玥,2015. 公众参与区域生态风险防范模式影响因素及政策干预路径研究——基于扎根理论的探索性研究[J]. 软科学,29(2):140-144.

彭建,觉威雄,刘焱序,等,2015. 景观生态风险评价研究进展与展望[J]. 地理学报,70(4):664-677.

彭建,王仰麟,刘松,等,2004. 景观生态学与土地可持续利用研究[J]. 北京大学学报(自然科学版)(1):154-160.

彭建,王仰麟,刘松,等,2003. 海岸带土地持续利用景观生态评价[J]. 地理学报,58(3):363-371.

彭建,吕丹娜,董建权,等,2020. 过程耦合与空间集成:国土空间生态修复的景观生态学认知[J]. 自然资源学报,35(1):3-13.

彭天杰,1990. 复合生态系统的理论与实践[J]. 环境科学丛刊(3):1-98.

彭文君,舒英格,2017. 典型石漠化地区土地覆被变化对生态环境的影响——以贵州省晴隆县为例[J]. 江苏农业科学(14):200-206.

彭羽,卿凤婷,米凯,等,2015. 生物多样性不同层次尺度效应及其耦合关系研究进展[J]. 生态学报,35(2):577-583.

秦明周,2004. 美国的土地利用与管制[M]. 北京:科学出版社.

秦向东,闵庆文,2007. 元胞自动机在景观格局优化中的应用[J]. 资源科学,29(4):85-91.

曲格平,2002. 关注生态安全之一:生态环境问题已经成为国家安全的热门话题[J]. 环境保护(5):3-5.

曲衍波,齐伟,商冉,等,2008. 基于 GIS 的山区县域土地生态安全评价[J]. 中国土地科学(4):38-44.

曲衍波,齐伟,束宏,等,2006. 小城镇土地生态安全评价方法及应用——以山东省汶南镇为例[J]. 安徽农业科学(5):998-1000.

曲衍波,2008. 基于 GIS 的山区县城土地生态安全评价与土地利用优化调控研究[D]. 泰安:山东农业大学:3-12.

全泉,田光进,沙默泉,2011. 基于多智能体与元胞自动机的上海城市扩展动态模拟[J]. 生态学报,31(10):2875-2887.

荣联佳,师学义,高奇,等,2015. 黄土高原山丘区土地生态安全动态评价及预测[J]. 水土保持研究,22(3):210-216.

阮松涛,吴克宁,2013. 城镇化进程中土地利用冲突及其缓解机制研究——基于非合作博弈的视角[J]. 中国人口·资源与环境,23(S2):388-392.

阮松涛,吴克宁,刘巧芹,2014. 土地利用冲突与土地价值的博弈与重构[J]. 国土资源科技管理,31(1):123-128.

任博华,2019. 昆明市城市形态与土地利用格局时空演变研究[D]. 昆明:云南财经大学.

任志远,张晗,2016. 银川盆地土地利用变化对景观格局脆弱性的影响[J]. 应用生态学报,27(1):243-249.

石浩朋,于开芹,冯永军,2013. 基于景观结构的城乡接合部生态风险分析——以泰安市岱岳区为例[J]. 应用生态学报,24(3):705—712.

石小伟,冯广京,YI Yang,等,2020. 浙中城市群土地利用格局时空演变特征与生态风险评价[J]. 农业机械学报,51(5):242-251.

舒昶,张林波,冯雪华,2015. 基于 RS 和 GIS 的区域生态风险评价[J]. 生态经济,31(12):116-119.

苏凯,王茵然,孙小婷,等,2019. 基于 GIS 与 RS 的东北森林带景观格局演变与模拟预测[J]. 农业机械学报,50(12):195-204.

苏泳娴,张虹鸥,陈修治,等,2013. 佛山市高明区生态安全格局和建设用地扩展预案. 生态学报,33(5):1524-1534.

孙芬,吴涌泉,刘秀华,等,2012. 基于 GIS 的三峡库区土地生态安全评价——以丰都县沿江地区为例[J]. 中国农学通报,28(8):240-247.

孙磊,周杰文,刘耀彬,2009. 城市化加速推进中的农村土地冲突类型划分——以江西省为例[J]. 中国国土资源经济,22(07):39-41,48.

孙奇奇,宋戈,齐美玲,2012. 基于主成分分析的哈尔滨市土地生态安全评价[J]. 水土保持研究,19(1): 234-238.

孙月蓉,李永清,2012. 转型期农村土地冲突爆发原因探究[J]. 经济问题(7):92-95.

谈明洪,李圆圆,2019. 1992—2015 全球耕地时空变化(英文)[J]. 资源与生态学报,10(3):235-245.

谭敏,孔祥斌,段建南,等,2010. 基于生态安全角度的城镇村建设用地空间预警——以北京市房山区为例 [J]. 中国土地科学,24(2):31-37.

谭术魁,2008. 中国频繁暴发征地冲突的原因分析[J]. 中国土地科学,22(6):44-50.

唐丽静,王冬艳,杨园园,2019. 基于"多规合一"和生态足迹法的土地利用结构优化[J]. 农业工程学报,35 (1):243-251.

田义超,任志远,2012. 基于 CLUE-S 模型的黄土台塬区土地利用变化模拟——以陕西省咸阳台塬区为例 [J]. 地理科学进展,31(9):1224-1234.

田雨,周宝同,付伟,等,2019. 2000—2015 年山地城市土地利用景观格局动态演变研究——以重庆市渝北区 为例[J]. 长江流域资源与环境,28(6):1344-1353.

王爱民,樊胜岳,刘加林,等,1999. 人地关系的理论透视[J]. 人文地理(2):43-47.

王爱民,马学广,闫小培,2010. 基于行动者网络的土地利用冲突及其治理机制研究——以广州市海珠区果林 保护区为例[J]. 地理科学,30(1):80-85.

王枫,刘小玲,袁中友,2009. 区域土地生态安全突变评价模型及其实证[J]. 统计与决策(24):85-87.

王根绪,程国栋,钱鞠,2003. 生态安全评价研究中的若干问题[J]. 应用生态学报(9):1551-1556.

王耕,吴伟,2008. 区域生态安全预警指数——以辽河流域为例[J]. 生态学报,28(8):3535-3542.

王观湧,张乐,于化龙,等,2015. 基于生态安全的土地利用结构优化研究[J]. 土壤通报,46(6):1321-1327.

王辉,宋长春,2019. 三江平原湿地区域生态风险评价研究[J]. 地理科学进展,38(6):872-882.

王惠勇,曲衍波,郑晓梅,等,2007. 主成分分析法在城镇土地生态安全评价中的应用——以山东省临沂市为 例[J]. 安徽农业科学(15):4614-4617.

王济川,郭志刚,2001. Logistic 回归模型-方法与应用[M]. 北京:高等教育出版社.

王娇,程维明,祁生林,等,2014. 基于 USLE 和 GIS 的水土流失敏感性空间分析——以河北太行山区为例 [J]. 地理研究,33(4):614-624.

王瑾,张广磊,2011. 建立健全生态安全预警机制,维护生态安全——从法律与政策层面完善生态安全预警机 制[J]. 商品与质量(S8):164.

王瑾,钱新,洪坚平,等,2010. 忻州市土地利用现状的环境敏感区分析[J]. 中国环境科学,30(12): 1702-1707.

王娟,崔保山,刘杰,等,2008. 云南澜沧江流域土地利用及其变化对景观生态风险的影响[J]. 环境科学学报, 28(2):269-277.

王娟,盖艾鸿,谢保鹏,等,2015. 基于 GIS 的土地生态安全综合评价——以合水县为例[J]. 甘肃农业大学学 报,50(1):147-153.

王军,赵金龙,崔秀丽,等,2007. 建立河北省农业生态安全预警机制的理论探讨[J]. 生态经济(5):130-133.

王让会,宁虎森,2016. CO₂ 减排林特征及生态预警分析[J]. 湖北大学学报(自然科学版),38(1):25-31.

王楠君,吴群,陈成,2006. 城市化进程中土地资源安全评价指标体系研究[J]. 国土资源科技管理(2):28-31.

王鹏,况福民,邓育武,等,2015. 基于主成分分析的衡阳市土地生态安全评价[J]. 经济地理,35(1):168-172.

王鹏,王亚娟,刘小鹏,等,2018. 基于 PSR 模型的生态移民安置区土地利用系统健康评价——以红寺堡区为 例[J]. 水土保持研究,25(6):270-276.

王祺,蒙吉军,毛熙彦,2014. 基于邻域相关的漓江流域土地利用多情景模拟与景观格局变化[J]. 地理研究, 33(6):1073-1084.

王如松,2000. 论复合生态系统与生态示范区[J]. 科技导报(6):6-9.

王涛,张超,于晓童,等,2017. 洱海流域土地利用变化及其对景观生态风险的影响[J]. 生态学杂志,36(7):2003-2009.

王文萱,李明孝,2020. 基于 DPSIR 的湖南省土地生态安全时空变化[J]. 生态学杂志,39(8):2724-2736.

王雪,杨庆媛,何春燕,等,2014. 基于 P-S-R 模型的生态涵养发展型区域土地生态安全评价——以重庆市丰都县为例[J]. 水土保持研究,21(3):169-175.

王怡睿,黄煌,石培基,2017. 中国城镇化质量时空演变研究[J]. 经济地理,37(1):90-97.

王媛,周长威,2019. 黔中城市群景观生态安全格局构建[J]. 生态与农村环境学报,35(9):1111-1117.

韦仕川,吴次芳,杨杨,等,2008. 基于 GIS 的黄河三角洲土地利用变化及生态安全研究——以东营市为例[J]. 水土保持学报,22(1):185-189.

魏婷婷,徐逸伦,2012. 基于"反规划"生态视角下的城乡空间生长潜力研究——以河北省霸州市为例[J]. 江西农业学报,24(08):174-178.

温晓金,杨海娟,刘焱序,等,2013. 陕北能源富集区工业化过程与生态风险格局[J]. 生态学杂志,32(6):1578-1586.

邬建国,2000a. 景观生态学-概念与理论[J]. 生态学杂志,19(1):42-52.

邬建国,2000b. 景观生态学-格局、过程、尺度与等级[M]. 北京:高等教育出版社.

巫丽芸,何东进,游巍斌,等,2020. 东山岛海岸带景观破碎化时空梯度分析[J]. 生态学报,40(3):1055-1064.

吴波,慈龙骏,2001. 毛乌素沙地景观格局变化研究[J]. 生态学报,21(2):191-196.

吴次芳,鲍海君等,2004. 土地资源安全研究的理论与方法[M]. 北京:气象出版社.

吴次芳,杨志荣,2008. 经济发达地区农地非农化的驱动因素比较研究:理论与实证[J]. 浙江大学学报(人文社会科学版)(2):29-37.

吴冠岑,2008. 区域土地生态安全预警研究[D]. 南京:南京农业大学.

吴冠岑,牛星,2010. 土地生态安全预警的惩罚型变权评价模型及应用——以淮安市为例[J]. 资源科学,32(5):992-999.

吴健生,乔娜,彭建,等,2013. 露天矿区景观生态风险空间分异[J]. 生态学报,33(12):3816-3824.

吴铭婉,臧传富,傅家仪,2020. 松辽流域片区 1990—2015 年土地利用变化及驱动机制研究[J]. 中国农学通报,36(31):77-85.

吴未,谢嗣频,2010. 中国土地生态安全评价研究进展与展望[J]. 河北农业科学,14(5):99-102,159.

向文,涂建军,李琪,等,2018. 基于灰色预测模型的长江经济带城市土地生态安全预警[J]. 生态科学,37(2):78-88.

肖笃宁,布仁仓,李秀珍,1997. 生态空间理论与景观异质性[J]. 生态学报,17(5):453-461.

肖华斌,袁奇峰,宋凤,2013. 城市风景区土地利用冲突演变过程及形成机制研究——以西樵山风景名胜区为例[J]. 中国园林,29(10):117-120.

谢花林,2008a. 土地利用生态安全格局进展[J]. 生态学报,28(12):6305-6311.

谢花林,2008b. 基于景观结构和空间统计学的区域生态风险分析[J]. 生态学报,28(10):5020-5026.

谢花林,2011a. 基于 Logistic 回归模型的区域生态用地演变影响因素分析——以京津冀地区为例. 资源科学,33(11):2063-2070.

谢花林,2011b. 区域土地利用变化的生态效应研究[M]. 北京:中国环境科学出版社.

谢花林,李秀彬,2008. 基于分形理论的土地利用空间行为特征——以江西东江源流域为例[J]. 资源科学,30(12):1866-1872.

谢花林,李秀彬,2011. 基于 GIS 的区域关键性生态用地空间结构识别方法探讨[J]. 资源科学,33(1):112-119.

谢花林,刘黎明,李波,等,2006. 土地利用变化的多尺度空间自相关分析——以内蒙古翁牛特旗为例[J]. 地理学报,51(4):389-400.

谢花林,邹金浪,彭小琳,2012. 基于能值的鄱阳湖生态经济区耕地利用集约度时空差异分析[J]. 地理学报,67(7):889-902.

谢俊奇,1999. 可持续土地利用系统研究[J]. 中国土地科学(4):35-38,47.

谢莹,张明祥,2014. 国际重要湿地生态预警指标及响应机制研究[J]. 湖北林业科技,43(1):43-47.

熊建华,2018. 土地生态安全研究理论框架初探[J]. 国土资源情报(7):22-27.

熊勇,赵翠薇,2014. 山地城镇化进程中土地生态安全动态评价研究——以贵阳市为例[J]. 水土保持研究,21(4):195-202.

熊建华,2019. 土地生态安全评价指标体系构建的几个误区[J]. 国土资源情报(4):22-26.

徐建华,艾南山,金炯,等,2001. 西北干旱区景观要素镶嵌结构的分形研究[J]. 干旱区研究,18(1):35-39.

徐兰,罗维,周宝同,2015. 基于土地利用变化的农牧交错带典型流域生态风险评价——以洋河为例[J]. 自然资源学报,30(4):580-590.

徐德琳,邹长新,徐梦佳,等,2015. 基于生态保护红线的生态安全格局构建[J]. 生物多样性,23(6):740-746.

徐美,朱翔,刘春腊,2012. 基于 RBF 的湖南省土地生态安全动态预警[J]. 地理学报,67(10):1411-1422.

徐美,2013. 湖南省土地生态安全预警及调控研究[D]. 长沙:湖南师范大学.

徐学选,张世彪,王栓全,2001. 黄土丘陵区生态建设中农林牧土地结构优化模式探讨[J]. 干旱地区农业研究(2):94-99.

许斌,李永飞,甄英,2019. 丘陵地区中小城市城乡接合部土地利用变化特征——以内江市四合乡为例[J]. 中国农业资源与区划,40(12):24-30.

许慧,王家骥,1993. 景观生态学的理论与应用[M]. 北京:中国环境科学出版社.

许学工,林辉平,付在毅,等,2001. 黄河三角洲湿地区域生态风险评价[J]. 北京大学学报(自然科学版),37(1):111-120.

许妍,高俊峰,高永年,2011. 基于土地利用动态变化的太湖地区景观生态风险评价[J]. 湖泊科学,23(4):642-648.

许月卿,田媛,孙丕苓,2015. 基于 Logistic 回归模型的张家口市土地利用变化驱动力及建设用地增加空间模拟研究[J]. 北京大学学报(自然科学版),51(5):955-964.

闫玉玉,曹宇,谭永忠,2016. 基于景观安全格局的县域生态用地保护研究——以浙江省青田县为例[J]. 中国土地科学,30(11):78-85,97.

闫玉玉,2016. 生态用地保护的景观安全格局规划途径[D]. 杭州:浙江大学.

严超,张安明,吴仕海,2015. 基于 GM(1,1)模型的土地生态安全动态分析与预测——以安徽省池州市为例[J]. 西南大学学报(自然科学版),37(2):103-109.

燕守广,李辉,李海东,等,2020. 基于土地利用与景观格局的生态保护红线生态系统健康评价方法——以南京市为例[J]. 自然资源学报,35(5):1109-1118.

杨磊,刘建平,2014. 权力边界模糊与策略化治理:土地冲突演变机制研究——基于对湖北省 L 市和 G 开发区的调查[J]. 公共管理学报,11(04):71-82,142.

杨娟,王昌全,夏建国,等,2010. 基于元胞自动机的土地利用空间规划辅助研究——以眉山市东坡区为例[J]. 土壤学报,47(5):847-856.

杨俊,裴颖,席建超,等,2016. 基于 BDI 决策的 MAS-CA 模型黄海海滨城镇格局模拟研究——以大连金石滩为例[J]. 地理科学,36(3):410-416.

杨青山,2002. 对人地关系地域系统协调发展的概念性认识[J]. 经济地理(3):289-292.

杨青生,黎夏,2007. 多智能体与元胞自动机结合及城市用地扩张模拟[J]. 地理科学,27(4):542-548.

杨姗姗,邹长新,沈渭寿,等,2016. 基于生态红线划分的生态安全格局构建——以江西省为例[J]. 生态学杂志,35(1):250-258.

杨爽,冯晓明,陈利顶,2009. 土地利用变化的时空分异特征及驱动机制——以北京市海淀区、延庆县为例[J]. 生态学报,29(8):4501-4511.

杨小雄,刘耀林,王晓红,等,2007. 基于约束条件的元胞自动机土地利用规划布局模型[J]. 武汉大学学报(信息科学版)(12):1164-1167,1185.

杨彦昆,王勇,程先,等,2020. 基于连通度指数的生态安全格局构建——以三峡库区重庆段为例[J/OL]. 生态学报,40(15):1-13.

杨永芳,安乾,朱连奇,2012. 基于 PSR 模型的农区土地利用冲突强度的诊断[J]. 地理科学进展,31(11):1552-1560.

叶长盛,冯艳芬,2013. 基于土地利用变化的珠江三角洲生态风险评价[J]. 农业工程学报,29(19):224-232,294.

殷贺,王仰麟,蔡佳亮,等,2009. 区域生态风险评价研究进展[J]. 生态学杂志,28(5):969-975.

于伯华,吕昌河,2006. 土地利用冲突分析:概念与方法[J]. 地理科学进展,25(3):106-115.

于海洋,2017. 基于乡镇尺度的艾比湖流域土地生态安全评价研究[D]. 乌鲁木齐:新疆大学.

于婧,陈艳红,彭婕,等,2020. 基于 GIS 和 Fragstats 的土地生态质量综合评价——以湖北省仙桃市为例[J]. 生态学报,40(9):2932-2943.

余敦,高群,欧阳龙华,2012. 鄱阳湖生态经济区土地生态安全警情研究[J]. 长江流域资源与环境,21(6):678-683.

喻锋,李晓兵,王宏,等,2006. 皇甫川流域土地利用变化与生态安全评价[J]. 地理学报,61(6):645-653.

喻琳,2014. 城市化进程中农村土地冲突的类型及其治理[J]. 改革与开放(6):13-14.

俞孔坚,1999. 生物保护的景观生态安全格局[J]. 生态学报,19(1):8-15.

俞孔坚,李迪华,2002. 论反规划与城市生态基础设施建设[C]. 成都:中国科协 2002 年学术年会.

俞孔坚,乔青,李迪华,等,2009. 基于景观安全格局分析的生态用地研究——以北京市东三乡为例[J]. 应用生态学报,20(8):1932-1939.

俞孔坚,奚雪松,2010. 发生学视角下的大运河遗产廊道构成[J]. 地理科学进展,29(8):975-986.

俞晓莹,赵志庆,余丽,2019. 基于分形理论的厦门城市边界复杂特性研究[J]. 黑龙江大学自然科学学报,36(6):738-744.

喻忠磊,庄立,孙丕苓,等,2016. 基于可持续性视角的建设用地适宜性评价及其应用[J]. 地球信息科学学报,18(10):1360-1373.

袁大鹏,陈奇乐,石垚,等,2019. 河北典型样带土地利用生态安全格局研究[J]. 中国生态农业学报(中英文),27(11):1767-1778.

袁静文,武辰,杜博,等,2020. 高分五号高光谱遥感影像的城市土地利用景观格局分析[J]. 遥感学报,24(4):465-478.

游巍斌,何东进,洪伟,等,2014. 基于景观安全格局的武夷山风景名胜区旅游干扰敏感区判识与保护[J]. 山地学报,32(2):195-204.

臧淑英. 梁欣,张思冲,2005. 基于 GIS 的大庆市土地利用生态风险分析[J]. 自然灾害学报,14(4):141-145.

张成,黄芳芳,尚国琲,2020. 土地生态安全预警系统设计与实现[J]. 中国生态农业学报(中英文),28(6):931-944.

张凤太,王腊春,苏维词,2016. 基于物元分析-DPSIR 概念模型的重庆土地生态安全评价[J]. 中国环境科学,36(10):3126-3134.

张虹波,刘黎明,2006. 土地资源生态安全研究进展与展望[J]. 地理科学进展,25(5):77-85.

张华兵,高卓,王娟,等,2020. 基于"格局-过程-质量"的盐城滨海湿地生境变化分析[J/OL]. 生态学报(14):1-11.

张惠远,王仰麟,2000. 土地资源利用的景观生态优化方法[J]. 地学前缘(S2):112-120.

张利,陈影,王树涛,等,2015. 滨海快速城市化地区土地生态安全评价与预警——以曹妃甸新区为例[J]. 应用生态学报,26(8):2445-2454.

张强,薛惠锋,张明军,等,2010. 基于可拓分析的区域生态安全预警模型及应用——以陕西省为例[J]. 生态学报,30(16):4277-4286.

张秋霞,张合兵,刘文锴,等,2017. 新郑市耕地生态安全动态预警研究[J]. 水土保持研究,24(1):256-264.

张荣群,王大海,艾东,等,2018. 基于生态位和"反规划"思想的城市土地开发适宜性评价[J]. 农业工程学报,34(3):258-264.

张桃林,潘剑君,赵其国,1999. 土壤质量研究进展与方向[J]. 土壤(1):3-5.

张天华,王彤,黄琼中,等,2018. 西藏高原拉萨河流域生态风险评估[J]. 生态学报,38(24):9012-9020.

张祥义,许皞,赵文廷,2013. 基于 PSR 模型的河北省土地生态安全评价的分区[J]. 贵州农业科学,41(8):207-211.

张晓媛,周启刚,张建军,2013. 基于综合模糊评价的三峡库区屏障带重庆段土地利用生态风险评价[J]. 水土保持研究,20(6):262-266,301.

张学斌,石培基,罗君,等,2014. 基于景观格局的干旱内陆河流域生态风险分析:以石羊河流域为例[J]. 自然资源学报,29(3):410-419.

张宇硕,吴殿廷,吕晓,2020. 土地利用/覆盖变化对生态系统服务的影响:空间尺度视角的研究综述[J]. 自然资源学报,35(5):1172-1189.

张月平,刘友兆,毛良祥,等,2004. 根据承载力确定土地资源安全度——以江苏省为例[J]. 长江流域资源与环境(4):328-332.

赵凤琴,汤洁,王晨野,等,2005. 生态脆弱地区土地生态环境安全初探[J]. 水土保持通报(1):99-103.

赵冠伟,龚建周,谢建华,等,2009. 基于 CA 模型的城市边缘区土地利用演变模拟——以广州市花都区为例[J]. 中国土地科学,23(12):56-62.

赵莉,李吉,石启富,2016. 基于 Z 指数分析西北地区干旱的时空特征[J]. 河南农业(5):43-44,60.

赵景柱,1999. 社会-经济-自然复合生态系统可持续发展的概念分析[M]. 北京:中国环境科学出版社:33-46.

赵米金,徐涛,2005. 土地利用/土地覆被变化环境效应研究[J]. 水土保持研究,12(1):43-46.

赵岩洁,李阳兵,邵景安,2013. 基于土地利用变化的三峡库区小流域生态风险安全评价——以草堂溪为例[J]. 自然资源学报,28(6):944-956.

郑华伟,张锐,孟展,等,2015. 基于 PSR 模型与集对分析的耕地生态安全诊断[J]. 中国土地科学,29(12):42-50.

钟莉娜,王军,白中科,等,2019. 农用地整理对区域景观动态与生态风险影响研究——以福建省建溪流域为例[J]. 中国土地科学,33(1):73-82.

周德,徐建春,王莉,2015. 环杭州湾城市群土地利用的空间冲突与复杂性[J]. 地理研究,34(9):1630-1642.

周锐,王新军,苏海龙,等,2015. 平顶山新区生态用地的识别与安全格局构建[J]. 生态学报,37(6):2003-2012.

周正龙,沙晋明,范跃新,等,2020. 厦门市不透水面景观格局时空变化及驱动力分析[J]. 应用生态学报,31(1):230-238.

朱东国,谢炳庚,熊鹏,2017. 基于三维景观格局指数的张家界市土地利用格局时空演化[J]. 经济地理,37(8):168-175.

庄伟,廖和平,潘卓,等,2014. 基于变权 TOPSIS 模型的三峡库区土地生态安全评估——以巫山县为例[J].

西南大学学报(自然科学版),36(8):106-112.

邹利林,刘彦随,王永生,2020. 中国土地利用冲突研究进展[J]. 地理科学进展,39(2):298-309.

左伟,王桥,王文杰,2002. 区域生态安全评价指标与标准研究[J]. 地理学与国土研究,18(1):67-71.

曾浩,张中旺,张红,等,2011. BP 神经网络方法在城市土地生态安全评价中的应用——以武汉市为例[J]. 安徽农业科学,39(33):20687-20689,20740.

曾辉,刘国军,1999. 基于景观结构的区域生态风险分析[J]. 中国环境科学,19(5):454-457.

曾乐春,李小玲,2011. 土地资源生态安全评价及分析——以广州市为例[J]. 国土与自然资源研究(4):56-59.

曾勇,2010. 区域生态风险评价——以呼和浩特市区为例[J]. 生态学报,30(3):668-673.

曾招兵,陈效民,李英升,等,2007. 上海市青浦区生态用地建设评价指标体系研究[J]. 中国农学通报,23(11):328-332.

ANDREW J S,2003. Potential application of mediation to land use conflicts in small-scalemining[J]. Journal of Cleaner Production,11(2):117-130.

ANSELIN L,1995. Local indicators of spatial association[J]. Geographical Analysis,27(2):93-115.

ANSELIN L,1988. Spatial Econometrics:Methods and Models[M]. Dordrecht,Kluwer Academic Publishers.

ARTTI J,2008. Old-growth boreal forests:worth protecting for biodiversity? [J]. Journal of Forest Economics,14(4):242-267.

BABETTE W,2006. Cadastre in itself won't solve the problem:The role of institutional change and psychological motivations in land conflicts case from Africa[EB/OL]. https://www. fig. net/resources/monthly_articles/2006/wehrman_march_2006. asp.

BAJOCCO S,DEANGELIS A,PERINI L,et al,2012. The impact of land use/land cover changes on land degradation dynamics:A mediterranean case study[J]. Environmental Management,49(5):980-989.

BARNSLEY M,1989. Fractals everywhere[J]. American Journal of Physics,57(11):1053.

BILLON P L,2001. The political ecology of war:natural resources and armed conflicts[J]. Political Geography,20(5):561-584.

BOSH M,JALIGOT R,CHENAL J,2020. Spatiotemporal patterns of urbanization in three Swiss urban agglomerations:insights from landscape metrics,growth modes and fractal analysis[J]. Landscape Ecology,35(4):879-891.

BROCKETT C D,1998. Land,Power,and Poverty:Agrarian Transformation and Political Conflict in Central America[M]. Boston:Allen and Unwin:117-293.

BROUWER R,VAN E R,2004. Integrated ecological,economic and social impact assessment of alternative flood control policies in the Netherlands[J]. Ecological Economics,50(1/2):1-21.

BULTE E H,HORAN R D,2003. Habitat conservation,wildlife extraction and agricultural expansion[J]. Journal of Environment Economic Management,45(1):109-127.

CAMPBELL D J,GICHOHI H,MWANGI A,et al,2000. Land use conflict in Kajiado District,Kenya[J]. Land Use Policy,17(4):337-348.

CARR M H,ZWICK P,2005. Using GIS suitability analysis to identify potential future land use conflicts in North Central Florida[J]. Journal of Conservation Planning,1 (1):89-105.

CHEN Y H,LI X B,SU W,et al,2008. Simulating the optimal land-use pattern in the farming-pastoral transitional zone of Northern China[J]. Computers,Environment and Urban Systems,32(5):407-414.

CORDEIRO N J,BORGHESIO L,JOHO M P,et al,2015. Forest fragmentation in an African biodiversity hotspot impacts mixed-species bird flocks[J]. Biological Conservation,188:61-71.

DURAIAPPAH A K,IKIARA G,MANUNDU M,et al,2000. Land tenure,land sue,environmental degrada-tion and conflict resolution: A paris analysis for the Narok District,Kenya[A]. Working Paper No33, 2000. Internaltion Institute for Environment and Development,London,and Institute for Environmental Studies [C],Amsterdam.

DAVID F,2008. Smarter land-use analysis:The land-use conflictidentification strategy model TM of Christian County,Missouri[R]. Missouri:Christian County,Missouri Planning and Zoning Department.

DE OLIVEIRA J A P,2008. Property rights,land conflicts and deforestation in the EasternAmazon[J]. Forest Policy & Economics,10(5):303-315.

DUKE,JOSHUA M,2004. Institutions and land-use conflicts:Harm,dispute processing,and transactions[J]. Journal of Economic Issues,38(1):227-252.

EDGAR G A,1990. Measure,topology and fractal geometry[M]. New York,USA: Springer-Verlag.

EICHNER T,PETHIG R,2006. Economic land use,ecosystem services and micro founded species dynamics [J]. Journal of Environment Economic Management,52(3):707-720.

ELGAR M,CLODE D,2001. Inbreeding and extinctions in island populations:A cautionary tale[J]. Conserva-tion Biology,15:284-286.

FALCONER K J,1990. Fractal geometry: Mathematical foundations and applications[M]. Chichester,UK: John Wiley & Sons.

FAUCETT D,2008. Smarter land use analysis:The land use conflict identification strategy model of Christian County,Missouri[J]. Journal of the American Planning Association,62 (3):296-312.

FORMAN R T T,GODRON M,1986. Landscape Ecology[M]. John Wiley,New York.

FU Z,XU X,2001. Regional ecological riskassessment[J]. Advances in Earth Science,16(2): 267-271.

FULLER D,2001. Forest fragmentation in Loudoun County,Virginia,USA evaluated with multi-temporal Landsat imagery[J]. Landscape Ecology,16(7):627-642.

GARCÍA-GUZMÁN,GRACIELA,TREJO I,et al,2016. Foliar diseases in a seasonal tropical dry forest: Im-pacts of habitat fragmentation[J]. Forest Ecology & Management,369:126-134.

GEORGE J,JEAN L C,DAVID G P,2002. Feedlots and land use conflict[R]. Http://www. asu. edu/caed/ proceedings02/JOHNSON/johnson. html.

GÓMEZ-VÁZQUEZ I,ÁLVAREZ-ÁLVAREZ P,MAREY-PéREZ M F,2009. Conflicts as enhancers or barri-ers to the management of privately owned common land: A method to analyze the role of conflicts on a re-gional basis[J]. Forest Policy and Economics,11(8):617-627.

GREN I, BAXTER P, MIKUSINSKI G, et al, 2014. Cost-effective biodiversity restoration with uncertain growth in forest habitat quality[J]. Journal of Forest Economics,20(1):77-92.

GRIMBLE R, WELLARD K, 1997. Stakeholder methodologies in natural resource management: A review of principles, contexts, experiences and opportunities[J]. Agricultural Systems, 55(2):173-193.

GU L,LIU B,GONG G T,et al,2010. Dynamic characteristics of forest landscape in Chengdu City in last 20 years[J]. Journal of Applied Ecology,21(5):1081-1089.

GUAN S U,ZHANG S,2003. An evolutionary approach to the design of controllable cellular automata struc-ture for random number generation[J]. IEEE Transactions on Evolutionary Computation,7(1):23-36.

HADDOCK J,TZANOPOULOS J,MITCHLEY J,et al,2007. A method for evaluating alternative landscape management scenarios in relation to the biodiversity conservation of habitats[J]. Ecological Economics,61 (2-3):277-283.

HAYES E H, LANDIS W G, 2002. Regional risk assessment of a nearshore marine environment: Cherry

Point，WA[J]．Human and Ecological Risk Assessment，10：299-325.

HENDERSON S R，2005. Managing land-use conflict around urban centres：Australian poultry farmer attitudes towards relocation[J]. Applied Geography，25(2)：97-119.

HERNANDEZ M，GONEZ T，MOLINA J，et al，2014. Efficiency in forest management：A multi-objective harvest scheduling model[J]. J. Forest Economics，20：236-251.

HERRMANN S，OSINSKI E，1999. Planning sustainable land use in rural areas at different spatial using GIS and modeling tools[J]. Landscape and Urban Planning，46：93-101.

HUANG Q，WANG R H，REN Z Y，et al，2007，Regional ecological security assessment based on long periods of ecological footprint analysis[J]. Resources，Conservation and Recycling，51(1)：24-41.

HUNSAKER C，CARPENTER D，Messer J，1990. Ecological Indicators for RegionalMonitoring[J]. Bulletin of the Ecological Society of America，71(3)：165-172.

IPBES，2018. Summary for policymakers of the regional assessment report on biodiversity and ecosystem services for Asia and the Pacific of the Intergovernmental Science-Policy Platform on Biodiversity and Ecosystem Services[R]. IPBES secretariat，Bonn，Germany.

JIN H R，MA P，LIU S，2016. Application of logistic regression model in the research on driving forces of forestland use change[J]. World Forest Research. 29：12-17.

JOURNEL A G，HUIJBREGTS C G，1978. Mining geostatistics [M]. London：Academic Press.

KEKEN Z，KUSTA T，LANGER P，et al，2016. Landscape structural changes between 1950 and 2012 and their role in wildlife-vehicle collisions in the Czech Republic[J]. Land Use Policy，59(6)：543-556.

KIKUCHI S，SHIBATA M，TANAKA H，2015. Effects of forest fragmentation on the mating system of a cool-temperate heterodichogamous tree Acer mono[J]. Global Ecology and Conservation，3(3)：789-801.

KLEIN C J，WILSON K A，WATTS M，et al，2009. Spatial conservation prioritization inclusive of wilderness quality：A case study of Australia's biodiversity[J]. Biological Conservation，142(7)：1282-1290.

LAMBIN E F，GEIST H J，2001. Global land-use and land-cover change：What have we learned so far? [J]. Economic Nature and Policy，46：27-30.

LANDIS W G，WEIGERS J A，1997. Design considerational a suggested approach for regional and comparative ecological risk assessment [J]. Human and Ecological Risk Assessment，1(3)：287-297.

LENZ R JM，STERY. R，1995. Landscape diversity and land use planning：A case study in Bavaria[J]. Landscape and Urban Planning，31(1-3)：387-398.

LI H B，WU J G，2004. Use and Misuse of Landscape Indices[J]. Landscape Ecology，19(4)：389-399.

LI H，FRANKLIN J，SWANSON F，et al，1993. Developing alternative forest cutting patterns：A simulation approach[J]. Landscape Ecology，8(1)：63-75.

LI M S，MAO L，ZHOU C，et al，2010. Comparing forest fragmentation and its drivers in China and the USA with Globcover[J]. Journal of Environment Management，91(12)：2572-2580.

LIGTENBERG A，BREGT A，LAMMEREN R，2001. Multi-actor based land use modelling：Spatial planning using agents[J]. Landscape and Urban planning，56(1-2)：21-33.

LIGTENBERG A，2010. Validation of an agent-based model for spatial planning：A role-playing approach[J]. Computer，Environment and Urban System，34(5)：424-434.

LORDJ，NORYON D，1990. Scale and the spatial concept of fragmentation[J]. Conservation Biology，4(2)：197-202.

LU C H，VAN ITTERSUM M K，Rabbinge R，2004. A scenario exploration of strategic land use options for the Loess Plateau in northern China[J]. Agricultural Systems，79(2)：145-170.

LV L G, LI Y L, SUN Y,2017. The spatio-temporal pattern of regional land use change and eco-environmental responses in Jiangsu,China[J]. Journal of Resources and Ecology,8(3): 268-276.

MAKOWSKI D,ELIGIUS M T,HENDRIX et al,2000. A framework to study nearly optimal solutions of linear of programming models developed for agricultural land use exploration[J]. Ecological Modeling,131(1):65-77.

MANDELBROT B B,1975. Stochastic models for the Earch's relief,the shape and the fractal dimension of the coastlines,and the number-area rule for islands[J]. Proceedings of the National Academy of Sciences of the United States of America,72(10):3825-3828.

MANDELBROT B B,1982. The Fractal Geometry of Mature[M]. San Francisco:WHFreeman.

MARGULES C R,NICHOLLS A O,PRESSEY R L,1988. Selecting networks of reserves to maximize biological diversity[J]. Biological Conservation,43(1):63-76.

MATHEY A H,KRCMAR E,TAIT D,et al,2007. Forest planning using co-evolutionary cellular automata [J]. Forest Ecology and Management,239(1-3): 45-56.

MILLINE J M,2005. Migration and intensification of water conflicts in thePangani Basin,Tanzania[J]. Habitat International,29(1):60-67.

MIRZAEI M,JAFARI A,GHOLAMALIFARD M,et al,2020. Mitigating environmental risks:Modeling the interaction of water quality parameters and land use cover[J]. Land Use Policy,95(6):103766.

MOILANEN A,ARPONEN A,2011. Administrative regions in conservation:Balancing local priorities with regional to global preferences in spatial planning[J]. Biological Conservation,144(5):1719-1725.

MOORE W H,LINDSTRM R,O'REGAN V,1995. Land reform,political violence and the economic inequality-political conflict nexus:A longitudinal analysis[J]. International Interactions,21(4):335-363.

MUNGAI D N,ONG C K,KITEME B,et al,2004. Lessons from two long-term hydrological studies in Kenya and Sri Lanka[J]. Agriculture Ecosystems & Environment,104(1):135-143.

OLSOY P J,ZELLER K A,HICKE J A,et al,2016. Quantifying the effects of deforestation and fragmentation on a rang-wide conservation plan for jaguars[J]. Biological Conservation,203(11):8-16.

ORSI F,CHURCH R L,GENELETTI D,2011. Restoring forest landscapes for biodiversity conservation and rural livelihoods:A spatial optimisation model[J]. Environmental Modelling & Software,26(12):1622-1638.

PICKETT S T,CADENASSO M L,1995. Landscape ecology:spatial heterogeneity in ecological systems[J]. Science,269(5222):331-334.

PIJANOWSKI B C,ROBINSON K D,2011. Rates and patterns of land use change in the Upper Great Lakes States,USA:A framework for spatial temporal analysis[J]. Landscape and Urban Planning,102(2):102-116.

PONDY L R,1967. Organizational Conflict:Concepts and Models[J]. Administrative Science Quarterly,12(2):296-320.

PURUCKER S T,WELSH C J E,STEWART R N,2007. Use of habitat-contamination spatial correlation to determine when to perform a spatially explicit ecological risk assessment[J]. Ecological Modelling,204(1-2):180-192.

RICARD R C S,BAELOW J,ANDERSEN A N,et al,2016. Biodiversity consequences of land-use change and forest disturbance in the Amazon:A multi-scale assessment using ant communities[J]. Biological Conservation,197(3):98-107.

RIITTERS K H,COULSTON J W,WICKHAM J D,2012. Fragmentation of forest communities in the eastern

United States[J]. Forest Ecology & Management,263:85-93.

RISSER P G,KARR J R,FORMAN R T T,1984. Landscape ecology:Directions and approaches[M]. A workshop held at Allerton Park,Piatt:County Iillinois.

ROSS M L,1999. The political economy of the resource curse[J]. World Politics,51(02):297-322.

ROUGET M,COWLING R M,PRESSEY R L,et al,2003. Identifying spatial components of ecological and evolutionary processes for regional conservation planning in the Cape Floristic Region,South Africa[J]. Diversity and Distributions,9(3):191-210.

SAUNDERS D A,HOBBS R J,MARGULES C R,1991. Biological consequences of ecosystem fragmentation: A review[J]. Conservation Biology,5(1):18-32.

SELVI F,CARRARI E,COPPI A,2016. Impact of pine invasion on the taxonomic and phylogenetic diversity of a relict Mediterranean forest ecosystem[J]. Forest Ecology & Management,367(2):1-11.

SEPPELT R,VOINOV A,2002. Optimization methodology for land use patterns using spatially explicit landscape models[J]. Ecological Modelling,151(2):125-142.

SEPPELT R,VOINOV A,2003. Optimization methodology for land use patterns-evaluation based on multiscale habitat pattern comparison[J]. Ecological Modelling,168(3):217-231.

SHI F N,LIU S L,SUN Y X,et al,2020. Ecological network construction of the heterogeneous agro-pastoral areas in the upper Yellow River basin[J]. Agriculture Ecosystems & Environment,302(10):107069.

SIMMONS C S,2004. The political economy of land conflict in the Eastern Brazilian Amazon[J]. Annals of the Association of American Geographers,94(1):183-206.

SNYDER S,REVELLE C,HAIGHT R,2004. One- and two-objective approaches to an area-constrained habitat reserve site selection problem[J]. Biological Conservation,119(4):565-574.

SONG W, DENG X Z, 2017. Land-use/land-cover change and ecosystem service provision in China[J]. Science of the Total Environment, 576(1): 705-719.

SONG Z J,CHEN Y,LI Y. 2020. Comparative studies on evolutionary spatial multifractal mechanism for built-up lands in Zhengzhou from 1988 to 2015 with the characteristics of Beijing[J]. Journal of Cleaner Production,269(10):122451.

STEPHEN P,CHRISTOPHER C,CAROL M,2004. On trade,land-use,and biodiversity[J]. Journal of Environment Economic Management,48(2):911-925.

STEPHENNE N,LAMBIN E F,2001. A dynamic simulation model of land-use changes in the African Sahel (SALU)[J]. Agriculture Ecosystems & Environment,85(1-3):145-162.

STEVENS D,DRAGICEVIC S,ROTHLEY K,2007. iCity:A GIS-CA modelling tool for urban planning and decision making[J]. Environmental Modelling and Software,22(6):761-773.

STRANGE N, MEILBY H, THORSEN B J, 2002. Optimization of land use in afforestation areas using evolutionary self-organization[J]. Forest Science, 48(3): 543-555.

SUTER G W,VERMEIRE T,MUNNS W R,et al,2003. Framework for the integration of health and ecological risk assessment[J]. Human and Ecological Risk Assessment,9(1):281-301.

THIENE M,MEYERHOFF J,SALVAO M D,2012. Scale and taste heterogeneity for forest biodiversity: Models of serial nonparticipation and their effects[J]. Journal of Forest Economics,18(4):355-369.

TORRENS,PAUL M,O'SULLIVAN,et al,2001. Cellular automata and urban simulation:where do we go from here? [J]. Environment & Planning B:Planning & Design,28(4):163-168.

TUDOR C A,IOJĂ I C,PĂTRU-STUPARIU,ILEANA,et al,2014. How successful is the resolution of land-use conflicts? A comparison of cases from Switzerland and Romania[J]. Applied Geography,47:125-136.

TURNER M G,GARDNER H R,DALE V H,et al,1989. Predicting the spread of disturbance in heterogeneous landscape[J]. Oikos,55(1):1221-1229.

TURNER M G,1989. Landscape ecology:the effect of pattern on process[J]. Annual review of ecology an d systematic,20(1):171-179.

UPRETI B,2004. Land conflict in Nepal:Peasants' struggle to change unequal agrarian social relations[J]. Community Work & Family,7(3):371-393.

VALBUENA D,VERBURG P,BREGT A,et al,2010. An agent-based approach to model land-use change at a regional scale[J]. Landscape Ecology,25(2):185-199.

VAN HEES W W S,1994. A fractal model of vegetation complexity in Alaska[J]. Landscape Ecology,9(4):271-278.

VICTOR B,2002. Applying ecological risk principles to watershed assessment and management[J]. Environmental Management,29(2):145-154.

VIMAL R,PLUVINET P,SACCA C,et al,2012. Exploring spatial patterns of vulnerability for diverse biodiversity descriptors in regional conservation planning[J]. Journal of Environmental Management,95(1):9-16.

VOS C,VAN DER HOEK D C J,VONK M,2010. Spatial planning of a climate adaptation zone for wetland ecosystems[J]. Landscape Ecology,25(10):1465-1477.

VUILLEUMIER S,PRELAZ-DROUX R,2002. Map of ecological networks for landscape planning[J]. Landscape and Urban Planning,58(2-4):157-170.

WADE T G,RIITTERS K,WICKHAM J,et al,2003. Distribution and causes of global forest fragmentation[J]. Conservation Ecology,7(2):7.

WARNER,M,JONES,P,1998. Assessing the need to manage conflict in community-based natural resource projects[M]. London:Overseas Development Institute.

WARNER,M,2000. Conflict management in community-based natural resource projects:Experiences from the Lake Kamu basin integrated conservation and development project,Papua New Guinea[J]. Overseas Development Institute.

WEI F W,NIE Y G,MIAO H X,et al,2014. Advancements of the researches on biodiversity loss mechanisms[J]. Chinese Science Bulletin,59(6):430-437.

WICKHAM J,RIITTERS K,WADE T,et al,2008. Temporal change in fragmentation of continental US forests[J]. Landscape Ecology,23(8):891-898.

WILLIAM E R,1992. Ecological footprints and appropriated carrying capacity[J]. Environment and Urbanization,4(2):120-130.

WU J,HOBBS R,2002. Key issues and research priorities in landscape ecology. An idiosyncratic synthesis[J]. Landscape Ecology,17(4):355-365.

WU J,JONES B,LI H,et al,2004. Spatial Scaling and Uncertainty Analysis Ecology Methods and Application[D]. Columbia University Press,New York.

XIE H L,WANG P,HUANG H S,2013. Ecological Risk Assessment of Land Use Change in the Poyang Lake Eco-economic Zone,China[J]. International Journal of Environmental Research and Public Health,10(1):328-346.

XIE H L,LIU Z F,WANG P,et al,2014. Exploringthe dynamic mechanisms of ecological land change based on the a spatial autoregressive model:A case study of the Poyang lake eco-economic zone,China[J]. International Journal of Environmental Research and Public Health,11(1):583-599.

XIE H L,YAO G R,LIU G Y,2015. Spatial evaluation of ecological importance based on GIS for environmental management:A case study in Xingguo County of China[J]. Ecological Indicators,51(3):3-12.

XIE H,LU H,2017. Impact of land fragmentation and non-agricultural labor supply on circulation of agricultural land management rights[J]. Land Use Policy,68:355-364.

XIE H L,HE Y F,YONGROC C,et al,2020. Warning of negative effects of land-use changes on ecological security based on GIS[J]. Science of the Total Environment,704(2):135427. 1-135427. 9

XU X L,LIU J Y,ZHUANG D F,et al,2004. Spatial- temporal characteristics and driving forces of woodland resource changes in China[J]. Journal of Beijing Forestry University. 26(1):41-46.

YU K J,1995. Ecological security patterns in landscapes and GIS application[J]. Annals of GIS,1(2),88-102.

YU K J,1996. Security pattern and surface model in landscape ecological planning[J]. Landscape Urban Planning,36(1):1-17.

ZAGAS T D,RAPTIS D I,ZAGAS D T,2011. Identifying and mapping the protective forests of southeast Mt. Olympus as a tool for sustainable ecological and silvicultural planning,in a multi-purpose forest management framework[J]. Ecological Engineering,37(2):286-293.

ZHANG M,WANG J M,LI S J,et al,2020. Dynamic changes in landscape pattern in a large-scale opencast coal mine area from 1986 to 2015:A complex network approach[J]. Catena,194.

ZHAO L Y,PENG Z R,2012. Land Sys:An agent-based Cellular Automata model of land use change developed for transportation analysis[J]. Journal of Transport Geography,25(7):35-49.

ZHAO T,OUYANG Z,ZHANG H,2004. Forest ecosystem services and their valuation in China[J]. Journal of Natural Product and Plant Resources,19(8):480-491.

ZHOU N J,HUBACEK K,ROBERTS M,2015. Analysis of spatial patterns of urban growth across South Asia using DMSP-OLS nighttime lights data[J]. Applied Geography,63(9):292-303.

作者简介

何亚芬(1990—)，江西省瑞昌市人，博士，江西财经大学生态文明研究院助理研究员，硕士生导师。在 *Journal of Cleaner Production*、*Land Use Policy*、*Journal of Forest Economics*、《生态学报》等国内外权威学术刊物上发表论文 10 余篇。主持国家自然科学基金项目 1 项。主要研究方向：土地利用、土地资源经济。

谢花林(1979—)：江西省莲花县人，博士，江西财经大学生态文明研究院教授，博士生导师，博士后合作导师，国家百千万人才工程人选，国家"万人计划"青年拔尖人才，国家有突出贡献中青年专家，享受国务院政府特殊津贴。在 *Land Use Policy*、*Land Degradation & Development*、*Landscape Ecology*、《地理学报》、《自然资源学报》、《生态学报》等国内外权威学术刊物上发表学术论文 200 余篇，其中 SCI/SSCI 收录 70 余篇；出版学术著作 10 余部。获省部级奖励一等奖 1 项、二等奖 4 项。主持国家社会科学基金重点项目 1 项、国家自然科学基金项目 5 项。研究方向：土地利用、资源与环境政策、土地资源管理。

朱振宏(1996—)，江西省莲花县人，江西财经大学生态文明研究院国土资源与生态经济学专业博士研究生。主要研究领域：土地利用和生态风险。

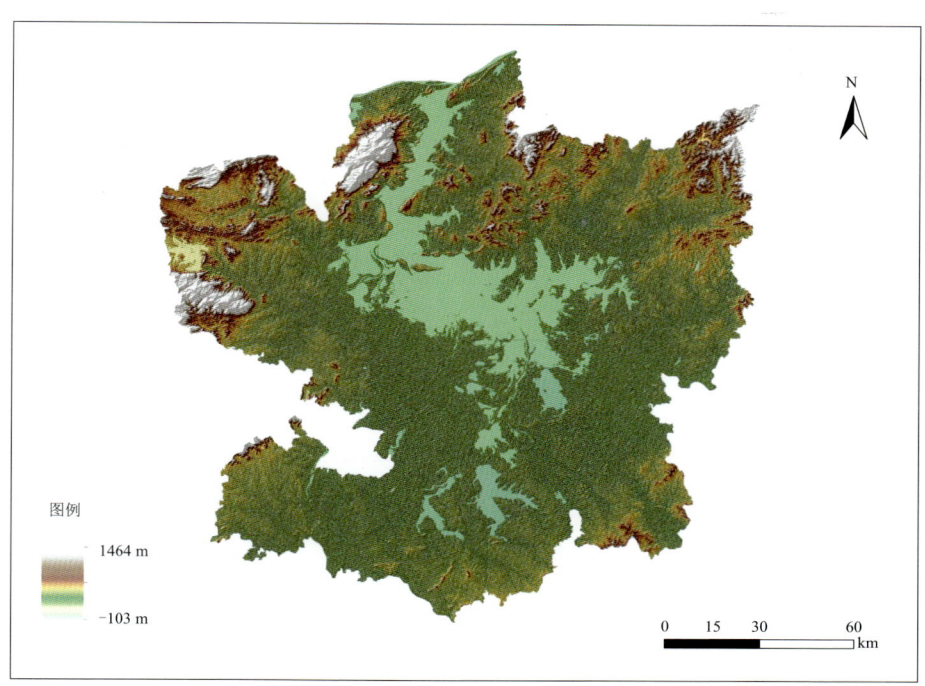

图 3-2　鄱阳湖地区地形图

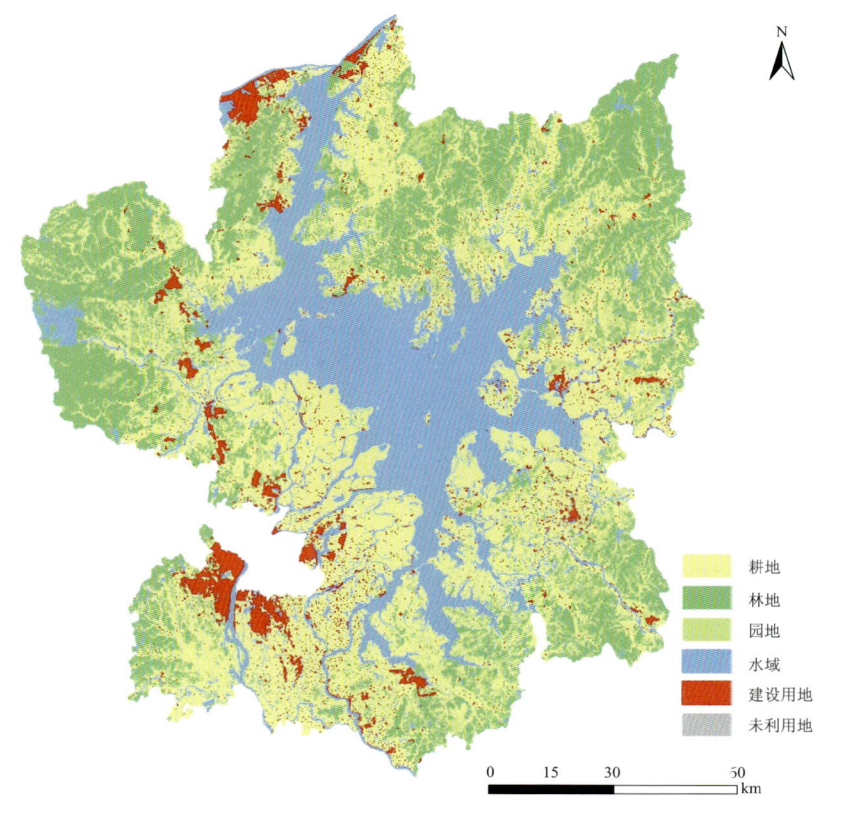

	耕地
	林地
	园地
	水域
	建设用地
	未利用地

图 3-3　鄱阳湖地区 2018 年土地利用类型

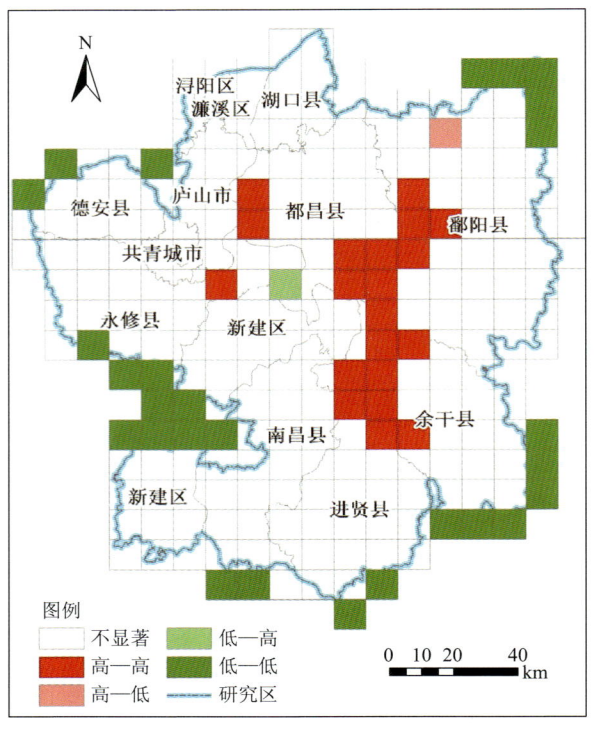

图 6-3　鄱阳湖地区 1990 年土地利用生态风险度局部空间自相关分布

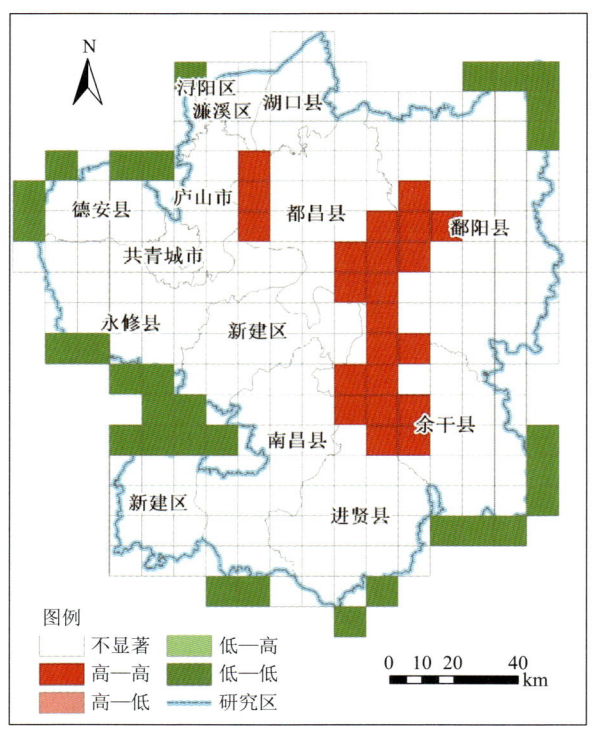

图 6-4　鄱阳湖地区 2000 年土地利用生态风险度局部空间自相关分布

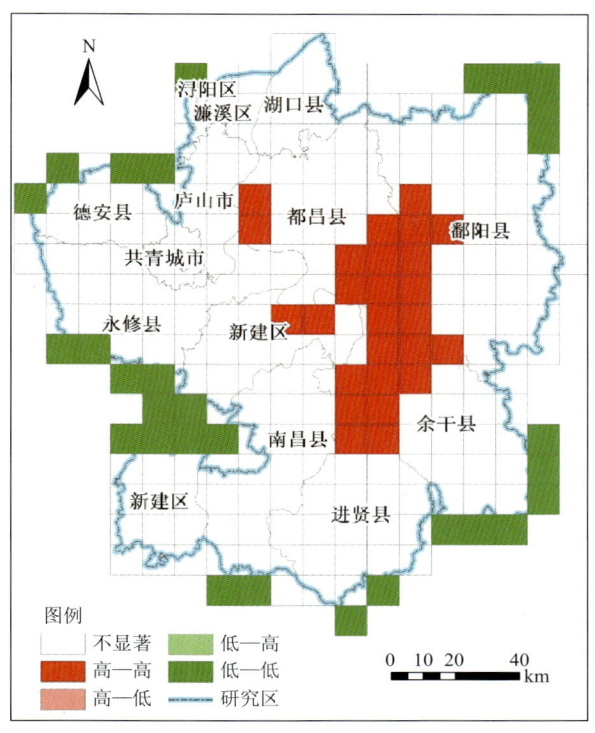

图 6-5 鄱阳湖地区 2010 年土地利用生态风险度局部空间自相关分布

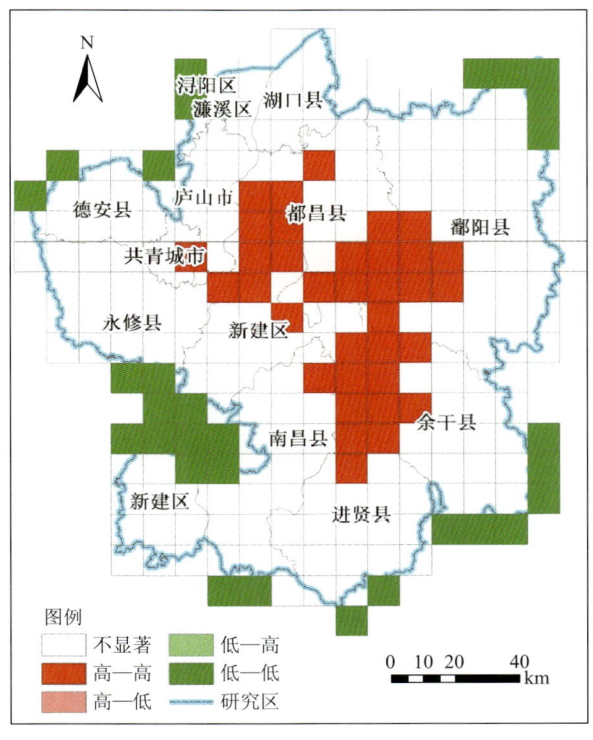

图 6-6 鄱阳湖地区 2018 年土地利用生态风险度局部空间自相关分布

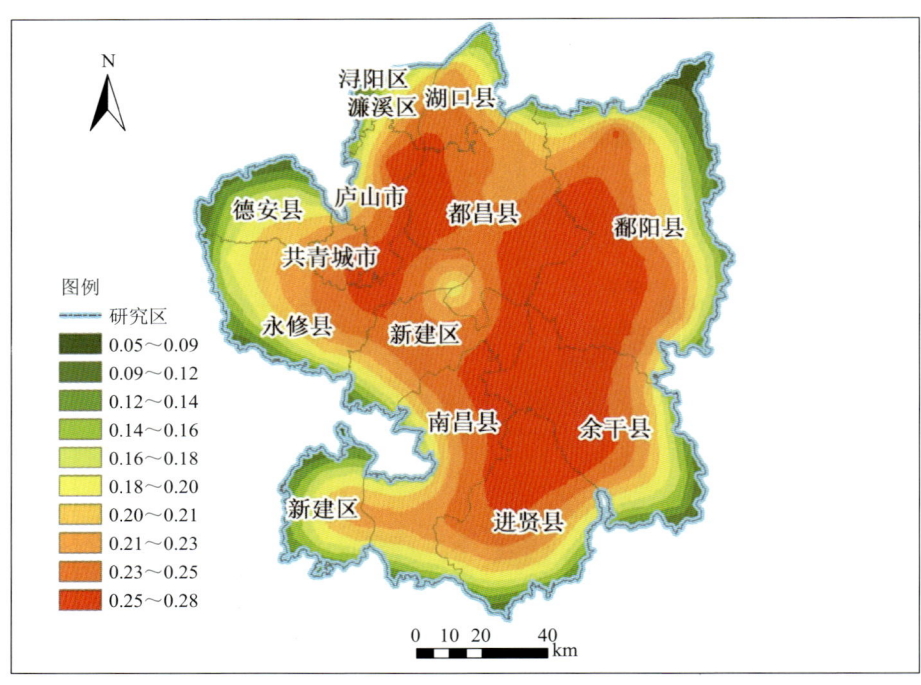

图 6-7　鄱阳湖地区 1990 年土地利用生态风险指数的克里金插值分布

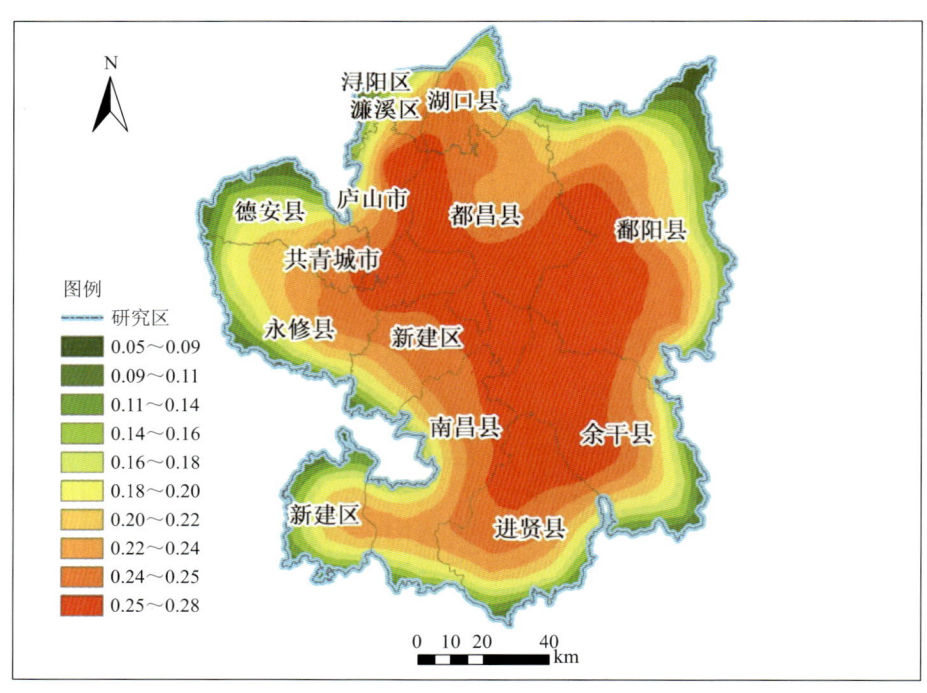

图 6-8　鄱阳湖地区 2000 年土地利用生态风险指数的克里金插值分布

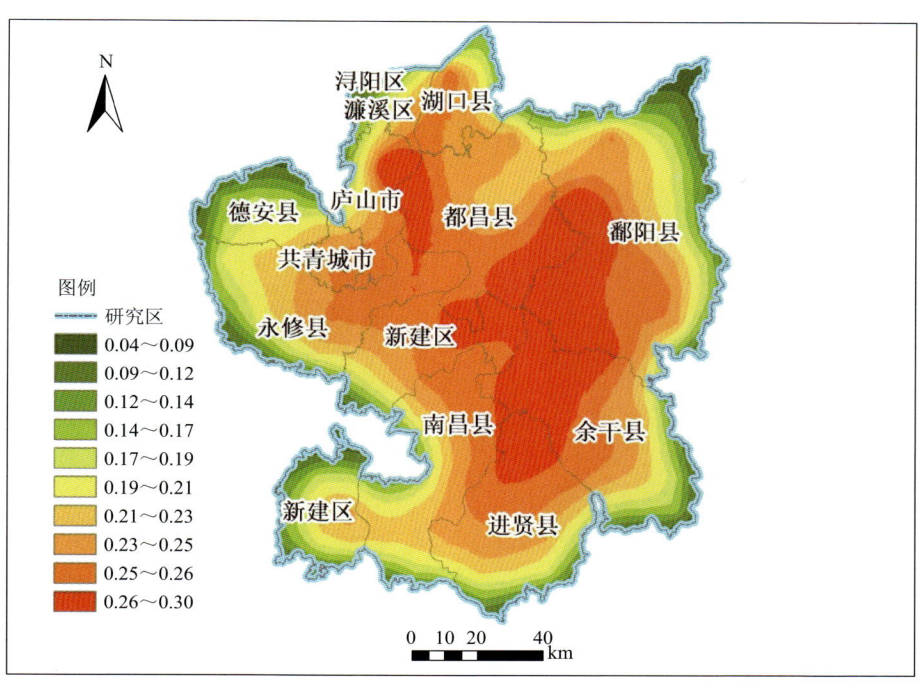

图 6-9　鄱阳湖地区 2010 年土地利用生态风险指数的克里金插值分布

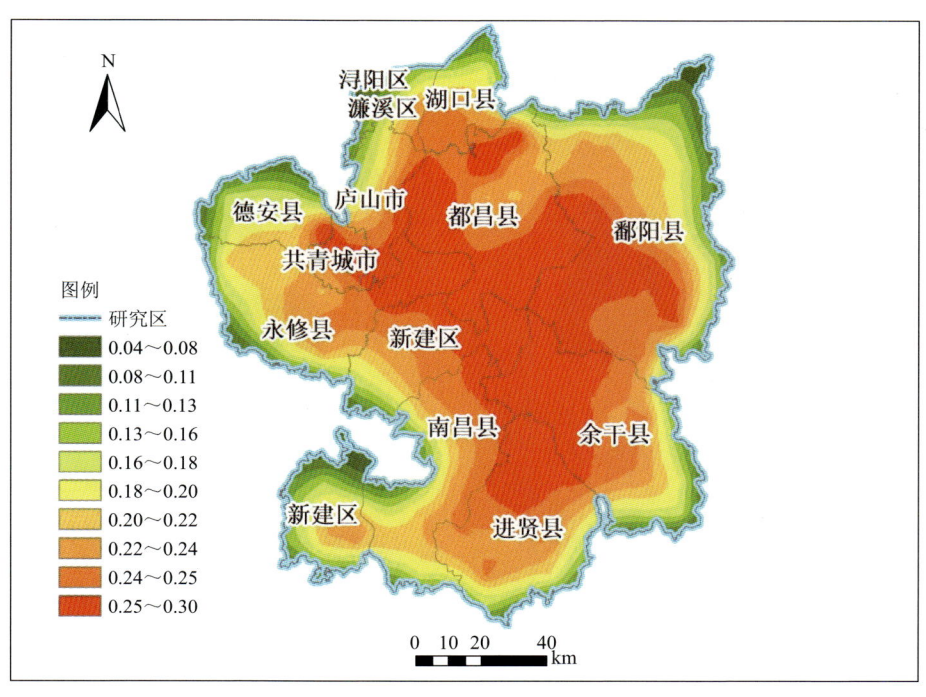

图 6-10　鄱阳湖地区 2018 年土地利用生态风险指数的克里金插值分布

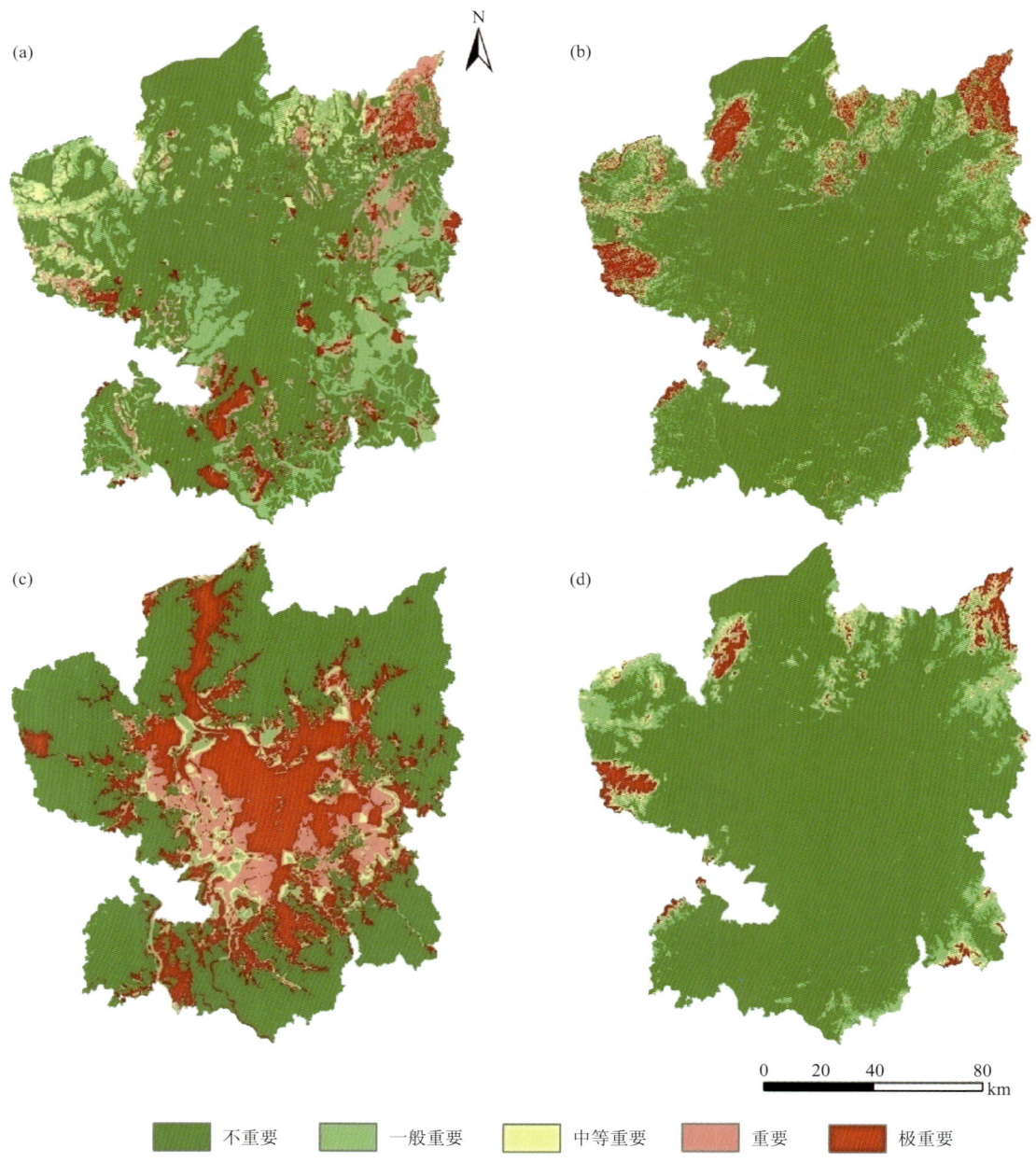

图 8-1　鄱阳湖地区各生态系统服务功能重要性评价

不重要　　一般重要　　中等重要　　重要　　极重要

(a)水源涵养功能重要性评价结果;(b)水土保持功能重要性评价结果;
(c)洪水调蓄功能重要性评价结果;(d)生物多样性功能重要性评价结果

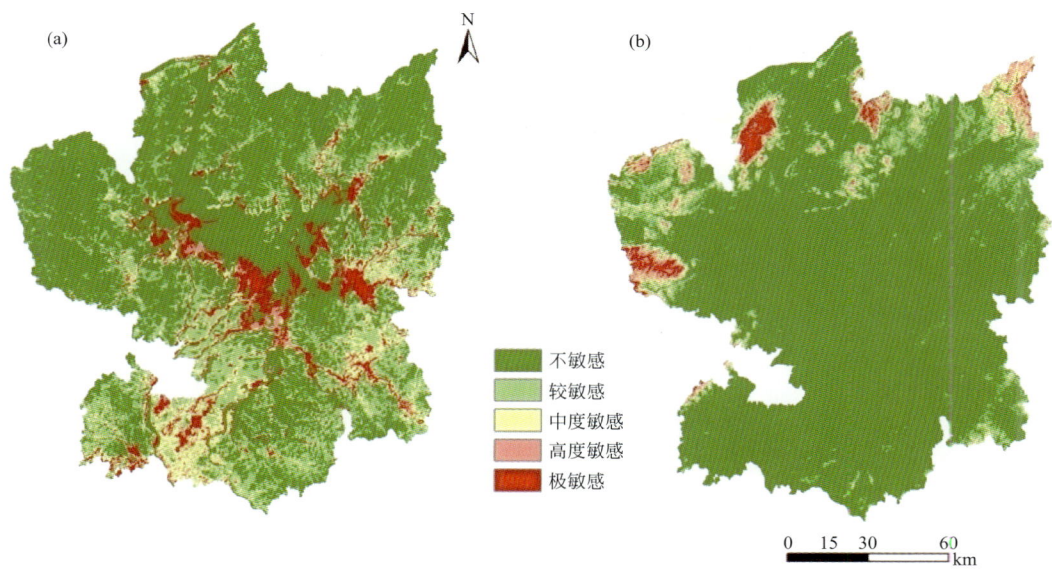

不敏感
较敏感
中度敏感
高度敏感
极敏感

图 8-2　水土流失敏感性和地质灾害敏感性评价图
（a）水土流失敏感性评价结果；（b）地质灾害敏感性评价结果

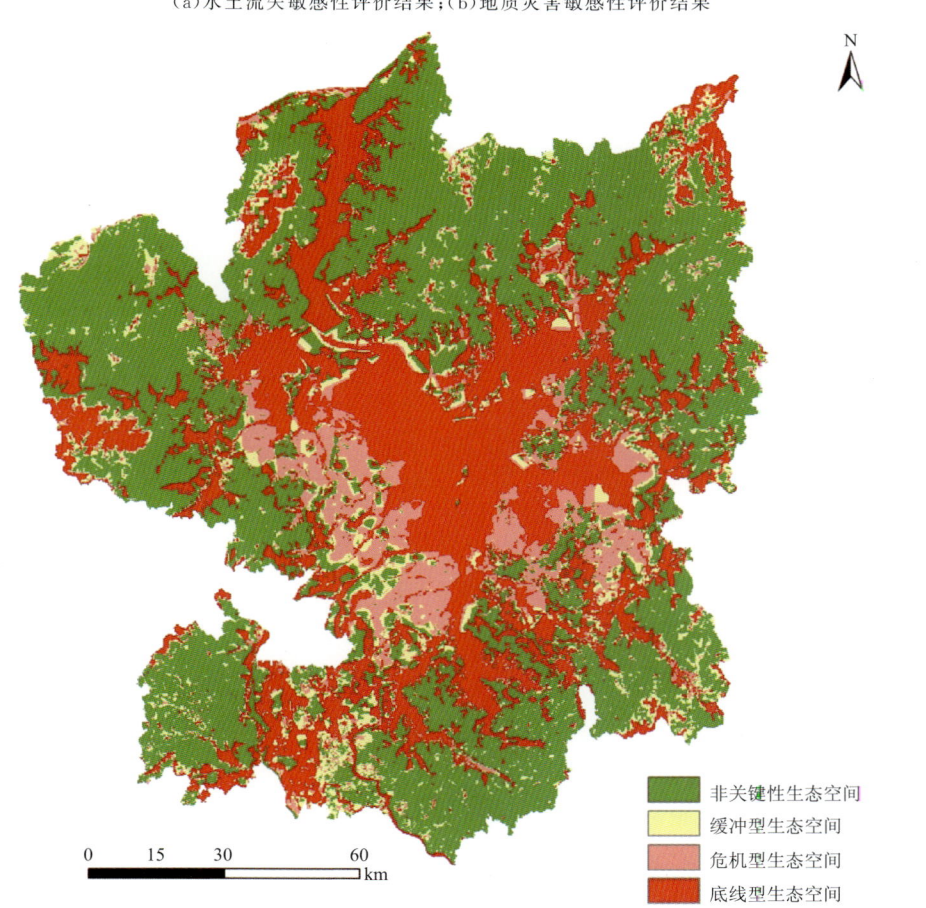

非关键性生态空间
缓冲型生态空间
危机型生态空间
底线型生态空间

图 8-3　鄱阳湖地区关键性生态空间范围

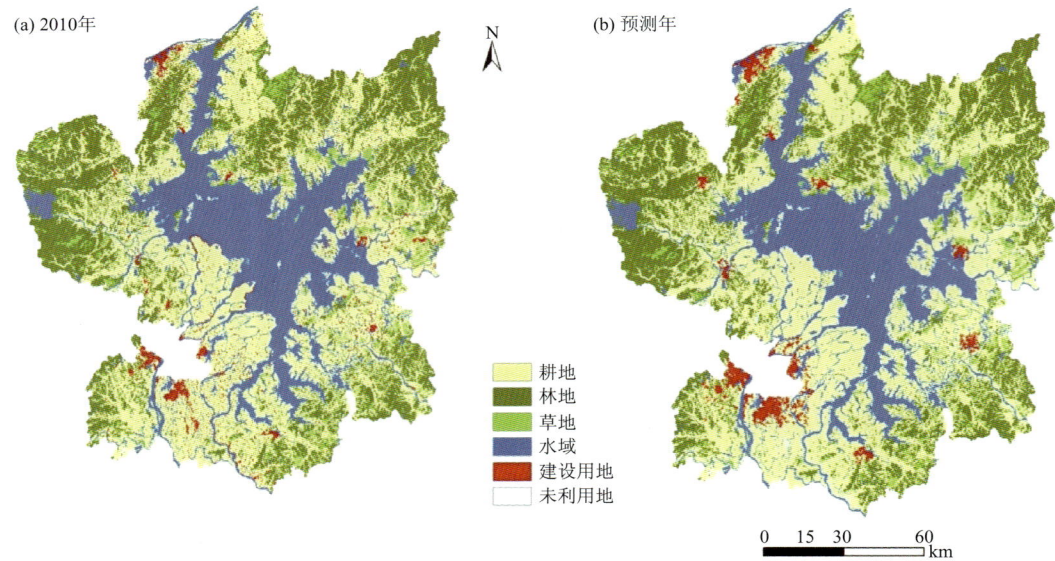

(a) 2010年　　　　　　　　　　　N　　　　　(b) 预测年

耕地
林地
草地
水域
建设用地
未利用地

0　15　30　　　60
km

图 9-2　土地利用现状与模拟图

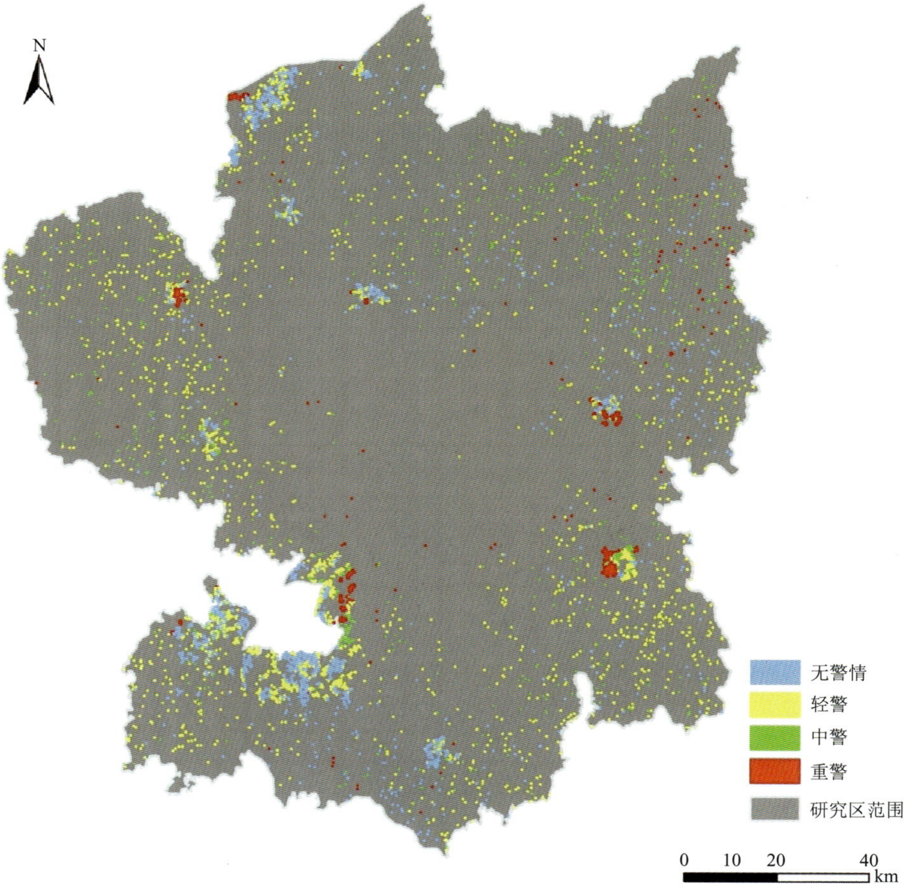

N

无警情
轻警
中警
重警
研究区范围

0　10　20　　　40
km

图 9-3　模拟土地利用的生态安全预警分布